U0122921

歷史上的生活細節

郗文倩 著

書　　名　歷史上的生活細節

作　　者　郗文倩

責任編輯　王穎嫻

美術編輯　楊曉林

出　　版　天地圖書有限公司
香港黃竹坑道46號
新興工業大廈11樓（總寫字樓）
電話：2528 3671　傳真：2865 2609
香港灣仔莊士敦道30號地庫（門市部）
電話：2865 0708 傳真：2861 1541

印　　刷　亨泰印刷有限公司
香港柴灣利眾街德景工業大廈10字樓
電話：2896 3687 傳真：2558 1902

發　　行　香港聯合書刊物流有限公司
香港新界荃灣德士古道220-248號荃灣工業中心16樓
電話：2150 2100 傳真：2407 3062

出版日期　2021年2月 初版・香港

ISBN : 978-988-8549-14-6
本書中文繁體字版由中華書局（北京）授權出版

序　傳統的細節和脈絡

人們提及傳統文化，提及歷史，有意無意的，常常把它們看作是和當下生活形成對照的另一個領域，是停在書本文字間的，大都是些需要「保護」的遺產，有點兒古老，稍顯陳舊，更含着不少虛無感。其實，傳統文化表現在很多很具體的方面，醫卜星相、宗教戲曲、音樂建築、書法繪畫、時令民俗、鄉土語言、飲食男女，乃至鳥獸蟲魚、養生本草，等等，每個領域都有着諸多細節。它們屬於歷史，更是自古及今，蔓延流淌，滲入到當下日常生活中的。我們每個人都處在歷史的延長線上，而歷史，究其然，原本都是「小歷史」，是局部的、常態的歷史，是日常生活的歷史，鍋碗瓢盆，茶食酒菜，起居動靜，喜怒哀樂，是立體的，有現場感的。

本書說飲食、說服飾、說行旅、說節令、說草木、說百戲，這些話題，不離百姓日用、飲食男女，姑且以「食色」概括之。食色，指向基本的物質生活，也含着最尋常的人性，最樸素的情感。

飲食是小道，但也是大欲，在中國有着最為深厚的文化基礎。人們四處搜尋食材，琢磨燉、燴、煎、煮等烹飪方式，體會出食藥同源、飲食養生的觀念，意識到吃喝關涉身體飢飽康健，也是文化發展和文明進步的體現，甚至也關係到信仰。所以，人們講座次，發明素食，強調本味，調和五味，認為裏面含着人生道理，也是治國理念的隱喻。對比中外文化，大概沒有哪一個民族能像中國人的祖先那樣，在飲食生活中傾注如此多的注意力，產生諸多創造和深刻的理解。

服飾，本為遮體避寒，可俗話説「穿衣戴帽，各有所好」，這就進入審美領域，有個體的選擇了。中國傳統服飾在頭、足、掛飾和飄帶等方面多加留意，關注上下左右的空間創意和形式美感，並形成了一套獨特的配色講究。這些既關聯生活美學，又承載着情感需求，乃至脱開實用，長袖善舞，達到行雲流水的藝術境界。與此同時，穿衣戴帽也與等級地位、倫理道德密切相關，受到公序良俗的牽制，也有着諸多不自由，甚至有的方面走向畸形，誕生了「金蓮」這樣的「惡之花」。

行旅，即關於出行，對此，傳統觀念中是多有牴觸情緒的，這主要因為中國長期以來一直以小農經濟為主，戶籍管理嚴苛，文化傳統是相對封閉的。所以，淡漠交往，畏厭出行，是一種很普遍的心理，也一定程度上帶來文化上的自負和固執。古人對待出行很慎重，有相當豐富的儀式，比如祭祀路神，臨別折柳，對亡者的路祭和送別，接風洗塵，等等。儀式是象徵，可以疏導情感，大大緩解出行的緊張。人本是崇尚自由的動物，身體自由，精神方能自由。當人們的行旅受到各種客觀物質條件和主觀文化心理約束而不得自由時，行旅中的愁緒和孤獨感就變得很強烈，此時，詩歌就變成抒發的通道。在這種文化氛圍中，負笈遊學則意味着某種突破，受到人們的普遍讚賞。

草木，講的是人和自然的關係。中國人對於自然、對於草木的感情最初有着很實際的緣由，那就是採摘以果腹，代代手傳口授，遂積累了大量有關草木的經驗和知識。人們記其特性、產地、異名、可食部位、吃法、滋味和藥性等，配上圖錄，形成一套名物辨析的方法。同時，人們親近鳥獸草木，看鶯飛魚躍，草木凋榮，體味其中生生不息的生命意味，由此感發情性，也生出藝術的自然觀。還有些植物來自異域，長途跋涉，漂洋過海，豐富着人們的餐桌，也讓我們看到全球範圍內物種的大交換。這種交換影響着人口發展，也關涉語言的進程。

節令說的是古人對時間的態度。二十四節氣是古老的時間標誌，其內核是齊物論式的，淳樸的，也是有品質的。它們與物候時令奇異吻合，有着東方田園風景與中國古典詩歌般的名稱，簡約美好，表意形象，是漢語瑰麗的精華，短短二字，就能神奇地構成生動的畫面和無窮的故事，所以，了解二十四節氣，就好像觸摸到了大自然的脈搏。而與時令相匹配，也衍化出各種傳統節俗。人們適時祈福禳災，並逐漸賦予節俗更多的社會倫理意義，一些歷史或傳說人物因之成為節日主角，寒食節、端午節、中秋節都很有代表性，這也成為傳統節令文化的重要組成部份。

百戲講的是人與遊戲的密切關聯。人之所以為人，就是因為人天性愛好遊戲。只有在遊戲中，人才最自由、最本真、最具有創造力，所以，遊戲是人類文化產生、發展的原動力，甚至各類文化形式本質上也可以看作是一種遊戲。百戲是古代對民間各種歌舞雜技的泛稱，角抵、幻術、鼠戲、射箭、口技、弄丸、跳劍、蹴鞠、鬥雞、走狗、傀儡戲、秧歌乃至後世諸多天橋把式、民間雜耍、歌舞滑稽、曲藝相聲，等等，都可包含在內。對遊戲追本溯源，就是探究人性、探究文化的生成軌跡。

以上話題，是我在傳統文化世界裏托缽而行、隨意觀覽的印記。現在以文字的形式呈現出來，只能算是大致的地標，以供觀者循着線索，摸索向前。偶有所悟，會心一笑，接着，還是要徒步前行的。

郗文倩

二〇一八年七月二十日

於福州

目錄

飲食

服飾

行旅

草木

節令

百戲

後記

飲食

飲食雖是小道，
在中國卻有着深厚的文化基礎，
並非僅僅是茶餘酒後的談助而已。

飲食小道

飲食雖是小道，在中國卻有着深厚的文化基礎，並非僅僅是茶餘酒後的談助而已。自古以來，儒道兩家，道不同不相為謀。道家將人放在宇宙自然間，關注個體生命的價值和存在；儒家則把人放在社會中，說的都是立身做人的道理。二者視角不一，關注的重心以及得出的結論都有極大差異，然而，卻都從飲食着眼。

道家講服食養生，強調食物補精益氣的作用，如《黃帝內經．素問》云：「五穀為養，五果為助，五畜為益，五菜為充，氣味合而服之，以補精益氣。」儒家則看到飲食男女這些本能慾望，認為這關涉到人之為人，告子云：「食色，性也。」儒家的另一部經典《禮記》也說：「飲食男女，人之大欲存焉。」（《禮運篇》）吃飯睡覺出於本能，關涉生命保存和後代接續，自然不可忽視，上述這些話也就不是甚麼深刻的大道理。但《禮記》又說：「禮之初，始諸飲食。」當人們意識到不能像動物一樣茹毛飲血，撕咬搶食，而是要講規矩，講熟食烹飪，禮就產生了。可見，在古人看來，吃喝說着簡單，卻不是小事，它關涉身體飢飽康健，也是文化發展和文明進步的表徵。

因此，對比中外文化，確實沒有哪一個民族能像中國人的祖先那樣，在自己的飲食生活中傾注了如此多的注意力，產生了諸多創造和深刻的理解。人們使用炙、烤、煨、燉、燜、炮、燴、煎、煮、燒等多種方式烹飪天南地北的各色食物，滿足了口腹之慾，卻也衍生出食藥同源、飲食養生的觀念。

食藥同源，意思是許多食物即藥物，它們之間並無絕對的分界。古醫家認為中藥有四性、五味，而食物也同樣如此，因此，食物能入藥，許多藥物也可以食用，這就是藥食同源理論的基礎，也是食療的基礎。古人認為，食物各有本性，對人體最有益的是具有中和之性的食物，假如稍有所偏，就會偏涼（如綠豆、冬瓜），或偏溫（如生薑、紅棗），假如過多地偏離「中」，就成「寒」與「熱」，就近似藥了，這就是涼藥或熱藥的來歷。中醫的治療原則，「寒者熱之，熱者寒之」，即得了熱病當用涼藥，反之用熱藥。但如果寒熱都不是很嚴重，那就用偏涼或偏熱的食物調節就可以了，這就是所謂「食療」。

《黃帝內經》是我國最古老的醫學典籍，對藥療和食療間的關係有着非常卓越的理論。《素問》篇云：「大毒治病，十去其六；常毒治病，十去其七；小毒治病，十去其八；無毒治病，十去其九。穀肉果菜，食養盡之，無使過之，傷其正也。」意思是用偏性大的藥物（如石膏、附子等）治病，有十分的病，只治到六分好就不能再服用了；用普通偏性的藥物治療（如菊花、陳皮等），有十分的病，只治到七分好就可不用；偏性小的藥物（如葛根、首烏等），有十分的病，只治到八分即可停用；沒有偏性的藥物（如淮山、枸杞子），有十分病治到九分就可以。那餘下的幾分呢？就用穀肉果菜來食療，慢慢調補，藥療和食補都不可用力過猛，超過限度，就是傷其正也。

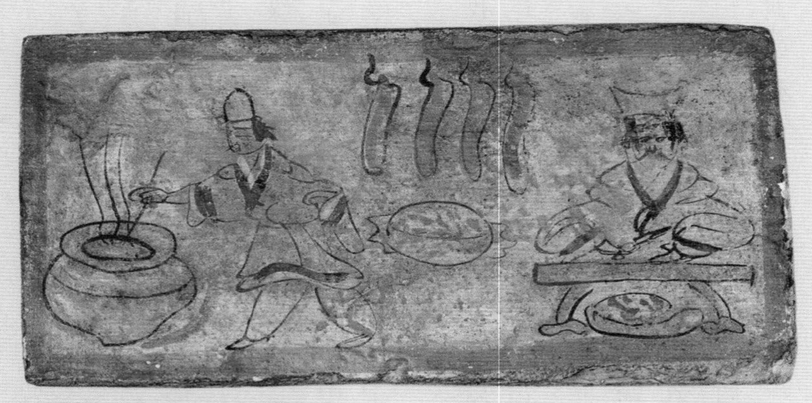

魏晉時期「烤肉煮肉圖」壁畫磚
嘉峪關市魏晉 1 號墓出土，甘肅省博物館藏。

民諺云：是藥三分毒。即便對症的良藥，也要謹慎對待，適度用藥，對於稍有些生活經驗的中國人，這屬於常識。因此，人們更希望用日常飲食來調理身體，用秉性更溫和的食物來平衡內在陰陽，也慢慢總結出非常多的食療食補的智慧，很多民諺俗語都與此相關。如：「一天一顆棗，終身不顯老。」「秋後蘿蔔賽人參。」又如：「魚生火，肉生痰，白菜四季保平安。」「冬吃蘿蔔夏吃薑，不勞醫生開藥方。」等等。

古人關注飲食，基於養生，但又不止於此，由飲食而衍生的思想和文化都極為豐富，遠不是三言兩語可以説清楚的。比如關於飲食，還有本味主張和五味調和的烹飪原則。古人認為，這些都蘊含着人生道理，也是治國理念的隱喻。

「五味調和」的説法最早見於《呂氏春秋·本味》，文中伊尹以至味説商湯，拿肉食調味之術談治國之道。文章洋洋灑灑，頗有戰國縱橫家的特點，但意思卻很簡單。後世讀者津津樂道，只因其最早討論了「五味調和」的烹飪道理。伊尹説，人們常吃的肉食有三類，水中之魚味腥，食肉的鷹隼味臊，食草的鹿獐味膻，故不能直接入口，而需烹煮調味。這個過程就有些講究了。

首先，水是基本調和物，多次煮沸，食材開始發生變化。在此過程中，火是關鍵，要「時疾時徐」，方能滅腥、去臊、除膻。此後再以甘、酸、苦、辛、鹹調和，先、後、多、少，各有規矩。如此一來，鼎鑊之中，就有了精妙微纖的變化，此變化如陰陽二氣交合、四季更迭，是只可意會、不可言傳的。最終，在精妙的廚藝下，食物「久而不弊，熟而不爛，甘而不噥（Jyun[1]，過甜），酸而不噪（zwk6，味道濃烈），鹹而不減（減少原味），辛而不烈，淡而不薄，肥而不膩」，終達「至味」。上述八對詞語，兩兩形成對比，前者合「度」，後者過「度」，「過」猶「不及」。

伊尹談及的這種「合度」的追求也是頗符合中庸之道的。以烹調為話題進行理論的思辯，「調和」的道理就有更普遍深廣的意味，把它引入政治領域也就很自然了。

而本味的主張可能更多來自文人對於「自然」的審美追求。這種追求不僅體現在詩賦創作、音樂繪畫等藝術活動中，更融入文人衣食住行的日常生活中。蘇軾在《菜羹賦》序言中說：「煮蔓菁、蘆菔（蘿蔔）、苦薺而食之，其法不用醯（即醋）醬，而有自然之味。」這裏的「自然之味」即是蔬菜之本味。蘇軾此時正處荒蠻貶謫之地，這句話自有苦中求樂的意思，但其「自然之味」的表達卻體現着價值追求，是將生活藝術化了。而清代李漁提倡白水煮菜，也意在其中的藝術境界和天然趣味：「吾為飲食之道，膾不如肉，肉不如蔬，亦以其漸近自然也。」（《閒情偶寄》）

就飲食而言，本味、五味各有千秋，因為「食無定味，適口者珍」。但無論怎樣，口味的辨析透着古人的思考，也是能以小見大的。所以，古人對飲食，有着很多思考，認為飲食之味多精微之處，難以言傳，看似屬於吃之小道，卻能蠡測文化大道。

飲食品味存在個性差異，所謂蘿蔔青菜，各有所愛，但飲食文化卻有着時代和地域的一些共性。它們由物質生活和精神生活積累而成，或精緻，或粗樸，都潛隱於風俗、日用的細目之下。人們在餐桌前一俯一仰，觥籌交錯，或是停杯投箸，凝神品味，卻也未必意識到，眼前的茶食湯酒接續着傳統，更未必意識到，自己正處在這歷史的延長線上。

味道的通感

人們誇獎一道菜，常說「色香味」俱全，而不是「味香色」俱全，這種表達順序可能正符合眼、鼻、口感知的特點。眼可遠觀，見其色形之美；稍近，則有鼻嗅，鑒其臭惡馨香；最後鉗之入口，感知軟硬，細嘗酸甜苦辣鹹。據說，舌尖對甜味最敏感，舌後對苦味最敏感，而舌內外兩側則分別對酸、鹹最為敏感。如此品嘗之後，方完成對一道菜的品鑒。可見，「味」是中國傳統烹飪的核心，也是根基。若離開「味」，而在菜名的花俏、擺盤的漂亮等細枝末節上絞盡腦汁，終歸不是正途，所以，中國飲食文化才叫「舌尖上的味道」吧。

我國最早烹飪用味只有鹹酸二味，鹹取於鹽，酸取於梅子。《尚書・說命》：「若作和羹，惟爾鹽梅。」鹽大概是最早的調味料，凡菜都離不開，可以稱得上百味之王。但鹽只可增加鹹味，對於去除食物中的異味，尤其是肉類的腥膻之氣，就有些無能為力了。而梅子含果酸，口感酸甜，可做湯羹的調味品，又含清香，最利於消除肉的臭、腥、膻等異味。此外，梅子中的果酸還可幫助軟化肉質纖維，利於消化，因此，是早期烹飪最常用到的。

後來，人們又開發了辛香類的天然調味品，比如葱、薑、蒜、蓼、芥、花椒等含有辛辣味道的。這些調料的加入，開啟了中國飲食文化中的第一波「滋味」革命。到秦代，食物烹調就已有辛、酸、鹹、苦、甘五味的說法了。秦漢時還發明了醬、清醬（醬油）及豆豉，這些都是以大豆為原料發酵而成，如此之後，餐桌才變得更加有滋有味。不好吃、無法吃的食物，加了醬，有了色澤，不僅好吃，還好看，於是，「色香味俱全」才成為中國式烹飪的一個重要指標。

中國人對於飲食滋味的探究有着濃厚的興趣，對於開發新的調味品一直態度積極，這一點倒從不保守。比如西漢時，張騫從西域帶回蒜、芫荽（香菜）等調味品，這些「胡味」都很特別。大蒜的辛辣自不必說，芫荽更有一種特殊的氣味，至今吃不慣芫荽的人還說有一股臭蟲的味道。但即便如此，大多數中國人也欣然接受，很多人甚至迷戀得很，在北方，尤其如此。做湯、涼拌、包水餃，怎麼做都覺得好吃，就好這口兒。甚至有的如羊湯、魚湯，不放些香菜點綴調味，簡直就缺了根本。

再如胡椒，原產印度西海岸，大概在明朝時引種中國，之前一直靠從中亞、南亞一帶進口，可謂高檔調味品。物以稀為貴，唐宋時，胡椒堪比黃金，家有胡椒，也是地位和財富的象徵。據《新唐書·元載傳》，曾官至宰相的貪官元載被朝廷抄家時，竟然抄出「胡椒至八百石」。明代于謙為此作《無題》詩，評論道：「胡椒八百斛，千載遺腥臊。」意思是胡椒本為去除腥臊的優質調味品，但元載卻因此遺臭天下。

此外，還有辣椒。辣椒原產美洲，西班牙香料商發現後移種歐亞，明代後期，辣椒被當作觀賞花卉引種中國。可講究口味的中國人很快發現了辣椒的美妙，原先辛辣味大都依靠花椒、生薑，現在可算有了替代物。四川、湖南等地一向嗜辛辣，自此就由「無薑不食」變成了「無辣不食」了，

「辣味」也就成了川菜、湘菜的主打味道。

各種調味料的加入，使得中國人的口味日漸敏感、細膩、豐富，竟漸漸走出餐桌飲食的範疇，醞釀出更有意味的文化。

最典型的，就是以「滋味」論詩樂，將品味食物的感觸轉移到思考和評價文學藝術，這種轉向以及最終的結果，都是極具中國特色的。

滋味本是一種由味覺帶來的生理感受，如同耳之於聲，目之於色。但古人認為，飲食的「滋味」卻又不止於酸甜苦辣鹹，它們能引起人的愉悦心理，其中包含着美感的成份，也就是説，味覺和心理的審美愉悦是可以相通，甚至互相轉換的。《論語·述而》記載：「子在齊聞《韶》，三月不知肉味，曰：『不圖為樂之至於斯也。』」孔子用肉味來比喻音樂的審美韻味，覺得比起肉食，音樂藝術的滋味更勝一籌，聽樂時，自己在心理上所得到的美感、快感甚至超過了鮮美的肉味，由此，他對音樂藝術有如此大的美感效力表示十分驚嘆。孔子大概是最早以「滋味」「口味」的美感來論詩論樂的。

到了魏晉六朝時期，這種討論就蔚為大觀了。陸機《文賦》明確用「滋味」來談論文學藝術感染力。他説，有的文章看着寫得清新空靈、柔美婉約，也摒棄了虛辭濫調、浮言碎語，可是讀來就覺得缺點文采、少滋沒味的，甚至還不如「大羹」。這「大羹」，指的是古代祭祀盛典時用的肉汁，為了復古，也為了表達對古人的尊敬，是不加鹽醬調味的。

當時還有一位文學批評家鍾嶸，寫了《詩品》，更是明確地把有味無味作為詩歌的藝術審美標準。他說，早先流行四言詩，但四言詩有些過時了，反倒是很多新興的五言詩寫得很棒，「是眾作之有滋味者」，這些詩歌指事造形，窮情寫物，又形象又生動，文有盡而意無窮，令聞之者動心，品之者欲罷不能，可以稱得上是有滋味的好詩。他還批評當時同樣流行的玄言詩，認為這些詩單純闡述玄言佛理，缺乏形象的描繪，質木無文，淡乎寡味。

滋味，餘味，後人引申為韻味，都是用滋味來表達文學藝術給人們帶來的心理體驗，好似從「食客」的感受着眼，把品味者和品味的對象融為一體，是很有趣的。人們認為，這種分析鑒賞文學藝術的方式屬於主觀的、印象式的、感受式的，可以名其為「印象派」。

由飲食口味到滋味，到文學藝術作品的韻味，這就是由小道而見出大道，是將飲食之道和生活旨趣相連結。這樣的一種思維習慣，千百年來形成了一套獨特的話語方式，滲透在我們的日常生活中。比如，我們說一道美食值得回味，也說一個故事值得回味，一段記憶值得回味，一段生活過得有滋有味。我們吃米飯饅頭，吃青菜魚肉，卻也「吃官司」「吃黃牌」「吃一驚」「吃大虧」「吃苦頭」。吃了這些如果不舒服，也並非無甚好處，因為畢竟還可「吃一塹，長一智」。實在吃不下也沒關係，因為還可以「吃不了，兜着走」。

陶淵明《飲酒》詩云：「不覺知有我，安知物為貴。悠悠迷所留，酒中有深味。」飲食中有真味，耐心品味，或能得之。

文吃與武吃

吃是本能，但怎麼吃卻頗多講究。吃相兇惡，豺狼饕餮，往往引人側目，謂為粗蠻無禮，因此，古今中外都有餐宴禮儀，要求人們「文吃」。

春秋時，齊國外交官慶封來魯國訪問，乘高檔馬車，很多人艷羨不已。可叔孫豹不以為然，認為慶封「服美不稱」，沒甚麼文化修養，配不上這樣的好車。果然，慶封在宴會上吃相不雅，不懂禮讓恭敬。見此，叔孫豹遂賦詩一首《相鼠》：「相鼠有皮，人而無儀。人而無儀，不死何為？」意思是，看那老鼠都有皮，人卻沒臉沒皮，不懂禮儀，顯然是諷刺慶封。按照當時的外交慣例，慶封當賦詩應答，然而，他埋頭大嚼，壓根兒就沒聽懂，或者是聽懂了沒法回答，只好裝傻充愣。這是《左傳》裏的一個外交笑話。

春秋時期，外交使臣們不僅要講究餐飲禮儀，還要在觥籌交錯間得體應對，這就是一種更廣泛意義的「文吃」了。這種吃，吃甚麼不重要，「文」更重要，這「文」就體現為「賦詩言志」。這是有一定難度的，也是體現貴族男子修養的一件風雅事情。

「賦詩言志」是一句古話。但古代所謂「言志」和今天所說「抒情」不一樣，那個時候的「志」大都用在社交場合，關聯着政治、教化，不是私人性的。外交使節「受命不受辭」，接受特定任務出使他國，可如何完成，在談判桌上、宴席間如何交涉應對，都要隨機應變。為了避免在表達外交意見時出現言辭上的失禮，忤怒對方，達到預期的外交目的，「賦《詩》言志」就成為春秋時相當盛行的一種外交慣例和風範，即運用「詩三百」中某些適當的詩句來委婉表達心志情感，表明立場觀點，進行外交溝通，比如向對方委婉示好或示威，包括求救兵、解糾紛，等等。這有點類似今天社交聚會中的獻歌或配樂詩朗誦，只不過唱甚麼歌、點甚麼曲都含着目的。「賦詩言志」也大都借用現成的「詩三百」篇章，《左傳》記載賦詩七十餘次，只有四次是現場即興創作的，也正因此，賦詩者既要對原詩內涵有透徹的理解，又要巧妙地把握「借用」的幅度，不明不暗，點到為止。當時有一個賦詩原則，即斷章取義，各取所求。

如晉國大臣韓起（即韓宣子）到鄭國訪問，其間發生了一些事情，又都化解了。到夏季四月，韓宣子回國，鄭國六卿就在郊外為他設宴餞行。席間，韓宣子請諸位都賦詩一首，藉此了解他們對自己的態度。嬰齊賦《野有蔓草》，首章云：「野有蔓草，零露漙兮。有美一人，清揚婉兮。邂逅相遇，適我願兮。」詩中說，有個女子清麗曼妙，如清晨野草上的露珠，我真心愛慕她呀，希望能有機會與她邂逅。嬰齊只取後兩句，表達鄭國歡迎韓宣子的意思，完全不管全詩原是一首男女私情之作。韓宣子當然聽明白了，很高興，說：「您表達了對我的善意，看來我有希望了。」

接着，子產賦《羔裘》，詩中讚美一位貴族男子身着豹皮裝飾的羔裘，英武帥氣，是「邦之司直」「邦之彥兮」，為國家棟樑。韓宣子聽出這是變相誇獎自己呢，遂禮貌答謝道：「哪裏哪裏，

魏晉時期「宴居圖」壁畫磚
嘉峪關市魏晉 1 號墓出土，甘肅省博物館藏。

我實在是不敢當啊。」

以上兩位賦詩都是表達善意，但接下來，子太叔賦《褰裳》一詩：「子惠思我，褰裳涉溱。子不我思，豈無他人？狂童之狂也且！」這首詩本是戀愛男女間的調情挑逗。女子說，你要是真的想我，就趕緊提着衣裙趟河來找我。你若不想我，難道就沒人惦着我麼？你瞅瞅你憨乎乎的傻樣兒吧。子太叔是在和韓宣子調情麼？當然不是，他對韓宣子此次出訪持保留態度，故借「子不我思，豈無他人」這句隱晦批評或警示。韓宣子聽出話外之音，便趕緊說：「有我在這裏，怎敢勞您去找別人呢。」子太叔遂拜謝。

賦《詩》意在「言志」，同時就有「觀志」的問題。對於「觀志」者來說，他既要熟悉對方所借用的詩章內容，更要知道如何判斷賦詩者「斷章取義」中的「義」到底是指甚麼，這種外交辭令你來我往，就顯得十分含蓄風雅。

了解了這些，再看孔子要弟子們學《詩》，認為「不學《詩》，無以言」，就好理解了。孔子一直按照周代風雅文化培養弟子們，在那種風尚下，不懂《詩》，真的是要閉嘴的。只不過，孔子時代，這種風雅就幾乎沒有了，此後也再無回溫。所以，現在人們談及「文吃」，都是實指，是說要吃得斯文罷了。

大家小姐是最斯文的，平常都笑不露齒，吃當然也不能多露牙齒的，因此，我猜，她們最不能吃的就是炸醬麵之類。眾目睽睽，櫻桃小口，嘴巴成了過濾器，不僅品嘗不到炸醬麵的美味，恐怕怎麼着吃相都難看了。因此，炸醬麵之類只能算是平民飯食，是不好登大雅之堂的。端個大碗蹲在門口，稀裏呼嚕，兩分鐘下肚，這才是正解。

肚裏不餓，比較容易做到文吃，但若是肚餓難耐，即便矜持着，也難免要「武吃」。《水滸傳》裏，武松來到景陽岡前，一口氣吃了四斤牛肉，喝了十八碗「透瓶香」，方搖搖晃晃上了山。不過，若沒了這頓武吃，他恐怕早被老虎武吃了。魯智深大鬧山門，一人吃了半條狗，顯然也是武吃的模範。對這些英雄狼吞虎嚥的不雅吃法，讀者不僅不怪，反而頗為欣賞，大概是因為大口吃肉、大碗喝酒本是英雄本色。莫言說：「俗人大吃是不雅，英雄貪吃是瀟灑。」多會給貪吃找理由。

吃相不雅引人側目，有時卻可救命。鴻門宴上，劉邦凶多吉少，樊噲聞聽，帶劍擁盾闖入軍門，瞪眼逼視項羽，「頭髮上指，目眥盡裂」。項羽按劍直身驚問：「何人？」張良介紹說，是沛公的參乘樊噲。項羽說：「壯士！賜卮酒。」這裏有欣賞，但似乎也有點為難他的意思，因為這卮酒據說約四升，一般人真是大肚難容。哪知樊噲卻一飲而下。項羽又賜他半生不熟的豬腿，樊噲反扣盾牌，持劍砍食，一頓狼吞虎嚥，竟然也吃下去了。這一飲一吃，其實是借豪吃示威，意思是，兵來將擋水來土掩，你想咋地吧！或許正是這粗率的吃相，贏得項羽的欣賞或顧忌。總之，劉邦從鴻門宴全身而退，與這頓大吃不無關係。

吃相不雅，還能有意外收穫。東晉時太尉郗鑒為女兒擇婿，眾多青年才俊打扮停當，在大堂等待，個個拘謹不安。惟有王羲之坦胸露懷，歪在東床上吃胡餅，令郗鑒大為賞識，遂成東床快婿。

大概岳父大人所欣賞的正是這種從容不迫的風度。

魏晉士人講究言行狂放不羈，放浪形骸，但很多人其實也是以才情做底子的。典型的如王猛，寒門出身，曾着粗服拜謁權臣桓溫，一邊在身上捉蝨子，一邊論議當世之事，旁若無人。其言談之不凡，態度之無所畏忌令桓溫折服，「捫蝨而談」遂傳為佳話。在「東床快婿」的故事裏，年輕的王羲之一定也是有兩把刷子的，若單單只是個胡吃悶睡的紈絝子弟，怕也難得垂青。所以，捫蝨而談、大嚼胡餅都只是表象而已，若後人只是把這些學了去，恐怕就真成東施效顰了。

如鬼飲食

中國人講吃，但對於在飲食方面過度貪饞沉溺卻並不提倡，甚至是有些鄙棄的，所以我們才有貪吃鬼、饞鬼、酒鬼、醉鬼之類的稱謂。以「鬼」來指稱這些好飲貪食之人，大概是說他們對於吃喝的態度過於「熱情」，人間少有，那就只有歸入「鬼」類了。而事實上，民以食為天，說的是活人，做了鬼，對於飲食又是怎樣的態度，這卻是需要發揮想像力的。

鬼需要飲食麼？答案似乎是肯定的，因為人們年終祭祖祀神，都要供上食物酒水，這說明，我們一直覺得鬼神和常人一樣，是需要吃喝的。不僅吃喝，而且還懂得酒肉食物的好壞，所以，貢品決不能敷衍，怎麼也要選幾種比較好的吃食，否則，先祖神靈就會覺得祭拜者不虔誠，不恭敬，心裏不快，不說責罰，不願降福是無疑的。古人釋鬼，認為鬼者，歸也，這些亡故的人只是去了一個我們不熟悉的地方而已，他們的生活習慣、日常經驗與人世間沒甚麼區別。自古及今，這種觀念對中國人的思想、信仰影響都很大。

據《左傳》記載，衛國卿大夫甯惠子（甯殖）生病快要死了，可他有件事一直擱在心裏，是個心結，若是解不了的話，死不瞑目。原來，當年甯惠子曾協同大夫孫林父一起發動軍事政變，將在位的衛獻公趕下台，逼其逃至齊國避難，又另外立了新君。衛國史官認為這純屬僭越行為，遂秉筆直書，將此事記錄在冊，文曰：「孫林父、甯殖出其君。」「出其君」就是逼迫君王下台逃亡的意思。記錄雖只一句，但明顯是譴責。按照當時慣例，國內發生異常之事，史官不僅要記錄在冊，還須將這些記錄抄送其他諸侯以及周王室留檔保存，同時還要呈給祖先看。如此一來，這件不光彩的事情不僅天下皆知，而且列祖列宗也都知道了。現在，甯惠子對當年這一行為也有些後悔，覺得自己背着這個污點去見先人，實在是難為情。因此，他把兒子甯喜叫到身邊，要他答應一件事，即自己死後一定要想辦法「掩之」，想辦法將那些記錄抹去，或者想辦法掩蓋一下。甯喜有些為難，一時不知該不該答應。見兒子猶豫，甯惠子便威脅道：假如你做不到，我死後變鬼，定不會來享用你呈獻的祭品。甯喜一聽，只得答應下來。

這件事甯喜後來辦了沒辦？研究春秋歷史的人都很感興趣。我們發現，現在我們看到的《春秋》，關於當年衛國那次政變，以及衛獻公的下台是這樣寫的：「衛侯出奔齊。」意思是，衛獻公出逃至齊國。至於為何出逃，誰逼他出逃的，都沒說。從《左傳》中我們了解到，甯喜後來把持衛國政權，大概就利用自己的權力，遵父親遺囑改寫並通告諸侯，各諸侯太史也依通告照改不誤。可見，甯惠子死前對兒子的那番威脅還是很管用的。

鬼可以享受美食，這種想法其實給活着的人帶來不少安慰。因為不管怎樣，這終究是一種和亡故的親人、先祖列宗進行交流的方式。然而，古人同時認為，對於人間祭品，鬼卻不能同人一樣咀嚼品味，他們只能用鼻子吸嗅其馨香，飯菜如此，酒水亦然。

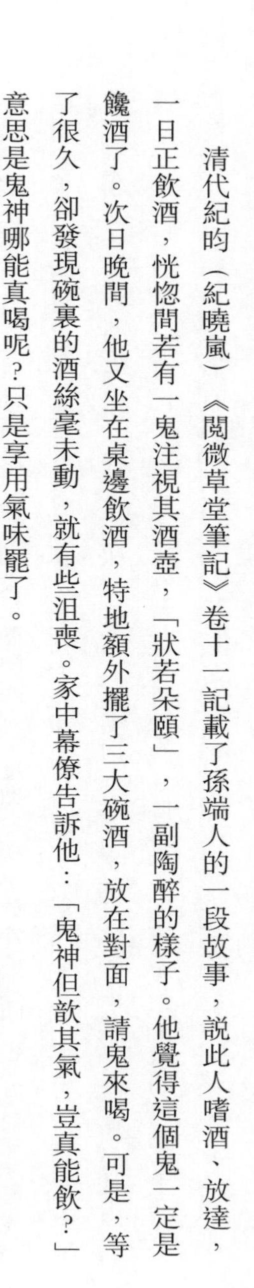

清代紀昀（紀曉嵐）《閱微草堂筆記》卷十一記載了孫端人的一段故事，説此人嗜酒、放達，一日正飲酒，恍惚間若有一鬼注視其酒壺，「狀若朵頤」，一副陶醉的樣子。他覺得這個鬼一定是饞酒了。次日晚間，他又坐在桌邊飲酒，特地額外擺了三大碗酒，放在對面，請鬼來喝。可是，等了很久，卻發現碗裏的酒絲毫未動，就有些沮喪。家中幕僚告訴他：「鬼神但歆其氣，豈真能飲？」意思是鬼神哪能真喝呢？只是享用氣味罷了。

鬼也吃飯也飲酒，但吃喝過後，飯菜形制還在，香味已被攝走，酒水也味同白水。這樣的吃法，活人大都是不喜歡的，難怪孫端人感嘆道：「飲酒宜及未為鬼時，勿將來徒饗其氣。」還是趁活着，能吃就吃，能飲就飲吧。

美食不能品味，美酒不能痛飲，這在很多人看來是很痛苦的事情。因此，佛教就以此作為地獄的懲罰手段之一。東漢初由印度傳入我國的《佛説盂蘭盆經》就講到這樣的故事。

故事説，佛陀大弟子目連的母親青提夫人家中甚富，但她自己卻從不修善，天天宰殺牲畜，大肆烹嚼。如此殺生貪吃，罪孽深重，死後遂被打入陰曹地府，罰入餓鬼道，承受飢餓難耐的懲罰。目連運用神通見到母親，見她皮包骨頭，大為悲痛，忙呈食奉母。然而，食物入口便化成火炭，凄慘異常。目連無計可施，遂祈求佛陀，看有無辦法。佛陀告訴目連，其母罪根深結，非一人之力所能拯救，當邀十方眾僧之力方能救度。於是教他在七月十五，為母親供養十方大德眾僧，以此大功德，解脱母親餓鬼之苦。目連乃遵囑設盛大的盂蘭盆供養十方僧眾，盆中盛裝百味五果。於是，其母出餓鬼道，託身為黑狗。目連又引黑狗七日七夜誦經懺悔，才又得轉人身。最終，其母改過自新，求生西方佛國。

據佛典《佛説盂蘭盆經》，佛陀還説：「今後凡佛弟子行慈孝時，都可於七月十五日佛自恣（舒適）時、佛喜歡日，備辦百味飲食，廣設盂蘭盆供，供養眾僧，如此，既可為在生父母添福增壽，又可助已逝父母早離苦海，得到快樂，以此報答養育之恩。」這個旨意，頗合乎中國孝敬父母、追先悼遠的俗信，於是七月十五日就成為節日，名盂蘭盆節，也稱「中元節」，俗稱「鬼節」，從梁代開始，流傳至今。相傳，此日地府大門打開，陰間鬼魂會放禁出來。有子孫後人祭祀的，皆回家去接受香火供養；無主孤魂則遊蕩徘徊，四處找東西吃。故這天的儀式程序中，多有設食祭祀、誦經作法等「普度」「施孤」等佈施活動，以超度亡魂。

有些地方，民間搭建法師座和施孤台，法師座上供奉超度鬼魂的地藏王菩薩，供放麵製桃子和大米等物，施孤台上則擺放全豬、全羊、雞、鴨、鵝及各色發糕、果品。法師敲響引鐘，帶領座下眾僧誦念咒語真言，然後施食，將麵桃和大米撒向四方，反覆三次，這種儀式叫「放燄口」。據説，燄口之後，食物會增加千萬倍。儀式過後，食物形雖在，質已變，故淡而無味，這就是已被亡魂所食了。但也不可丟棄，舊時要將這些白米派送窮人，名曰「平安米」，既能積德，又能物盡其用。

福州地區有個「拗九節」，也是來源於目連救母傳説。據傳，目連母親到了陰間被關進牢籠不許吃飯，目連探監送的吃食也都被獄卒貪污。後來，目連就用荸薺、花生、紅棗、桂圓、紅糖等原

料與糯米混合，煮成甜粥，上面再撒一把黑芝麻送去，獄卒見此粥黑乎乎的，問是甚麼？目連隨口答道：「這是拗垢粥。」福州話中，「九」與「垢」諧音。獄卒信以為真，認為這粥污垢骯髒，不敢吃，故此粥才得以送到目連母親手中。這天是正月廿九，目連母親這年也正好二十九歲。閩俗中，正月分「三九」，正月初九稱為「上九」，十九為「中九」，廿九為「後九」，所以這粥便叫「後九粥」。以其粥顏色黝黑，叫「拗九粥」；以目連孝順母親，又叫「孝九粥」。這個故事，邏輯牽強，一聽就是民間附會編着玩，節日中講給孩子們聽的。很多傳統節日的來源大都是這樣的路數，人們姑妄聽之，做節日的談助，倒也未必信以為真。

如人飲水，冷暖自知。如鬼飲食，感覺如何？那就只有鬼知道了。

座次移轉

在中國人的觀念裏，餐桌是重要的社交場所，尊卑敬讓等種種人際交往原則都要在其中有所體現，如何就座遂成為飯前必講的規矩。具體講究古今雖不同，整體趨勢也是由繁趨簡，但精神內核還是貫通一致的。

拿座次安排講，無論是家庭聚會還是宴請賓客，現代餐桌座次禮儀大都簡化為以「裏」為上，長輩、客人往「裏」請，坐在裏面的座位。「裏」就是「禮」，這是因為「外」座常常是上菜的位置，坐在外側的人有時還要兼職店小二，跑跑腿、倒個茶、拿個毛巾之類，這座位自然就不能算是上座了。而古人宴席座次安排則注重方位。在一般的房屋或郊外帳中宴飲，大多以東為尊。《史記》中，西楚霸王項羽在鴻門軍帳中宴請劉邦，「項王、項伯東向坐。亞父南向坐，亞父者，范增也。沛公北向坐，張良西向侍」。在這裏，項羽和他的叔父項伯坐的就是主位，坐西面東，是最尊貴的座位。其次是南向，坐着謀士范增。再次是北向，坐着項羽的客人劉邦，説明在項羽眼裏，劉邦的地位還不如自己的謀士。最後是西向東坐，因為張良地位最低，這個位置給了他，叫侍坐，即侍從陪客。鴻門宴上座次的安排是主客顛倒的，這反映出項羽的自尊自大，他用這種違禮的方式表示對劉邦、張良的輕辱。

但如果在比較講究的堂內宴請，就是以面南背北的位置為尊了。

堂是古代宮室的主要組成部份，一般位於宮室主要建築的前部中央，坐北朝南。由於當時宮室都是坐落在高出地面的台基上的，所以堂位置也比較高，前有兩根楹柱象徵大門，又有東西兩階通向庭院，因此，堂是比較寬闊敞亮的場所。堂後有牆，把堂與室、房隔開，室、房有門和堂相通，古人因此有「登堂入室」的說法。堂的這種格局在古代變化不大，一般就用在舉行典禮、接待賓客和舉行宴會方面，這時，座位就不是以東向為尊，而是以南向為尊了。至於剩下的東向、西向和北向座位，則沒有太嚴格的講究。

以宴席座次來顯示尊卑，這是社會各個階層都普及的禮俗。清人淩廷堪根據古人記載，在其所著《禮經釋例》中就歸納為：「室內以東向為尊，堂上以南向為尊。」如今，餐廳方位本就沒有那麼多講究，面朝哪個方向吃飯也就不太重要了，但卑己以敬人仍然是就餐禮儀的基本原則，這也是古禮的核心精神。

古人宴客，根據親疏尊卑排列東西南北，很顯然，這也和當時的餐飲方式有關。

從漢代到唐代中期，宴席形式主要是分食制。《史記》鴻門宴裏，主賓東向、北向、南向、西向坐，並不是說他們圍着方形餐桌吃飯，而是每人面前有一長方形條案，案上再以托盤等擺放食品。近些年來發掘出的漢代壁畫、畫像石和畫像磚上，經常能看到人們席地而坐，一人一案的宴飲場面。食案一般比較低矮，與人們席地而坐的習慣相配套。

分食制座次清楚，主客面前的食物可以獨享，倒省去吃多吃少的糾結。漢代承送食物還使用一種小型的案盤，形制類似有足的盤，木質，或圓或方，比較輕巧。《後漢書．逸民傳》記錄東漢隱士梁鴻，曾受業於太學，頗有學識，後來，他沒有入朝做官，而是以舂米幫傭為生。但每天幹活回家，其妻孟光皆備好飯菜，「不敢於鴻前仰視，舉案齊眉」，極為恭謹。旁人很驚詫，認為梁鴻為人幫傭，尚能使「其妻敬之如此，非凡人也」。孟光能「舉案」至「齊眉」，可見呈送食物的案几不大，不需太大臂力。

西晉以後，隨着西北地方少數民族先後進入中原，床榻、胡床、椅子、櫈等坐具相繼出現，逐漸取代鋪在地上的席子，傳統席地而坐分食的習俗就受到衝擊。後來，又流行高桌大椅，最終使傳統飲食習慣轉向合食。陝西西安市長安區南里王村有唐代墓室壁畫，宴飲圖正中是一長方形大案桌，桌上杯盤羅列，食品豐盛，有饅頭、葱餅、胡麻餅、花色點心、肘子、酒等。案桌前還有荷葉形湯碗和勺子，供眾人使用，周圍有三條長櫈，每條櫈上坐三人，這幅圖表明飲食方式已發生了劃時代的改變。

圍坐合食，傳統用八仙桌，以前幾乎家家都有，有些人家甚至八仙桌是唯一的大型傢具。八仙桌面寬，四邊長度相等，每邊可坐兩人，四邊可圍坐八人，故得名。如果是宴席，貴客專桌，等而下之，可兩人、三人、四人、六人或八人一桌。一般沒有五人一桌的，大概覺得桌子四面四人圍坐正好，第五位，不管誰，都是個「零頭」，有些尷尬，倒不如不設此位。

從結構和經濟角度看，八仙桌結構簡單，結體牢固，用料又很經濟，一件傢具僅三個部件：腿、邊、面心板。而面心板可以是兩塊木板拼合，也可以三塊一拼，就很省木料了。從觀感上看，八仙桌四平八穩，形態方正，親切、平和又不失大氣，有極強的安定感。無論是農家房舍，還是富貴廳堂，不管裝飾得典雅奢華還是簡單粗樸，只要空間不是特別逼仄，擺上一張八仙桌，兩側放兩把椅子，就覺得穩重大氣，平和舒展，這符合中國人普遍的審美感受。所以，無論日常餐食、待客設宴，抑或祭神祀祖擺放貢品，八仙桌都是很適宜的。

後來宴客又有了圓桌，這是為了滿足聚宴人多和席面大的要求。由於圓桌席位不好分出上下尊卑，每桌人數也鬆緊可調不固定，所以最初，用慣了方桌的人們頗不習慣，比如袁枚《園几》詩就說道：「讓處不知誰首席，坐時只覺可添賓。」

不過，正是因為圓桌沒有棱角，席位不分上下尊卑，不分正位、側位，削去了人與人之間的貴賤高低，方顯出平等原則，這就有點現代觀念了。平等的觀念，也可以算是現代文明的標誌。目前，國際國內間的一些談判還是使用圓桌會議的方式，強調平等、對話、協商。據說，「圓桌會議」起源於一千五百年前的英國亞瑟王，他讓自己的騎士們以及羅馬主教大人圍坐圓桌，共商國是，騎士和君主間不排位次，平等溝通。每位騎士雖要為成為自由人而在戰場賭命，卻有極強的尊嚴感，沒有仰人鼻息的委瑣和怯懦，是堂堂正正、不卑不亢的鬥士。亞瑟王的圓桌創造了一個理想的公平世界。據說《不列顛百科全書》為此專把亞瑟王的「圓桌」收入其中。

在《水滸傳》中，梁山之上，聚義廳中也設有一張大圓桌。作者施耐庵大概也想用這張圓桌表達些甚麼，但最終，他還是讓這一百單八將一一排了座次，宋江也最終沒有成為亞瑟王。

鮮味的秘密

古人說味，常常講酸、甘、鹹、辛、苦五味，然而，「鮮」卻是老食客們品鑒食物時常用的字眼。他們褒獎一道美食，說：「很鮮！」卻幾乎從不說很鹹、很辣、很苦、很酸，而事實上，這道美食很可能就是偏鹹、偏酸、偏辣、偏甜或偏苦的。

究竟怎樣才算「鮮」？似乎很難描述，好像「鮮」成了五味之外的第六味。但根據常識，「鮮」味似乎又不能從五味中獨立出來。醋是酸的，地道的鎮江醋卻很鮮；荔枝入口是甜的，我們卻讚賞它的鮮；春筍是微微有一點兒苦澀的，人們也是欣賞它的鮮；新摘的紅辣椒配着蒜薑做成辣醬，嗜辣者也能敏銳地感到其不同於陳壜辣醬的鮮美；火候恰到好處的清燉羊肉，口味鹹香，卻也鮮美無比。可見，「鮮」是包含在五味之中的。

要想獲得鮮美之味，也不像做個加減法那麼簡單。表面看，鮮味首先來自食材的新鮮。魚肉蔬菜，各有本味，越新鮮，保留的本味越多，因此，青菜最好是剛剛採摘帶露水的，黃瓜要頂花帶刺的；魚蝦要活的，牛羊要新宰殺的。然而魚腥羊膻，光靠新鮮的本味自然出不了美味。而鹹貨、乾貨和新鮮肉菜搭配，也能變化出鮮美的食物，比如臘肉煮筍、火腿燉冬瓜、冬菇蒸雞、梅乾菜燒肉。因此，最重要的還是要講究食材調料的配比，烹炒煎炸蒸的方式，文武之火的選擇，以及對時間的把控和精妙運用。因此，做出鮮美的食物，有時顯得很簡單，有時卻又無比複雜。鮮味的秘密大概就藏匿在中國的廚房裏，藏匿在廚師們千變萬化的烹製手法中，是需要口傳心授的。

所以，舊時一些餐飲老店，都要有自己的一些主打食品。料未必多麼貴，或者多麼稀罕，關鍵是有一套獨有的烹調秘技。滿足了各方食客們挑剔的口味，日積月累，就漸漸做出名氣來。

比如老北京飯莊業，早先素有「八大樓」「八大堂」「八大春」「八大居」之說。「居」相對規模較小，但也有自己的特色，比如廣和居，本是道光年間專為南方人開設的南味館，位於宣武門外菜市口北半截胡同。一套大四合院，臨街三間房，南頭半間為門洞，門洞正對院內南房的西北牆，牆上有磚刻的招牌，權當影壁。院內各房，都分成大小房間。據清人《道咸以來朝野雜記》載，廣和居肴品以炒腰花、江豆腐、潘氏清蒸魚、四川辣魚粉皮、清蒸乾貝等最為膾炙人口，故其「雖隘窄，屋宇甚低，而食客趨之若鶩焉」。一說這裏的「潘氏清蒸魚」，就是「潘魚」，當年潘祖蔭是廣和居的老顧客，他曾用鮮活鯉魚和上等香菇、蝦乾等配料加雞湯烹製，不加油，味道極鮮美，魚肉也鮮嫩，食客交口稱讚，後來他將自己創製的做魚方法傳給廣和居廚師，遂有了這道名菜。

另外七居為前門的福興居、萬興居、同興居、東興居，大柵欄的萬福居，西四的同和居，西單的砂鍋居，也各有獨特。福興居雞絲麵頗有名，很受光緒帝青睞。砂鍋居專用通縣張家灣的小豬，做出的白肉有六十六種，也很鮮美。砂鍋居地方小，食客多，做出的白肉只夠賣半天，故老北京有

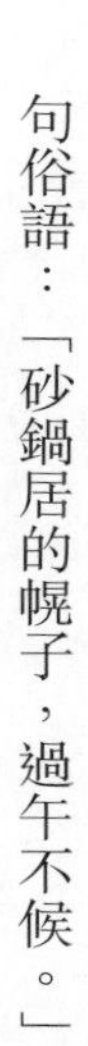

句俗語：「砂鍋居的幌子，過午不候。」

東漢許慎《說文解字》釋「鮮」為魚名，說出自貉國。但貉國在哪裏，誰也說不清。清代王筠《說文釋例》卻認為「鮮」是個會意字，魚羊為鮮，「合南北所嗜而兼備之」。意思是，南方人以魚為鮮美之物，北方人則以羊為鮮美之物，合在一起，就成了「鮮」。這種解釋或許有些附會，但不管怎樣，美食家卻從中悟出真理，也還真的如法炮製出美味來。比如有人根據潘祖蔭所發明的烹魚方法，改用羊肉湯烹魚，變出一道新菜，即羊湯汆魚片，也是極鮮美的，也有人稱作魚羊一鍋鮮，現在一些北方菜館都可見這道菜。還有好食者反過來，用鮮鯽魚熬出奶湯，作為火鍋底料，涮新鮮的羊肉片，也比一般的涮羊肉更加鮮美。為了找到食物的鮮美口味，人們的探索沒有邊際。

現代人喜用味精、雞精提鮮，這是直奔主題的做法。雖說省事兒，可缺了過程，也是喜憂參半，因為說白了，味精本是一種食品增鮮劑，本身沒甚麼營養。最初味精是從海藻中提取，還有些好處，但現在基本上是工業製品，加味精，只是為了糊弄人們對鮮味的偏愛、促進食慾罷了。所以，假如食材本身足夠鮮美，如蒜燒香菇一類，或者是食材本身就含有能夠提鮮的成份，如紫菜蝦皮海帶一類，就沒必要再用了。總之，能不用就不用吧。

味精何以能增加食物的鮮味？研究者認為，主要歸功於其中的谷氨酸鈉，這種物質是由日本科學家一百年前在海帶中找到的。谷氨酸鈉是一種氨基酸——谷氨酸的鈉鹽，而氨基酸能夠組成蛋白質，蛋白質又是人體必需的物質，因此，鮮味也是蛋白質的信號。人一旦缺乏蛋白質了，就迫切想吃鮮味的東西，而所有肉湯、魚湯以及蝦蟹類、蛤蜊等，烹煮時恰恰都有很多鮮味成份滲出，故覺得鮮美。

研究者這樣分析鮮味，有章有法，很科學，可卻並不完全符合我們飲食中對於「鮮味」的體驗。鮮味複雜、醇美，它來源於各類食材，卻又不僅僅靠食材獲得，這是中國人口味裏的獨特感受。

唐代托果盤仕女圖（局部）

陝西歷史博物館藏，這幅畫繪製於陝西富平縣房陵公主（唐高祖李淵第六女）墓前室東壁北側。

棧養：善乎？惡乎？

涮羊肉是北京老字號東來順的著名美食，其羊肉肥而不油，瘦而不柴，一涮即熟，不膻不膩。據說是因為羊特殊，都來自內蒙古草原，那裏水甜草嫩，自然肉質鮮美。但汪曾祺回憶當年在張家口，當地人稱，東來順用的羊是從他們壩上趕下去的。壩上和內蒙古臨界，想必羊也是一樣的。以前交通不便，羊不用車運，而是放羊，趕着去，行程好幾百里。如此長途跋涉，羊疲累掉膘，影響肉質，故要 zhàn 幾天再殺才好。起初汪曾祺聞音猜字，以為 zhàn 就是「站」，顧名思義，是讓羊站着不動，餵幾天。後來讀書，看到北宋筆記小說《清異錄》裏的兩則資料，才知道其實是「棧」，即圈內飼養的意思。書裏談及皇宮內做御膳，用「消熊」「棧鹿」為餡兒，做成肉包子，皇上極愛吃。「消熊」即熊之極肥者；「棧鹿」即倍料精養之鹿。又談及一道奇怪飲品，「用雞酥、棧羊筒子髓置醇酒中，暖消而後飲」，這雞酥大約是雞肉鬆一類，棧羊筒子髓當是肥羊筒骨骨髓。這兩樣摻在酒裏熱飲，不知是甚麼滋味，聽着可怪膩的，不知怎麼個消受法兒。

「棧」本指養牲口的木棚或柵欄，故「棧羊」即圈內飼養的肥羊。《水滸傳》第二十五回，鄆哥跟武大郎開玩笑說他胖了，要到他家裏去糴些麥稃（麩），武大回答：我屋裏又不養鵝鴨，哪裏有這麥麩？鄆哥就笑道：你說沒麥麩，怎麼「棧」得這麼肥，可以煮了吃了。這樣看，很多俗語方

言裏是保留着很多古音古意的，也都是「活」詞，有着很豐富的表現力。比如你到河北、山東一帶問路，當地人指路說：「你lǚ着這條路走，前面不遠就到了。」這lǚ大概就是「履」字，本義是踐踩、走過的意思，現在主要用在「履歷」「履職」這樣的雙音節詞裏面。但還有一個lǚ字，即「捋」，也很好用，本義是用手指順着抹過去，使物順溜或乾淨，比如捋鬍鬚。但如果說要把一件亂糟糟的事情搞清楚，這個詞也很好用，北方常見，如：「你別急，這事兒前後到底怎麼回事，你好好捋一下。」這就比「你好好想一下」「你仔細梳理一下」形象生動得多了。

汪曾祺提及的《清異錄》是五代至北宋人陶穀（九〇三—九七〇）寫的一部筆記小說。陶穀字秀實，陝西人，本姓唐，因避後晉高祖諱而改姓陶。這部書保存了文化史和社會史方面很多重要史料，書中一半左右的條目分別被《辭源》和《漢語大詞典》採錄，價值非同一般。該書借鑒類書的形式，分天文、地理、草、木、蔬、藥、居室、衣服、鬼、神、妖等三十七門，每門若干條，共六百六十一條。從內容看，主要是記載唐五代時各類新奇名稱，每一名稱列為一條，釋其來歷。其中有關飲食、烹飪方面的材料非常豐富，約佔三分之一。李益民曾將這些內容點校註釋，作為《中國烹飪古籍叢刊》之一出版。上文談到的肥熊棧鹿肉，見「玉尖面」條；雞酥羊骨髓酒，見「丑未觴」條。兩個名字現在聽起來都挺稀罕的。「玉尖面」是因為把肉包子包成尖饅頭狀而得名。「丑未觴」得名就有點複雜，丑、未是十二地支中的兩個，「觴」是古代飲酒器，器具外形橢圓、淺腹、平底，兩側有半月形雙耳，便於把握。舊時用天干地支記年月，「丑未觴」大概是

魏晉「牧畜圖」壁畫磚
嘉峪關市魏晉 1 號墓出土，甘肅省博物館。

指要在特定的年份飲用的酒吧。

史料的編纂、整理和流佈對於一個民族文化特徵的形成、延續有着重要影響。中國自商周就形成了成熟的史官文化，君王言行、典章制度、八方風俗一一記錄在冊，此後歷朝歷代都有大量文化人投入其中。飲食雖小道，卻展示着地方民情風物，又事關民生和個人體驗，確是值得記錄的。

陸地食材，「棧」羊「棧」鹿，養養再吃，是為了肉質更肥美。水中食材也有一些要養養再吃的，比如花蛤。

花蛤又稱文蛤，因貝殼表面有紅、褐、黑等色花紋而得名。花蛤殼薄肉厚，也可算貝類中的珍品，但在海邊，這卻是極家常的海味，加葱薑或辣椒爆炒，或者和蘿蔔、冬瓜燉湯，或是燉絲瓜，都很受歡迎。花蛤一般長在海邊沙泥裏，用斧足挖穴而居。漲潮時升至灘面，伸出水管（俗稱舌頭）呼吸、攝食和排洩；落潮後或遇到外界刺激，就緊閉雙殼或伸縮斧足，退回穴底，因此，剛抓上來的花蛤多含着沙子，要放入清水養上一天半晌，待吐盡沙子再烹煮。

海邊市場裏，挑選花蛤是件有趣的事兒。花蛤養在寸把深的水槽中，關着殼子的，要麼是活的，正警惕着，要麼已死了，故一般要挑吐「舌頭」的，但花蛤死了也會如此，所以還要撿那負隅頑抗的，一碰牠，呲出一道小小的水柱，就對了。手挑挑揀揀，水柱此起彼伏，安靜又熱鬧。

很多地方還有吃昆蟲的習俗，多用烹炸的方法。烹炸前，也有些處理的辦法，姑且也名之為「棧養」，比如「知了猴」。

「知了猴」是蟬的若蟲。蟬把卵產在地下，化了若蟲，鑽入地底，挖洞度過兩三年，或許更長一段時間，其間吸食樹根汁液，慢慢長大，然後在某一天破土而出，憑着生存本能找到附近一棵樹爬上去，抓掛在樹幹樹枝上蜕殼，此時若猴子般攀附於樹幹上，故被稱作「知了猴」。等蜕了殼，就變成帶翅的知了，可在樹間自由地飛了。知了猴經過幾年緩慢的生長，爬出地面時肥胖多肉，此時捉來吃，很富有營養。但知了猴是昆蟲，吸食草根樹根汁液長大，腹內多有苦水，所以食前大都要「養一養」。養的辦法是將其放入淡鹽水中，促使其吐出苦水。一宿後，再洗淨控水過油，炸至外表酥脆，撒鹽或椒鹽，就是一道民間的名菜，名曰油炸金蟬。

早期人們捉知了猴，都是傍晚打着手電筒，一棵樹一棵樹挨着去找。知了猴鑽出地面也就集中在初夏的幾天，所以，人們收穫所得，大都只夠打打牙祭，解解饞罷。大多數知了猴都能漏網，完成蜕殼使命。但近幾年，知了猴論隻賣，便有人想出奇法來。他們在樹幹下方一米處用透明膠帶纏裹一圈，膠面朝外，知了猴一旦攀爬上去，前足觸上即動彈不得。天亮以後，挨個樹幹撿拾即可，此種方法，收穫甚多。然而，由於金蟬幼蟲在地下存活五至十二年左右才能破土而出，如此瘋狂抓捕，竭澤而漁，導致金蟬數量急劇下降，在某些地區，夏天已經聽不到蟬聲了，金蟬正面臨着生存危機，甚至有絕跡的可能。

中國人自古就和食物匱乏做抗爭，在開發食材方面絞盡腦汁。現如今，人們大都吃穿不愁，嗜好某些吃食，不過是食慾的膨脹、物慾的貪婪而已，已然露出人性惡的一面，所以，這種吃法，還是銷聲匿跡的好。

食素為心

素菜素食，是目前頗為時尚的飲食方式，雖然一日三餐，頓頓食素，還是少數，大多數人也只是偏素而已。素食主義者，一部份是生活習慣使然，一部份則關乎宗教信仰。

作為農耕民族，中國幾千年來主要的飲食方式就是無肉的蔬食。直到現在，很多農村地區還是以蔬食為主，但這還不是真正的素食。因為嚴格地說，素食是有肉不吃，而過去老百姓以蔬食為主是不得已，因為無肉可食，故與此相對應，古代的當權階層才被稱作「肉食者」。

一般認為，素食源於佛教，即所謂齋食。但早期的佛教也沒有規定絕對不能吃葷。作為托鉢僧，沿途化緣，遇葷食葷，遇素食素，飲食禁忌過多就只能餓肚皮了。當然，如果特意為僧眾殺生製作葷食，也還是犯忌的，故釋迦牟尼《四分律》規定只可食「不見、不聞、不疑為我而殺之肉」。因此，以往食素皆任由僧人自由心證，選擇性遵守，並沒有相關律文的規定。既然沒有明文規定，在高標準和低標準之間就有很大的彈性空間，食素和食葷也就無從說起了。

佛教傳入中國，首倡佛門食素的是梁武帝蕭衍。作為虔誠的佛教徒，他邀集一千四百四十八位僧尼召開大會，並親作《斷酒肉文》，立誓食素，以示慈悲和修行的決心。文中，他除了引證佛典作為依據外，還詳舉了各種理由，以說服僧人遵行食素的規定。他說，假如僧人不斷魚肉，會「不及外道（異端）」，如此佛家就會失去一流的弘法人才；假如僧人不斷酒肉，也會有九種連在家居士都不如的嫌疑；僧人食肉還會有種種修行障礙，種下魔行、地獄種、恐怖因等諸種惡因。他還說，假如啖食眾生，會產生理、事二障難：理障就是「愚癡無慧」，翻譯成白話就是「變笨」；事障就是在修行路上，易被干擾引入歧途。

他還特別強調說，佛家是講輪迴的，眾生肉甚至就是過去生有緣的眷屬：「今日眾生，或經是父母，或經是師長，或經是兄弟，或經是姊妹，或經是兒孫，或經是朋友。而今日無有道眼，不能分別，還相啖食，不自覺知。啖食之時，此物有靈，即生忿恨，還成怨對。向者至親，還成至怨，如是之事，豈可不思？」一旦吃肉，便會有至親成為怨敵的果報。這個理由，對於俗眾來說，也還是很有禁戒力度的。

梁武帝告誡天下沙門，嚴禁一切僧眾再有食肉飲酒的行為，否則依法質問，勒令還俗，這就等於是用強制方式淘汰素行不良的僧尼諸眾。他還邀集僧尼眾一百九十八人，在宮廷舉行有關食素問題的研討會，研討「律中無斷肉事及懺悔食肉法」的爭議，並頒佈《斷殺絕宗廟犧牲詔》，禁止宗廟用肉食祭祀，也不准太醫以「生類合藥」。此後，與佛教相關的素食之風才興盛起來，且影響至今。

除了宗教原因食素外，古代還有一類素食者，是崇尚淡泊明志的山居高士。他們追求生活的簡單、自然、清淨，鄙棄浮華、奢靡，故提倡素食。

清乾隆御賞款墨玉描金經文佛像缽

天津市博物館藏。缽是傳統僧人所用食器，托缽以乞食。佛缽即佛陀所用之食缽，據《法顯傳》記載，佛缽出自印度毗舍離，佛祖曾用以吃齋，後傳入漢地。乾隆二十二年（1757），皇帝南巡到蘇州，見開元寺所供佛缽便大為讚賞，命良工仿製成玉缽，供於宮內佛堂中。

如明代陳繼儒《讀書鏡》語云：「醉醴飽鮮，昏人神志，若蔬食菜羹，則腸胃清虛，無滓無穢，是可以養神也。」這是從養生的角度談素食養神養性的好處。又清末薛寶辰《素食説略》「例言」云：「肉食者鄙，夫人而知之矣。鴻才碩德，未有不以淡泊明志者也。士欲措天下事，不能不以咬菜根者勉之。」意思是，欲成就天下大事的人，多能安然於菜根簡食，倒是享受奢靡生活的食肉者、當權者鄙陋無為。這就把素食和成就大業聯繫在一起了。

「肉食者鄙」，出自《左傳．曹劌論戰》。魯莊公十年春，齊師伐魯，魯公將戰。曹劌請見。其鄉人曰：「肉食者謀之，又何間焉？」意思是，這些事兒都歸在位的當權者考慮，我們普通人摻乎啥？劌曰：「肉食者鄙，未能遠謀。」乃入見。後來，在齊魯長勺之戰中，他果然用「一鼓作氣，再而衰，三而竭」的作戰原理擊退強齊。在這裏，肉食者只是一個代稱，曹劌説「肉食者鄙」，也只是説當時的貴族統治者缺乏作戰的能力和智慧，並不是説吃肉的人就鄙陋。但《素食説略》的作者以此作為食素的理由之一，表達的卻是素食以養性的觀念，這種觀念或可上推至孔子的弟子顏回，他「一簞食一瓢飲」，過清苦簡單的生活，卻「不改其樂」，頗得老師讚賞。

從現代營養學的角度看，素食能調節人體臟脾功能，降低膽固醇，淨化血液。因此，大快朵頤的時候，適時多品嘗一些素菜素食，倒不失為一件養生又養性的事。

古人對素食的崇尚和佛教信仰共同促成了中國傳統飲食中一種特殊的菜系，即素菜系。宋代還有專營素菜素食的店鋪，《夢粱錄》記錄當時汴京有此類店鋪上百種之多。與此相應，素食研究專

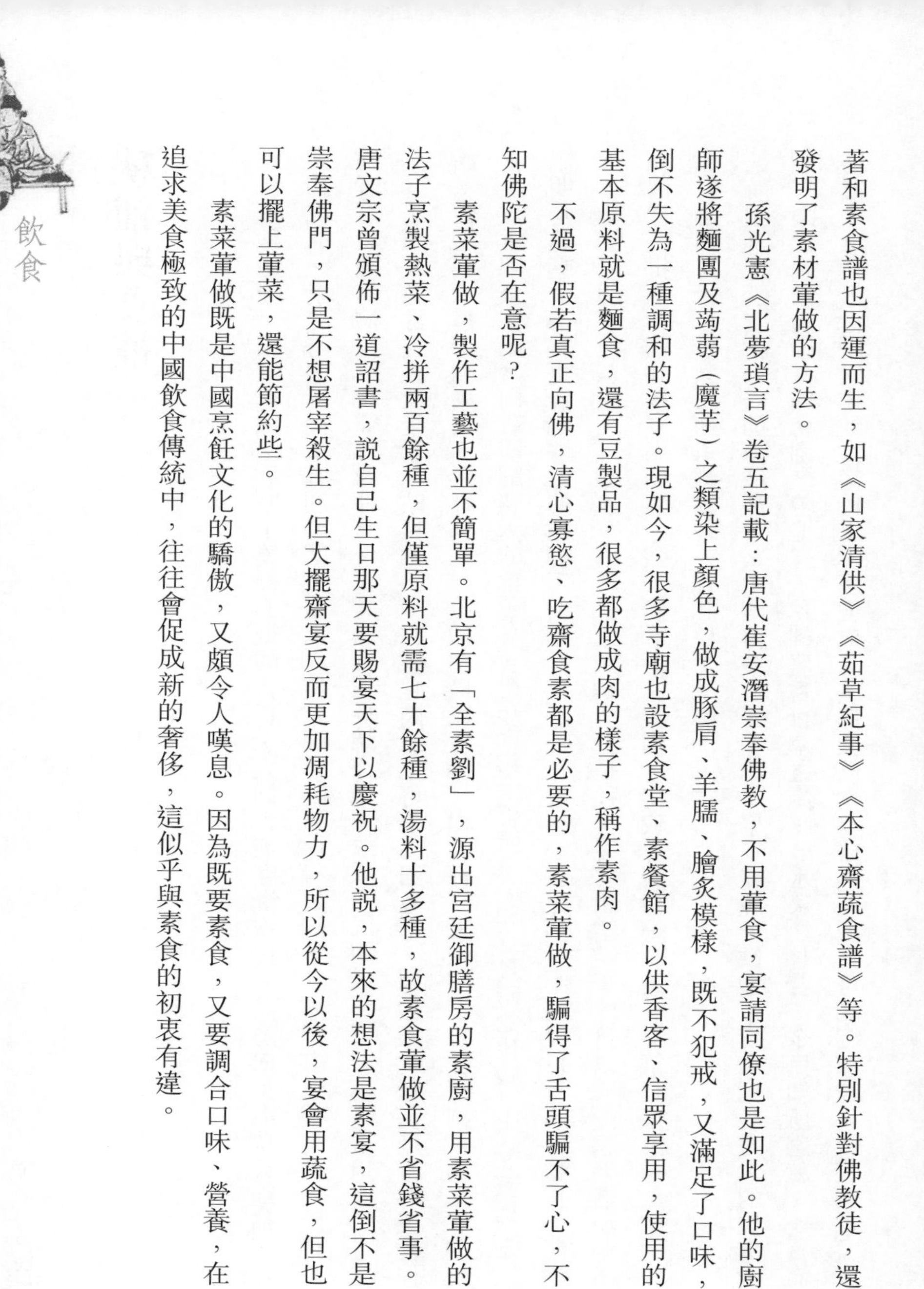

著和素食譜也因運而生，如《山家清供》《茹草紀事》《本心齋蔬食譜》等。特別針對佛教徒，還發明了素材葷做的方法。

孫光憲《北夢瑣言》卷五記載：唐代崔安潛崇奉佛教，不用葷食，宴請同僚也是如此。他的廚師遂將麵團及蒟蒻（魔芋）之類染上顏色，做成豚肩、羊臑、膾炙模樣，既不犯戒，又滿足了口味，倒不失為一種調和的法子。現如今，很多寺廟也設素食堂、素餐館，以供香客、信眾享用，使用的基本原料就是麵食，還有豆製品，很多都做成肉的樣子，稱作素肉。

不過，假若真正向佛，清心寡慾、吃齋食素都是必要的，素菜葷做，騙得了舌頭騙不了心，不知佛陀是否在意呢？

素菜葷做，製作工藝也並不簡單。北京有「全素劉」，源出宮廷御膳房的素廚，用素菜葷做的法子烹製熱菜、冷拼兩百餘種，但僅原料就需七十餘種，湯料十多種，故素食葷做並不省錢省事。唐文宗曾頒佈一道詔書，說自己生日那天要賜宴天下以慶祝。他說，本來的想法是素宴，這倒不是崇奉佛門，只是不想屠宰殺生。但大擺齋宴反而更加凋耗物力，所以從今以後，宴會用蔬食，但也可以擺上葷菜，還能節約些。

素菜葷做既是中國烹飪文化的驕傲，又頗令人嘆息。因為既要素食，又要調合口味、營養，在追求美食極致的中國飲食傳統中，往往會促成新的奢侈，這似乎與素食的初衷有違。

秋補與食補

立秋過後，天氣轉涼，經歷了萎靡不振的苦夏，人們食慾漸漸恢復。民諺曰：「秋天進補，春天打虎。」秋冬時節進補最有利於固本培元，使體內陰陽氣血得到調整。秋補有藥補和食補兩種：前者有針對的體質，也需專業知識；後者多依賴經驗常識，故成為民間最普遍的飲食習俗。

比如人們常說立秋後要「貼秋膘」，首選吃肉，也可吃肉餡餃子，總之要吃營養豐富的美食佳餚。舊時立秋這天還講究「懸秤稱人」，即在橫樑上掛一桿大秤，大人雙手拉住秤鉤、兩足懸空稱重；孩童則坐在籮筐內或四腳朝天的櫈子裏，吊在秤鉤上稱體重，和立夏時的比較一下。若掉了秤，說明身體虧欠，就更要吃些好的彌補了。不過，懸秤一般稱小孩兒多，小孩兒長身體，體重逐漸增加才是健康的。但若有大人心癢，稱一下也無妨，就是秤桿兒要相當結實才可以。一家老老小小，在房樑上掛秤，捆條板櫈做秤盤，孩子們爭搶、識稱、比較、談論、說笑，氣氛是很溫馨熱鬧的，故有立夏詩云：「立夏稱人輕重數，秤懸樑上笑喧闐。」

食補源於食醫合一的傳統觀念，中國傳統醫學即本草學本就源於飲食生活，源於古老的採集實踐。漢代《淮南子．修務訓》曾追述：「神農嘗百草之滋味，水泉之甘苦，令民知所避就，一日而遇七十毒。」古人意識到食從口入，病從口入，那麼飲食和醫病二者就可相互參校、啟發和補益。

凡能入口之食物，皆可具有某種藥性，於是「醫食同源」「食醫合一」就成為中國飲食思想的重要原則，因此，我國農書如《齊民要術》、醫藥之書如《本草綱目》就多有相通的地方。周代王室有專門的食醫，可看作最早的宮廷營養藥師。他們負責調和王之六食、六飲、六膳、百饈、百醬、八珍等，講究「春多酸，夏多苦，秋多辛，冬多鹹，調以滑甘」（《周禮》）。這可以說是最早的食補經了。

通過飲食以養生、以長壽是中國人最樸素的健康理念。飲食養生不同於飲食療疾，因為它畢竟不是要治病的，而是通過恰當的飲食調攝，達到健康長壽的目的。我國現存最早的醫書《黃帝內經．素問》討論古人得以「天年」乃至「永年」的奧秘，其中很重要的就是「食飲有節，起居有常」。所以，飲食養生就是以「不傷」「適度」為本：不極飢而食，食不過飽；不極渴而飲，飲不過多；生冷油膩不多食，五味入口不偏嗜。不過，如此淺顯的養生經，能真正做到的也不多。

此外，中國傳統養生食療經還有「以形補形，以臟補臟」的說法，即俗說的「吃乜補乜」。在食物匱乏的年代，這或許有一定道理，比如有研究稱，眼珠含鋅高達百分之二，白內障與缺鋅有關，常吃豬眼或許能對白內障有一定預防作用。但吃肝就未必補肝，因為肝臟是排毒器官，吃多了反而增加人的肝臟負擔，因此，對古老的養生經還是要辨析一下。現代人日常飲食豐富，獲取營養管道多，大可不必如此拘泥。

吃乜補乜是養生觀念，其中最極端的就是道家的服食丹藥。

服食之風興起於戰國，最初多服食一些草木藥，這裏面有最初的中醫本草知識，當然也含着巫術的成份。比如在《山海經》中明確提到一百三十餘種藥物，包括動植樹、礦物和泉水，很多有特殊的功效，肉體、精神上的疾病都可以治療，如「服之不憂」「服之美人色」「佩之不迷」「佩之不惑」「食之使人不惑」「食之已狂」「服者不寒」「佩之宜子孫」「食之宜子」「可以禦百毒」「食之不妒」，等等。更有很多「不死之山」「不死之國」「不死民」「不死樹」「不死藥」，反映出古人對長生之術的探索。

道教承襲了這些傳統，到魏晉時期，服食仙藥風氣就盛行起來。人們認為，自然萬物和人體同構，相通相感，一切均可入藥。按不同的功效，藥物分三個等級，中藥養性，下藥除病，而上藥則令人成仙。所謂「上藥」主要指的是一些礦物，如丹砂、金銀、五玉、雲母、明珠、雄黃、石桂之類。人們覺得，這些自然礦物歷經千年萬年不壞不腐，人如果服食，吃乜補乜，以類補類，不也一樣可以長生不朽麼？如道教早期典籍《抱朴子內篇．金丹》說：「夫金丹之為物，燒之愈久，變化愈妙。黃金入火，百煉不消，埋之，畢天不朽。服此二物，煉人身體，故能令人不老不死。」又說：「凡草木燒之即燼，而丹砂燒之成水銀，積變又還成丹砂，其去凡草木亦遠矣，故能令人長生。」

於是，追求長生的人們開始琢磨煉丹術，在人跡罕至的深山密林中設丹房，將諸礦放入丹爐中，鍛、煉、炙、溶、抽（蒸餾），經過一系列流程，就煉出神秘丹藥來。至唐代，煉丹術達至極盛，名目繁多，比如根據丹之顏色、形狀，有光明麗日丹、流霞鮮翠丹、金曜吐曜丹、神光散馥丹、白雲赤雪丹；根據其效用，有還魂駐魄丹、奔星卻月丹、全生歸命丹、白日升天丹；或託名神仙異人，如太一金丹、東方朔銀丹、五嶽真人小不丹；或根據所用原料，如石腦丹、石膽丹，等等。

丹藥原料多為礦物，加熱鍛煉後又產生化學反應，所以，一般都內含鉛汞砒霜之類劇毒之物。但煉丹者認為鉛汞為丹藥正宗，故常有過量服食或誤食中毒而亡的。據清代趙翼《廿二史劄記》卷十九，唐太宗、唐憲宗、唐穆宗、唐敬宗、唐武宗、唐宣宗皆服丹藥中毒致死。大臣如杜伏威、李道古、李抱真亦因服食中毒而亡，還有些僥倖生還的，也大都「眉髮立墮，頭背生癰」。

在煉丹成仙的道路上，人們屢敗屢戰，屢戰屢敗，最終服食者包括煉丹士也開始懷疑起來，煉丹術遂漸漸衰落，成了後世玄幻、武俠小說裏的情節。當然，煉丹也有一些實在的好處，比如造就了我國早期的化學，煉出黃金、氧化汞、氯化亞汞以及各種汞合金，甚至根據硝、硫、炭混合燃燒的現象，還發明了黑火藥，甚至無意中點出了豆腐，這就是「柳暗花明又一村」了。

除了服食丹藥，還有一些養生觀念也是要反思一下的。比如認為食野味補身體，從現代醫學和飲食衛生的角度看，就毫無道理。山珍野味往往帶有各類已知或未知的疾病，又往往沒有任何檢疫，禍從口出就不是玩笑話了。十幾年前肆虐一時的「非典」已是大大的警告，但至今好了傷疤忘了疼，嗜食野味者大有人在。

今天，中國生物種類的急劇減少已嚴重威脅到人類自身的生態環境、生存安全，節制口腹之慾才真正符合養生延年的原則。延年，延長了其他物種的生命，才能真正延長人的生命。

豆腐四兄弟

豆腐被稱為「國菜」，它起源於我國，是最能體現傳統飲食文化樸素和智慧的食物之一，而且豆腐葷素咸宜，營養豐富，很少有人不喜歡。

豆腐的發明者，據説是西漢淮南王劉安。宋代朱熹曾有詩云：「種豆豆苗稀，力竭心已腐。早知淮南術，安坐獲泉布。」意思是種豆辛苦，若早知「淮南術」，就可坐着獲利聚財了（泉布，即錢幣）。詩中自註云：「世傳豆腐本為淮南術。」後來李時珍著《本草綱目》沿襲了這個說法。劉安好道，是煉丹家，據説他在煉製長生不老藥的過程中發現了一些動植物的藥理，或許就發現了豆乳可凝的特性，由此發明了豆腐。一説豆腐的發明和他母親有關。劉安母親喜吃黃豆，一日生病，無法食豆，劉安遂着人將黃豆研粉，加水熬成豆乳，又放了鹽滷調味，結果，豆乳竟凝成塊狀，即豆腐花，母親很愛吃，病也很快好了，於是鹽滷點豆腐的技術便流傳下來。當然，這些故事如同很多美食的發明一樣，既不能證偽，也不能證實，多為茶餘飯後的談資罷了。

不過考古學家不這麼想，他們在挖掘河南密縣打虎亭村的一座漢墓時，發現墓內畫像石中有「庖廚圖」，圖中就有製作豆腐的工藝流程，包括浸豆、磨豆、濾漿、點漿、榨水等，所缺的只有一個煮漿的畫面。打虎亭漢墓年代為東漢，比劉安晚兩個世紀，不過考慮到戰國時就普遍種植黃豆，石磨在漢代也很普及，加之豆腐製作工藝並不複雜，不管劉安是不是發明人，他那個時代也是有可能造出豆腐來的。

豆腐的原料大豆原產我國，古代稱為「菽」，是一種耐貧瘠的植物，因為有根瘤菌，可自身生產氮肥，故在薄地、山地、邊邊拉拉的地塊上，人們撒上豆種，不用多加照顧，也能有些收穫。隱居的陶淵明有詩云：「種豆南山下，草盛豆苗稀。」詩人不善農事，又無多少肥田，也是從種豆起步。當然，從現在的農業技術看，吃飽了能幹活，地肥水肥陽光充足，大豆才能高產。

大豆皮實好種，含有營養豐富的植物蛋白。而乾豆易儲耐存，豆腐可以常年生產，不受季節限制，因此豆腐以及各類豆製品就成為中國人餐桌上的常客。它可搭配其他食材做成主食，也可製作各類菜餚；既可做小吃餡料，也可做大菜宴席。因此，無論在物質貧乏、肉食短缺的過去，還是更注重營養均衡健康的現代，豆腐都顯示出優勢，故民諺云：「莫道豆腐平常菜，大廚烹成席上珍。」

早期革命者瞿秋白就義前曾留下一篇長文《多餘的話》，文末說：「中國的豆腐也是很好吃的東西，世界第一。」死前最後一句話無限讚美豆腐，頗耐人尋味。其實，並列第一的除了豆腐外，還有豆漿、豆芽和豆醬，這四者也常被稱作中國食品史上的四大發明。

豆漿是傳統飲品，將大豆用水泡發後磨碎、過濾、煮沸，營養豐富，易於消化吸收，因此四季飲用，老少咸宜。隨着人們生活水平的提高，牛奶漸漸與豆漿平分秋色，但有些人屬於乳糖不耐受者，喝牛奶會腹瀉，那豆漿就是最好的飲品了，所以豆漿也被稱作「植物奶」。

豆芽屬於芽苗菜，傳統芽苗菜主要就是黃豆芽和綠豆芽，它們生長週期短，口感脆嫩，因此，過去很多家庭主婦都掌握「發豆芽」的手藝。豆芽或清炒，或葷燉，或涼拌，或做炸醬麵的菜碼兒，都是令人垂涎的美食。如今蘿蔔、香椿、豌豆、枸杞、花生等都可培育芽苗菜，但就便宜、實惠以及食法的多樣性而言，仍不能和傳統豆芽菜相匹敵。

豆醬及豆豉、醬油是中國傳統最重要的調味品。北方習慣以大葱、辣椒、黃瓜以及其他時令蔬菜蘸醬，滋味鮮美，開胃解膩，在高檔酒席上也頗受歡迎，可謂上得廳堂下得廚房。而在福建等南方地區，過去還有種極平民的吃法，即米飯拌醬油，若再加一點豬油，就是美味了。如今，油條蘸醬油、海鮮蘸醬油還是很多人喜歡的吃法。

豆豉醬中有一種西瓜豆豉，極美味，並不廣為人知，但在河北中部一帶，卻是家家必備的。不妨在這裏說一說。

西瓜豆豉與其他豆豉豆醬一樣，也要先製作豆麴，即讓豆子長菌。三伏天，選上好黃豆清水浸泡半天，煮熟，以用手指能捏成餅狀，無硬心即可。控乾水份，涼至微溫，撒少許麵粉混拌，讓每一粒黃豆都均勻黏上薄薄的麵粉，平攤在葦席或笸籮裏，蓋上紙放屋內發酵。六七天後，黃豆即生滿白毛，此時拿到屋外曝曬至乾透，再搓去菌毛，豆麴就製成了。此外，將饅頭掰成小塊兒，一併曬乾備用。

廣口壜洗淨曬乾，按照一比三的比例放入豆麴和新鮮的西瓜瓤，再放鹽，每斤西瓜瓤配一兩半，

其餘再放入花椒、大料、薑片等常規調料，也可加入陳皮絲、小茴香，一併攪拌均勻。此時看壜中，因為大都是西瓜瓤，所以清湯寡水的。這就要適度添加饅頭乾，再攪拌均勻。饅頭乾吸水後既利於發酵，又增加豆醬黏稠度，是不可或缺的秘料。

將壜口用棉布捆紮封好蓋嚴，或者棉布上加透明玻璃板（便於增溫，亦防止蠅蟲），放置室外曝曬。西瓜豆豉是西瓜和豆子的聯姻，但媒介卻是日光和時間。所以，餘下就是耐心等待了。不過，仍要每日傍晚打開壜子，用乾淨的木棍攪拌——受熱發酵後，饅頭、瓜瓤會浮在上面，要攪和下去。每日開壜除了攪拌，還要觀察稀稠，饅頭乾可隨時添加以增稠。

製醬整個過程最防滴入生水和蒼蠅下蛆。生水好辦，蒼蠅卻是有空即鑽的，所以遮蓋很重要。以前老輩子有句話：米裏的蟲子，醬裏的蛆，井裏的蛤蟆帶着吃。意思是，這三樣，防不勝防，都是附帶品。其實，前兩者，稍加注意，也還是可以避免的。井裏的蛤蟆就管不了了。

如果太陽一直給力，個把月後，西瓜豆豉就做成了。此時，西瓜只可見籽，黃豆依稀可見，饅頭則全無蹤影。壜內豆醬色澤黃嫩，氣味醇香，其妙處不可言表。

醃菜：小菜還是大菜？

醃菜，是中國人餐桌常備的開胃小菜。過去，醃菜主要由家庭自製自食，是典型的「媽媽菜」。為了彌補冬春菜品的不足，勤儉持家的主婦們會在果菜豐富的夏秋製作醃菜。辣椒、茄子、蘿蔔、芥菜、豆角、黃瓜、生薑、大蒜、蓮藕、竹筍乃至白菜、雪裏蕻等葉菜均可入壜醃漬貯藏。醃菜製作工藝並不複雜，概而言之，重鹽者可謂之「鹹菜」，一根鹹蘿蔔條即可配食一碗稠粥；輕鹽者則是利用蔬菜裏的乳酸菌發酵，是為「泡菜」；若主要用醬漬，則就是美味的「醬菜」了。

各地風土不一、口味不同，物產有差異，醃菜自然也有地域特點。比如同樣是醬菜就有北味與南味之分。北味以北京六必居、保定大慈閣醬菜最有名，甜鹹適中；南味則以揚州醬菜為代表，口味偏甜。當然，凡土中生長之物無不可醬，除了各類蔬菜，花生、核桃、杏仁等乾果也是醬菜佳料，這一點，倒是不分南北的。

醃菜耐儲存，便於攜帶，故為舊時最常見的「路菜」（旅途中食用的菜餚）。讀書人趕考、商賈出行、農人趕集，除了隨身衣物雜項外，攜帶路菜無疑是必需也是極便利的。行路遲遲，載渴載飢，路邊樹蔭下歇腳，乾糧就着醬菜，飲幾口白水，氣力便恢復了。或壘石為灶，煮一鍋稀粥爛飯，再佐以路菜，也可稱得上是苦旅中的享受。千百年前，中原地區的漢人千里迢迢，一路風塵，移民

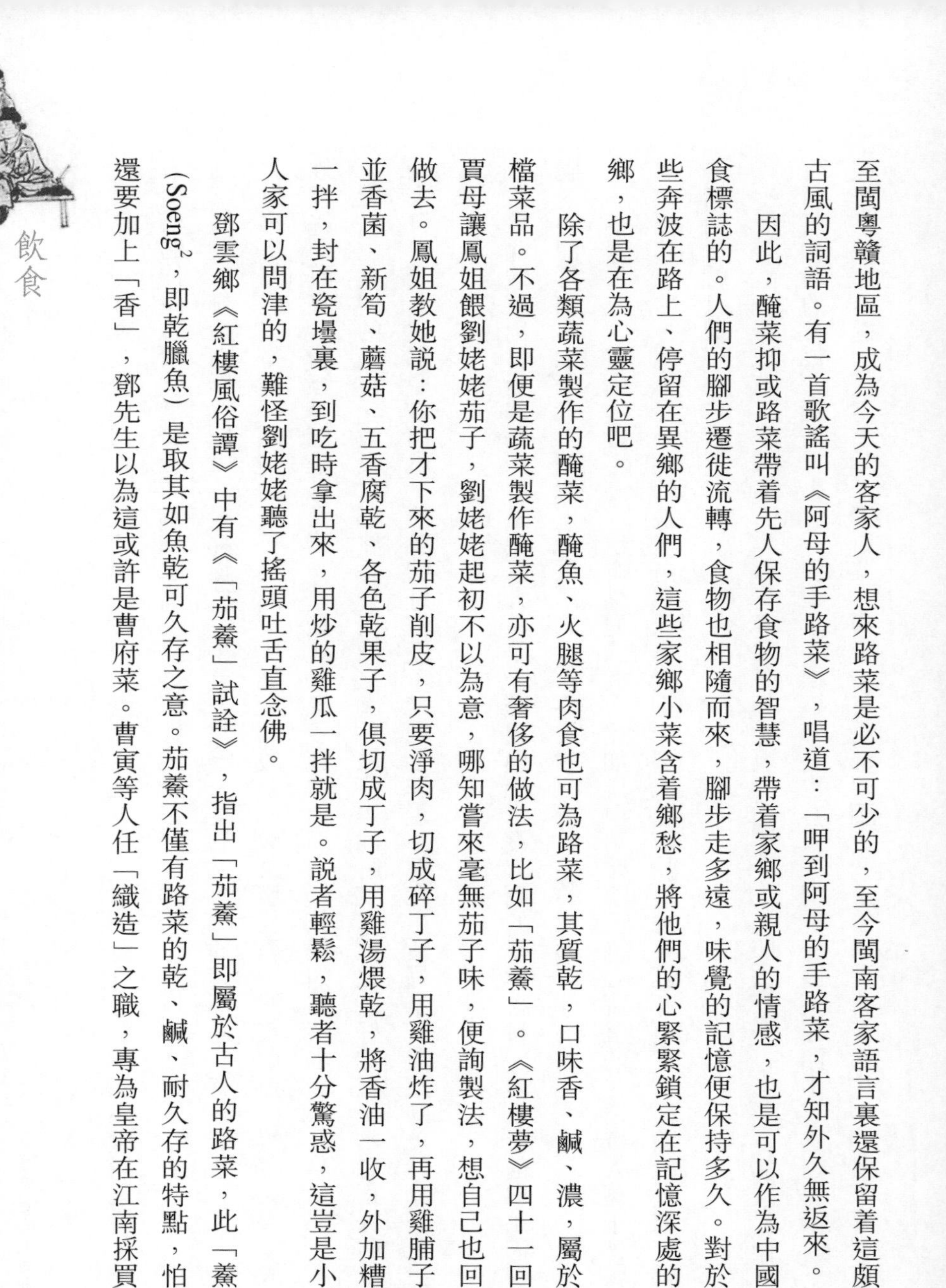

至閩粵贛地區，成為今天的客家人，想來路菜是必不可少的，至今閩南客家語言裏還保留着這頗具古風的詞語。有一首歌謠叫《阿母的手路菜》，唱道：「呷到阿母的手路菜，才知外久無返來。」因此，醃菜抑或路菜帶着先人保存食物的智慧，帶着家鄉或親人的情感，也是可以作為中國美食標誌的。人們的腳步遷徙流轉，食物也相隨而來，腳步走多遠，味覺的記憶便保持多久。對於那些奔波在路上、停留在異鄉的人們，這些家鄉小菜含着鄉愁，將他們的心緊緊鎖定在記憶深處的故鄉，也是在為心靈定位吧。

除了各類蔬菜製作的醃菜，醃魚、火腿等肉食也可為路菜，其質乾，口味香、鹹、濃，屬於高檔菜品。不過，即便是蔬菜製作醃菜，亦可有奢侈的做法，比如「茄鯗」。《紅樓夢》四十一回寫賈母讓鳳姐餵劉姥姥茄子，劉姥姥起初不以為意，哪知嘗來毫無茄子味，便詢製法，想自己也回家做去。鳳姐教她說：你把才下來的茄子削皮，只要淨肉，切成碎丁子，用雞油炸了，再用雞脯子肉並香菌、新筍、蘑菇、五香腐乾、各色乾果子，俱切成丁子，用雞湯煨乾，將香油一收，外加糟油一拌，封在瓷罈裏，到吃時拿出來，用炒的雞瓜一拌就是。說者輕鬆，聽者十分驚惑，這豈是小戶人家可以問津的，難怪劉姥姥聽了搖頭吐舌直念佛。

鄧雲鄉《紅樓風俗譚》中有《「茄鯗」試詮》，指出「茄鯗」即屬於古人的路菜，此「鯗」(Soeng^{2}，即乾臘魚)是取其如魚乾可久存之意。茄鯗不僅有路菜的乾、鹹、耐久存的特點，怕是還要加上「香」，鄧先生以為這或許是曹府菜。曹寅等人任「織造」之職，專為皇帝在江南採買生活用品，經常奔波於北京到南京的運河途中，路菜定是少不了的，廚役肯定不能僅以鹹菜對付，茄鮝這樣的佳饌恐怕就是曹府的獨創菜品，只是這樣的路菜，今天怕也難做吧。

醃菜，無論高檔低檔，一般都屬於「小菜一碟」，是為調口味的。不過，有些醃菜，在一些地方餐桌上至今還是備受歡迎的主打菜品，比如東北酸菜。酸菜燉豆腐、酸菜燉魚、酸菜火鍋、酸菜炒肉絲、酸菜炒粉條等都是「大菜」，是能上得了宴席枱面的。其他如酸菜水餃、酸菜粉絲包，酸菜還是主食中的主料。酸菜口感酸香，與肉烹調，最能去油解膩。東北人好吃肉，兩者正好匹配。過去日子窮，沒那麼多肉吃，酸菜的好處還不能完全體現，現在生活好了，酸菜的美妙才真正發揮出來。

東北酸菜用料極普通，就是秋後大白菜，醃漬過程也沒太高的技術含量，但入冬前白菜肉質肥脆，清甜好吃，加上天氣寒涼，溫度適宜，天作之合，成就了特殊的美味。

不過，雖説技術含量不高，也有點兒講究。比如挑白菜，要選抱心實沉的，撲棱大葉子、鬆鬆散散沒芯兒的，就不好。此外最好白菜棵兒大小均溜。這兩點，説着挺麻煩，有經驗的，瞄一眼，再掂掂，就有數了。

酸菜缸洗淨晾乾，壓菜的大板石也洗淨曬乾，就可以擺菜了。白菜棵大，量多，真的是「擺」。將白菜外面的大幫大葉扯下去，一棵緊挨一棵碼好，也有人家把整棵白菜在開水裏迅速焯滾一下，控控水晾涼再擺的。總之，一層白菜一層鹽，每層都要壓實，最後用大石板壓住，讓白菜都埋在水

裏，然後就是靜等了。

醃菜過程要個把月。中間水會揮發，因此，隔幾天，要加水，確保白菜在水位以下，這樣，厭氧的乳酸菌才能發揮效力。

過去，東北人的家裏有兩樣東西不可或缺，一是酸菜缸，二是醃酸菜用的大板石。據說，當年張作霖的大帥府配有七八口酸菜缸，可往往還是不夠吃。開胃爽口的東北大酸菜，倒真是不分等級貴賤的。

如今食物豐富，一年四季鮮菜不斷，自製醃菜，即便是最簡單的醃菜，很多人也覺無從下手，似乎也不必下手，因為超市菜場自有各類包裝精美的醃菜出售。但仍有許多人懷念傳統小菜的自在、放心和親切，在自家廚房手工製作，這種製作不為果腹之需，屬於時尚的DIY（do it yourself），傳統也就成為現代的一部份了。

服飾

服飾，本為遮體避寒，可俗話說
「穿衣戴帽，各有所好」，
這就進入審美領域，有個體的選擇了。

華夏衣冠

「穿衣戴帽，各有所好。」這話是說，除了特定職業對服飾有某些特殊要求外，選擇穿甚麼，怎麼穿，更多屬於私人的事情。對此，旁人如果指指點點，不是多事，就是古板，這種想法如今已是共識。然而細算一下，這觀念也不過是近三十年才慢慢被人們接受的。倒推幾千年，穿衣戴帽大都關係着等級地位，牽涉道德倫理，更關涉禮儀教化，還受到公序良俗的牽制，是怠慢不得的。

和等級地位有關，這是對服飾發展影響最大的觀念。《周易．繫辭》云：「黃帝堯舜，垂衣裳而天下治。」為甚麼治理天下要強調「垂衣裳」，大概是說這樣的衣服是寬博拖遝的，和普通人的短衣打扮不一樣，不太實用，但卻是象徵，表明某種身份和地位，後來的章服制度即由此而來。章服，即繡有日月星辰等圖案的古代禮服。每圖為一章，天子十二章，群臣按品級以九、七、五、三章遞降。十二章包括日、月、星辰、山、龍、華蟲、宗彝、藻、火、粉米、黼、黻等圖案，每種皆為象徵：日月星辰，取其照臨；山，取其穩定；龍，取其應變；華蟲（雉鳥），取其文麗；宗彝（祭祀禮器），取其忠孝；藻，取其潔淨；火，取其光明；粉米，取其滋養；黼（斧形圖案），取其決斷；黻，圖案似兩個「己」字相背，左青右黑，取其明辨等。

古代刑服也有分別，按《晉書．刑法志》的說法：「犯黥者皁其巾；犯劓者丹其服；犯臏者墨

其體；犯宮者雜其屨；大辟之罪，殊刑之極，布其衣裾而無領緣。」這裏的黥、劓、臏、宮、大辟都是殘酷的肉刑，各有刑服：黥（king^{4}），即墨刑，用刀刺刻犯人額頰，再塗上墨，作為懲罰標記，同時着皂黑的頭巾；劓（ji^{6}），割鼻子，穿紅色囚服；刖（jyut^{6}），砍掉雙腳，囚服為墨黑之色；宮刑，即腐刑，割去生殖器官，刑服「雜其屨」，大概是兩隻鞋子顏色不一；大辟，砍頭，穿無領的布衣，大概是為了行刑便利吧。

以刑罰治民，不僅殘其體膚，還要攫其精神，故而要在刑服上做文章，如此，投之於市，遭人唾棄，方起到警示作用，這就是所謂的「畫衣冠而民知禁」。因此，穿甚麼看似是個人喜好，實則是一面鏡子，照見社會，也就成了文化的複雜表徵。

在社交中，一個人的衣冠服飾是最為外露的特徵，最容易標明身份地位，慢慢就會衍生出一些微妙的文化副產品。有謎語云：「頭尖身細白如銀，上秤沒有半毫分。眼睛長在屁股上，只認衣衫不認人。」謎底是針。編謎語的很聰明，借此「針砭」世俗社會中的這些不良風氣。因此，古今都有一些人為了反抗這種風氣，用衣冠代言，以標明自己的精神超拔，不合流俗。你們衣冠楚楚，我偏袒胸露背；你們正襟危坐，我偏要捫蝨而談，在魏晉時期，這就成為一種特有的風流氣度。據說，「竹林七賢」之一的劉伶，縱酒佯狂，經常抬棺狂飲，且身上一絲不掛於屋中。人見均嗤笑，他卻反唇相譏：「我以天地為房屋，以房屋為衣褲，你們幹嗎要鑽到我褲襠裏來呢？」

而「捫蝨而談」也是有實際原因的，因為當時很多名士為求長生而煉丹服藥，常吃一種叫五石

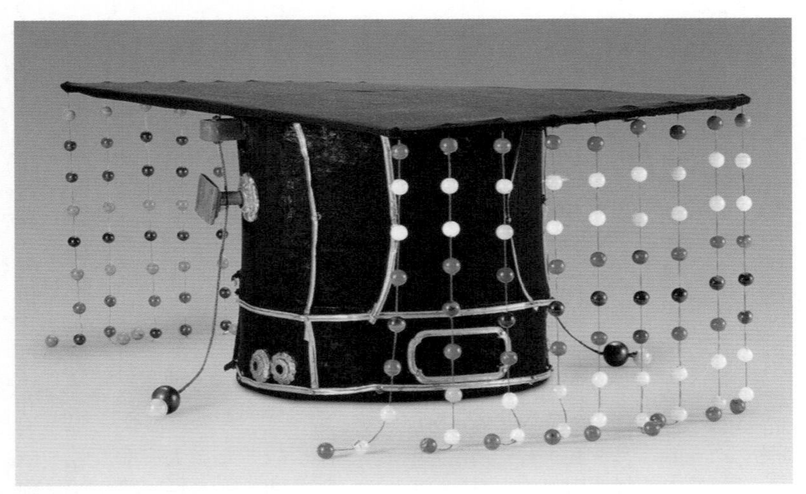

冕冠

年代未知，湖北省博物館藏，目前冕冠和冠卷已朽，尚存 140 件金玉附件。

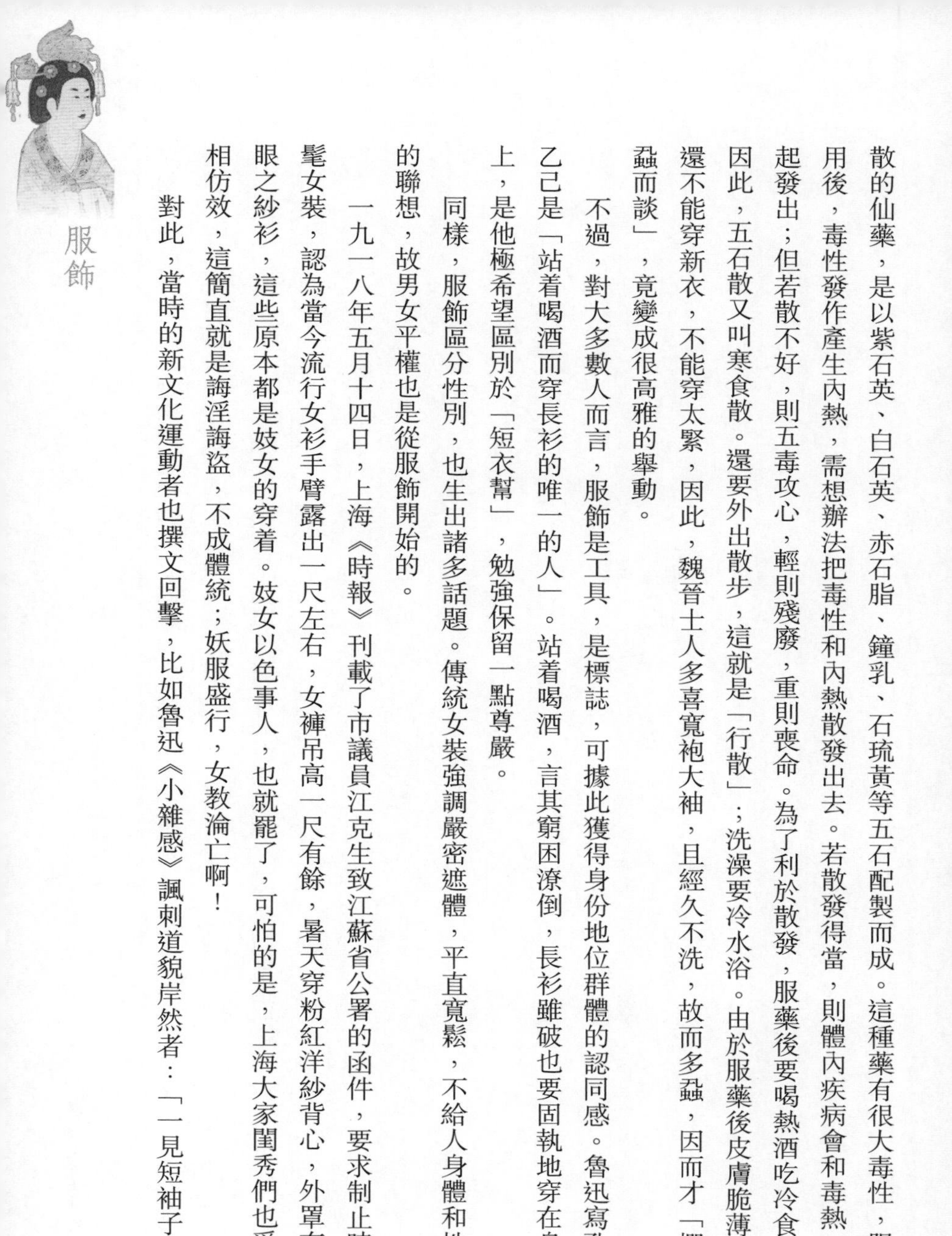

散的仙藥，是以紫石英、白石英、赤石脂、鐘乳、石琉黃等五石配製而成。這種藥有很大毒性，服用後，毒性發作產生內熱，需想辦法把毒性和內熱散發出去。若散發得當，則體內疾病會和毒熱一起發出；但若散不好，則五毒攻心，輕則殘廢，重則喪命。為了利於散發，服藥後要喝熱酒吃冷食，因此，五石散又叫寒食散。還要外出散步，這就是「行散」；洗澡要冷水浴。由於服藥後皮膚脆薄，還不能穿新衣，不能穿太緊，因此，魏晉士人多喜寬袍大袖，且經久不洗，故而多蝨，因而才「捫蝨而談」，竟變成很高雅的舉動。

不過，對大多數人而言，服飾是工具，是標誌，可據此獲得身份地位群體的認同感。魯迅寫孔乙己是「站着喝酒而穿長衫的唯一的人」。站着喝酒，言其窮困潦倒，長衫雖破也要固執地穿在身上，是他極希望區別於「短衣幫」，勉強保留一點尊嚴。

同樣，服飾區分性別，也生出諸多話題。傳統女裝強調嚴密遮體，平直寬鬆，不給人身體和性的聯想，故男女平權也是從服飾開始的。

一九一八年五月十四日，上海《時報》刊載了市議員江克生致江蘇省公署的函件，要求制止時髦女裝，認為當今流行女衫手臂露出一尺左右，女褲吊高一尺有餘，暑天穿粉紅洋紗背心，外罩有眼之紗衫，這些原本都是妓女的穿着。妓女以色事人，也就罷了，可怕的是，上海大家閨秀們也爭相仿效，這簡直就是誨淫誨盜，不成體統；妖服盛行，女教淪亡啊！

對此，當時的新文化運動者也撰文回擊，比如魯迅《小雜感》諷刺道貌岸然者：「一見短袖子，立刻想到白臂膊，立刻想到全裸體，立刻想到生殖器，立刻想到性交，立刻想到雜交，立刻想到私生子。中國人的想像惟在這一層能夠如此躍進。」

最近一兩年，有關地鐵女性服飾暴露與性騷擾的關係問題又讓人們爭得面紅耳赤，可見，這個話題還是在進行。

髮如韭，剪復生

東漢有首流傳甚廣的民謠：「髮如韭，剪復生；頭如雞，割復鳴。吏不必可畏，小民從來不可輕！」這是一句誓言，表達了平民百姓內心的不平和抗爭意志。古人發誓，大多列舉無法或極難實現的條件，以示態度堅決，比如漢代《上邪》是愛情誓言，熱戀中的姑娘指天為誓：「我欲與君相知，長命無絕衰。山無陵，江水為竭，冬雷震震，夏雨雪，天地合，乃敢與君絕！」相比這姑娘所列舉的種種，「髮如韭，剪復生」似乎顯得太輕慢。剪髮不痛不癢，剪了還長，有甚麼難度？還值得當誓詞？其實不然。

在華夏民族心目中，身體髮膚，受之父母，不敢輕易毀傷，所以，頭髮是不能隨便動刀修剪的。通常小兒出生滿三個月，依禮修剪一次頭髮，以示成童。《禮記．內則》：「三月之末，擇日剪髮為鬌，男角女羈。」此後就一直續髮不剪了，如果剪髮，一定是有非常之事。

首先是犯罪，剪髮是刑罰之一。《周禮．秋官．掌戮》曾列舉各種犯人勞役：「墨者使守門，劓者使守關，宮者使守內，刖者使守囿，髡者使守積。」裏面涉及當時常見的五種刑罰：墨刑是黥面，面額上刻字，再以墨塗染；劓刑即割鼻；宮刑是去勢；刖刑為剁腳；髡刑即為剪髮。此外，還有一種與髡刑類似的叫「耐刑」，即剪去鬢髮和鬍鬚，較髡刑處罰輕些。古「耐」字寫作「耏」，從「彡」，也是髮膚之意。這些刑罰中，墨、劓、宮、刖都是肉刑，輕則有皮肉之苦，重則割掉身上重要器官，是十分慘烈的。而髡刑、耐刑僅僅割去鬚髮，至多十天半月的，也就都長出來了。把它們與肉刑同列，可見在古人心目中，去除鬚髮同樣可以帶來痛苦和創傷，是可以作為嚴肅的羞辱和懲戒的，只不過，這裏更強調施加精神苦痛。

正是基於這一觀念，古人有了過失，有時也自割其髮以示責罰。據《三國志》裴松之註引《曹瞞傳》，曹操在建安三年（一九八）率兵討伐張繡，正值麥熟時節，便詔令三軍不可踐踏麥田，犯者死罪。然而行軍中，曹操自己騎馬不慎踏壞一片麥地，遂拔劍自割其髮。這段情節後來被《三國演義》做了發揮，說當時曹操拔劍本欲自刎，慌得旁人連忙拉住，以《春秋》所謂「法不加以尊」苦苦哀勸，方改為割髮代懲，又傳令三軍：「丞相踐麥，本當斬首號令，今割髮以代。」於是，「三軍悚然，無不懍遵軍令」。作者講這段故事，其實是想說曹操奸詐，割髮代罰純屬陰謀作秀，故稱後人有詩諷之曰：「十萬貔貅十萬心，一人號令眾難禁。拔刀割髮權為首，方見曹瞞詐術深。」其實，曹操處在漢末，時人視頭髮為生命，不到萬不得已，不肯輕易剪髮，曹操割髮倒未見得是詐術。

中原地區以髮膚完整為自豪，而中原之外所謂蠻夷戎狄等民族卻常有斷髮文身的習俗，故被認為是荒蠻未化之地。其實，髮式衣着的差異，究其然都是地域文化的產物。比如吳楚人生活在水鄉，以捕魚捉蝦為生，常需潛水泅渡，若身披長髮，易被水草糾纏，不僅不便，還有危險，故形成短髮習俗。而北方烏桓、鮮卑等遊牧民族常常「髡髮」，即剃除頭頂的頭髮，而僅留額頭和耳旁兩側的

頭髮，且留的不長。在我看來，這髮式不僅便於騎馬，也不易長蝨，也是生活方式使然。清朝男子在額角兩端引一直線，剃去線外頭髮，再將腦後長髮編結成辮，這多少也還是遊牧民族的髮式特點。

頭髮關乎「大體」，所以辛亥革命爆發，就先從剪髮入手，當時的口號是：「除此數寸之胡尾，還我大好之頭顱。」（《民立報》，一九一一年十二月二十九日）可在中國人的觀念中，頭髮從來就不是小事，除了「身體髮膚，受之父母」的古訓，在民間宗教意識中，頭髮、鬍鬚、指甲這些「小物件」與身體之間還有着某種奇妙的聯繫，更不可隨意處置，因此，辛亥革命的剪髮運動就帶有強制性，甚至含着血腥。

陝西人王軍餘是位親歷者，他回憶當時自己正在南京，負責接收清朝遺留的造幣廠。聽説臨時政府下令強迫剪髮，便乘坐造幣廠的黃包車到下關去，計劃沿途看看熱鬧。果然一出廠門，就有一個警察拉住車夫，要剪去他的辮子。車夫當即跪地，懇求王軍餘代為説情。但王是留日學生，早已剪了辮的，哪裏會説情，反而對警察説：「不管他，剪了再説。」又一路所見，「沿途剪髮隊絡繹不絕，街道上、火車中、江岸邊，遇有垂辮者，無不立予剪去，尤其是乘船上岸的人，上一個，剪一個。其間有不願遽為割愛者，則多跪地求免，也有手提斷髮垂淚而歸者，也有搴頂長嘆，或大笑者，種種現象，一時映入眼簾，煞是好看，且覺大快人心。一俟返回，街上已盡光頭了。」當天王軍餘還在街上偶遇留日時期的老同學張季鸞，張即將出任臨時大總統秘書，意氣風發，笑言：「革命成功，就是自強迫來的，為的是除舊更新，舊的習慣，若不強迫革除，新的哪能會逐漸展開？」

春秋時期青銅杖底端人像（局部）
紹興漓渚鎮出土，浙江博物館藏。該人像雙目圓睜，額前是整齊的頭髮，腦後攏承小小的椎髻，雙手扶膝，全身上下佈滿各種紋飾，是典型的「斷髮文身」的古越人。

（王軍余：《追念同學張季鸞君》）

在當時的革命者看來，強制剪髮是雷厲風行，方顯出堅決態度。然而，運動式革命所攜帶的暴力因素常常就是以蔑視個人權利和生命為基礎的，幾乎注定會有血腥。

果不其然，僅一九一二年二月，《申報》就接連登載了兩起「辮子血案」。一起發生在湖南湘潭：「有廣西士兵路過湘潭，偶於街頭見一挑水夫，尚垂髮辮。該兵士迫令剪去，以手持之，刺刀割之。該水夫駭而卻走，兵士隨後奔追。該水夫無路脱逃，即入一店舖。甫經入門，因皇遽失足，撲身倒地。該兵士即用刺刀從背面戳去，其刀尖由胸旁乳際洞穿而出，血流如注，逾時已斃。」（《申報》，一九一二年二月二十九日）

另一起報道為《湖口強迫剪辮之命案》。此前一天，當地舉辦了民國成立慶祝活動。次日清晨，「忽於爆竹聲中，有軍士數十人，手持並州快剪，見腦後有垂豬尾者，輒行剪去。一時被剪愚民，有抱頭哭泣者，有反唇相詈者，種種現象，殊堪發笑。時有紳士高某，其髮亦為人強行剪去，比即大怒，面稟馮令，當即拘拿剪髮者四人至署，各責四百板寢事。事為楊統領所聞，親至縣署，謂剪髮一節，新政府已有明文，些須小事，即行刑責，殊屬不知大體。馮令聞統領之訓，始恍然大悟，於是亦發出剪刀二十柄，飭差役沿街剪髮。適有鄉民游某入城完糧，被差役扭住其髮，欲行剪去。鄉民不從，兩相爭扭，致鐵剪尖端戳入喉際，立即倒地，血流如注，遂致殞命」。（《申報》，一九一二年二月三日）

頭髮何罪之有？終究還是替罪羊吧。

首飾

古代女子為突出其性別特徵，一靠着裝，即所謂「服」，二靠各種裝飾點綴。然而，遮蓋軀體的服裝在表現力上還有些局限，要想求其完美效果，必須顧及上下左右的空間創意，即在頭、足、掛飾和飄帶等方面多加留意，而其中，頭部的裝飾尤其重要，抓住了「首要」，就容易吸引視線。優美的髮髻和各種精美的頭面部飾物有着各自獨特的形式美感，既可突出女子的俊俏可愛、端莊優雅，又能與寬衣大袖的服裝形成映襯，增加許多亮點，整體形象方達到完美和諧。漢樂府古詩《陌上桑》正面描述羅敷的美貌就是這樣入手的：「頭上倭墮髻，耳中明月珠。緗綺為下裙，紫綺為上襦。」而《木蘭詩》中木蘭「當窗理雲鬢，對鏡貼花黃」也都屬於這方面的裝飾細節。

因此，「首飾」最初就是指頭飾，如冠帽、巾幘、簪釵、頭花、步搖等，後來才泛指婦女的一切飾物。頭上加裝飾物，目的多樣，有些也是為實用的，比如用簪固定髮髻，戴帽以禦寒；有的是為了表明身份，強調禮儀，如喪禮中孝子們的披麻戴孝、官服上的各種配飾等；當然更多的還是為美觀，比如步搖。元代伊世珍《瑯嬛記》引宋無名氏《采蘭雜志》對這一飾品做過解釋：「蓋以銀絲宛轉屈曲作花枝，插髻後，隨步輒搖，以增媌婧，故曰步搖。」媌、婧（to^3），均指苗條美好，這裏是說步搖插在髮髻之上，彷彿搖動的「花枝」，走起路來，步履顫動，花枝搖曳，更顯身形窈

兗，別有風情。

古人佩戴首飾是多有講究的，有時還要配合時序、節令的變化，這類似我們新年穿大紅襖，耶誕節戴聖誕帽，都是應景的。應景首飾一般一年用一次，一次戴幾天，大都是為了合天時，圖個喜慶吉祥。

比如「春燕」，立春日，以彩帛或鳥羽剪貼成飛燕狀，繫於簪釵之首，插於兩鬢，以示迎春。也有用彩雞代替的，俗稱「春雞」。明代時，北方流行正月初一戴「黑老婆」，即用烏金紙剪成鳥形，插於髮髻，翩翩若飛，這與早期的「春燕」一脈相承。其他如端午節戴艾虎，是用艾草編織或彩帛剪為虎形，以辟不祥。到了夏至，還可用楝樹之葉插頭。楝樹性味苦寒，有毒，可驅蟲療癬，這或許是它成為應景飾物的原因。此外，宋元時期還有立秋日插戴楸樹葉的習俗，吳自牧《夢粱錄》云：「立秋日……都城內外，侵晨叫賣楸葉，婦人、女子及兒童輩爭買之，剪如花樣，插於鬢邊，以應時序。」

應景的首飾和着節令而來，亦隨節令而去，隨用隨做（買），用後即棄，都屬於服飾中的「快閃」族，可歸為短暫的行為藝術。也正因此，這些首飾都不用甚麼上好材料，一般無非用硬紙、鐵絲、木片、麥秸、樹葉、鳥羽等物。但古人手巧，精心編製，尋常事物也能俏麗動人，只是現如今，這些手藝不大看得見了，用在頭飾上更少。北方夏秋常能見到養蟈蟈的籠子，秫秸杆編的，幾塊錢一個，編得好的，也精巧得很，可以此類推。

古代女子的首飾花樣繁多，所配的髮式也是極為複雜的。就拿花木蘭的「雲鬢」來說，一般解釋為頭髮青黑濃密而又柔軟如雲。不過在古代，即便這樣美麗的頭髮，也是不能隨意下垂披肩的，因此「雲鬢」應當還包含髮髻的樣式，暗含着造型美感。但「雲鬢」究竟是怎樣的造型，我們也不得而知。唐代《簪花仕女圖》曾講述一種「雲髻」的梳妝方式，可資參考：先將長髮理順，將額前與腦頂的頭髮梳成立壁狀，左右兩側頭髮也向頭頂集中，再將頭後的頭髮向上反綰，與左、右、前三個方向的長髮會合於頭頂，呈挺拔流暢的雲髻狀，最後插簪花等首飾固定裝扮。不過，《木蘭詩》所説「雲鬢」或許就是一種比喻的説法，未必就指稱特定的髮型。

如今年輕女子多喜歡披髮，或是隨便紮個馬尾，有簡潔之美，可在古代，如此不加修飾，還招搖過市，不是蠻夷野人，就是妖魅鬼怪，古今審美趣味已經天翻地覆了。

唐代《簪花侍女圖》（局部）

金鑲玉葫蘆形耳墜

脂粉

中國女性以白為美，這種觀念根深蒂固，可追溯至《詩經．衛風．碩人》。詩中描寫美人莊姜「手如柔荑，膚如凝脂」，柔荑是茅草剛長成尚未破苞葉而出的嫩穗，用來比喻手指纖細柔白；古人食用提煉過的動物油脂，凝脂，即凝固的油脂，細膩而潤白，是理想的肌膚質感。近些年來受西人影響，有推崇小麥膚色的，甚至也有人用燈「曬」成巧克力美人，但都是小打小鬧，人們還是普遍堅信「一白遮百醜」。

莊姜皮膚白嫩是不是化了妝？也可能是的。因為那個時候各種化妝品也都有了，比如《衛風．伯兮》云：「伯兮朅兮，邦之桀兮。伯也執殳，為王前驅。自伯之東，首如飛蓬。豈無膏沐，誰適為容？」女主人公的夫君是國之棟樑，出征在外。而自己在家無精打采，蓬頭垢面。難道沒有化妝品好好梳洗打扮一下麼？可女為悅己者容，打扮了又給誰看呢？這裏的「膏」就是動物油脂類的潤髮膏。古人很早就注意到麻油、蜂蜜以及豬油等動物油脂對髮膚有益，故莊姜日常當也塗些油脂保養潤膚的。戰國末期《韓非子》中有一段話就提到好幾種化妝品：「故善毛嬙、西施之美，無益吾面，用脂澤粉黛，則倍其初。」意思是，讚毛嬙、西施之美，倒不如改善自己的妝容，多用脂澤粉黛讓自己更好看些。用女性化妝來講「臨淵羨魚，不如退而結網」的道理。

東漢持鏡陶俑
成都市郫縣宋家林東漢磚墓出土，四川省博物院藏。

再說《詩經》時代的莊姜，她的膚白是不是搽了粉呢，這可就不好說了。從現有資料看，直到春秋時期才有「造粉」的說法，這「粉」即妝粉。戰國以後，敷粉方變成很普遍的化妝方式。漢初有部字書《急就篇》，相當於《新華字典》，裏面羅列的化妝品名稱就有脂有粉，「芬薰脂粉膏澤筒」，芬薰，是指用香料進行香薰，「脂」令肌膚潤澤柔滑，粉則為米粉，後來又加上鉛粉，「皆以敷面，取光潔也」（唐顏師古註）。

用米粉製作妝粉，技術含量不高，但也麻煩。挑上好的米，經淘洗、水浸、熟研（反覆研磨）、攪拌、取汁、過濾、沉澱、重研、澄（dang6）清、去水、曬乾即可，好像製作澱粉一樣。也有人說，還有個發酵的過程，具體做法是將新米泡在水裏十天左右，讓其發酵變酸，再撈出磨成極細的粉末漿，澄清之後，滗（bat1）出清水，再讓剩下的水份自然蒸發殆盡。此時，用竹片刮去表面一層比較粗糙的粉末，底下的就是細膩的成品了。據說，聞起來倒沒有很強的酸味，淡淡的，甚至有點像女人的體香。

米粉價廉，好做，但即便細細研磨，顆粒仍然相對粗糙，不容易附着，白度也有些欠缺，用絹布蘸了撲在臉上、身上，有點像撲痱子粉，所以常常要加油脂調和。後來又逐漸加上鉛粉，附着力就好多了。

但鉛粉也有問題。首先，製作鉛粉不是簡單地碾碎成粉。鉛粉中含有鉛、錫、鋁、鋅等多種金屬成份，這些礦物質要添加醋酸之類經化學反應後才能成粉，這有類古人煉丹，是需要較高的技術

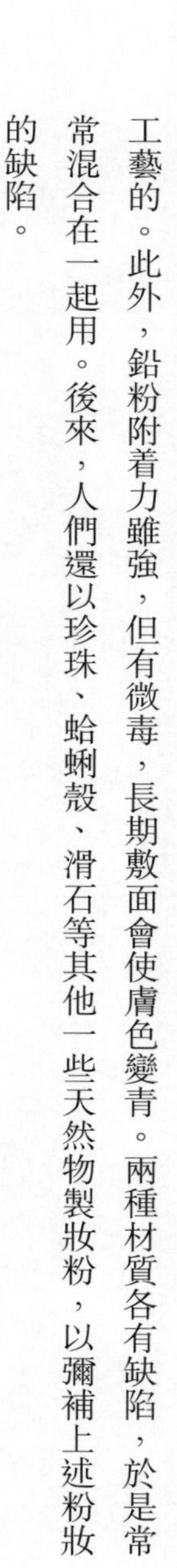

工藝的。此外，鉛粉附着力雖強，但有微毒，長期敷面會使膚色變青。兩種材質各有缺陷，於是常常混合在一起用。後來，人們還以珍珠、蛤蜊殼、滑石等其他一些天然物製妝粉，以彌補上述粉妝的缺陷。

總之，為了美白，人們也算絞盡腦汁了。

有了脂粉，再加上些鮮花配製的香料，這敷面的玩意兒就不再是澱粉、礦粉，而是典型的化妝品了。《金瓶梅詞話》第二十九回說到潘金蓮敷粉：「婦人因前日西門慶在翡翠軒誇獎李瓶兒身上白淨，就暗暗將茉莉花蕊兒攪酥油定粉，把身上都搽遍了，搽的白膩光滑，異香可愛，欲奪其寵。」女為悅己者容，塗脂抹粉並非生活必需，卻很早就成為女性日常生活的一部份，恰因其承載着情感需求，人類文化中很大一部份成果都是如此。

也並非只有女性才塗脂抹粉，歷來都有男子頗好於此。只不過，史上所載這些男子大都出入宮掖，受閨閣之風影響，或者本身就有些陰柔之氣的。

比如，《世說新語》記載何晏少為曹操收養，長期出入宮禁，成人後，美姿儀，尤以膚色白皙引人注目。魏明帝疑其敷粉，有次大夏天的，故意讓他吃熱湯麵，待吃得大汗淋漓後，親自用紅手巾為他擦汗查驗，沒想到「色轉皎然」，意思是擦過之後，膚色明亮白皙如玉，可見是天生的。不過，按照《三國志》引《魏略》的說法，「何晏性自喜，粉白不去手，行步顧影」。是說他雖膚白，可還是喜好敷粉的，頗有顧影自憐的傾向。南北朝時期的男子，確實曾流行以膚色潔白似婦人為美，故塗脂抹粉甚至搽抹胭脂也不稀奇。

不過，這種妝容也被很多人視同妖異，比如，顏之推就看不慣，《顏氏家訓》云：「梁朝全盛之時，貴遊子弟，多無學術……無不熏衣剃面，敷粉施朱。」他告誡族內子弟：這些都是反面典型，莫要效尤。

自古而今，對於膚色的審美，都不只是關於「美」，而是蘊含着文化、價值觀念，甚至關乎權力和等級。這促使我們和自己的皮膚進行着一場持久的爭鬥，這爭鬥也還會綿延下去。

男角女羈

魯迅寫過一篇〈我們現在怎樣做父親〉，文中說：「往昔的歐人對於孩子的誤解，是以為成人的預備；中國人的誤解，是以為縮小的成人。直到近來，經過許多學者的研究，才知道孩子的世界，與成人截然不同。」這段話經常被人引用，是因為道出了中國傳統社會對兒童認識上的誤區。

傳統以為，兒童是「縮小的成人」，所以，我們過去很少顧及兒童行為特質以及兒童心理，幾乎完全依從成人的價值觀念、道德標準。因此，流傳下來的兒童故事中，主人公大都少年老成，比如項橐七歲為孔子師，是幼而敏慧；甘羅十二歲成功遊說諸侯，極富政治謀略；孔融四歲讓梨，無私禮讓；司馬光七歲砸缸，「凜然如成人」（《宋史》）。史書中的孩子大都聰穎早慧，知書達理，勇猛決斷，少有天真爛漫的記載。不過，「常事不書」曾是早期史家的記錄原則，後來的史官大概也受此觀念影響吧。

然而有趣的是，在服飾文化尤其是髮式上，古代兒童和成人卻是涇渭分明，絕不含糊，因為髮式直接關聯着角色，似乎也關聯着社會地位。

古代嬰兒出生滿三月剪髮，《禮記．內則》：「三月之末，擇日翦髮為鬌，男角女羈。」「鬌」(do^2)，是指剪後留下的頭髮，男嬰僅在額頭上留一小撮，是為「角」，傳統《戲嬰圖》裏還經常見到這種髮式。女孩兒也在頭頂留髮，不過髮式不是一撮，而是一縱一橫，相交通達，這種髮式類似馬絡頭，故叫「羈」。

稍大一點兒，頭髮漸多，遂將頭髮集束於頂，左右分路，編成兩個小髻，形狀像牛角，故稱「總角」。《詩經．衛風．氓》：「總角之宴，言笑晏晏。」說的就是兩小無猜、歡樂嬉戲的兒童時期。頭髮編成兩「角」後，還有部份編不進去，或有意不編進去，自然下垂，這就是「垂髫」。古人常說的「黃髮垂髫」，就分別指老人和未成年的小孩兒。

除了總角，唐宋以後還有將幼兒頭髮編成十個小髻，每髻紮個穗帶兒。幼兒頭不大，髮不多，髻卻不少，還帶着穗兒，就很顯眼，滿頭像是頂着葡萄串兒，故稱「蒲桃（葡萄）髻」。葡萄果實成串多粒，寓意多子多福，歲（穗）歲（穗）平安，還是滿喜氣的。這種頭型梳着麻煩，可寓意好，人們也樂此不疲。

除此以外，還可將頂髮留成三堆，正額一堆，左右囟門各一堆，叫「三搭頭」；或者把總角改成小辮，頭頂其他頭髮都剃去，像蝸牛頂着兩根天線；或也將四圍頭髮剃去，就留一根朝天辮，有的將這朝天辮下彎成圓弧形，這樣的髮式遠看像帶把兒的馬桶蓋兒，古人把馬桶叫榪（mà）子，故這頭型就被謔稱「榪子蓋」。

等大一點兒，長到十歲左右，髮式就又要變了，不再剃髮。男孩把頭髮合為一髻，豎於頭頂；女孩則編成兩小髻，左右各一，形狀如「丫」。唐代劉禹錫有詩：「花面丫頭十三四，春來綽約向

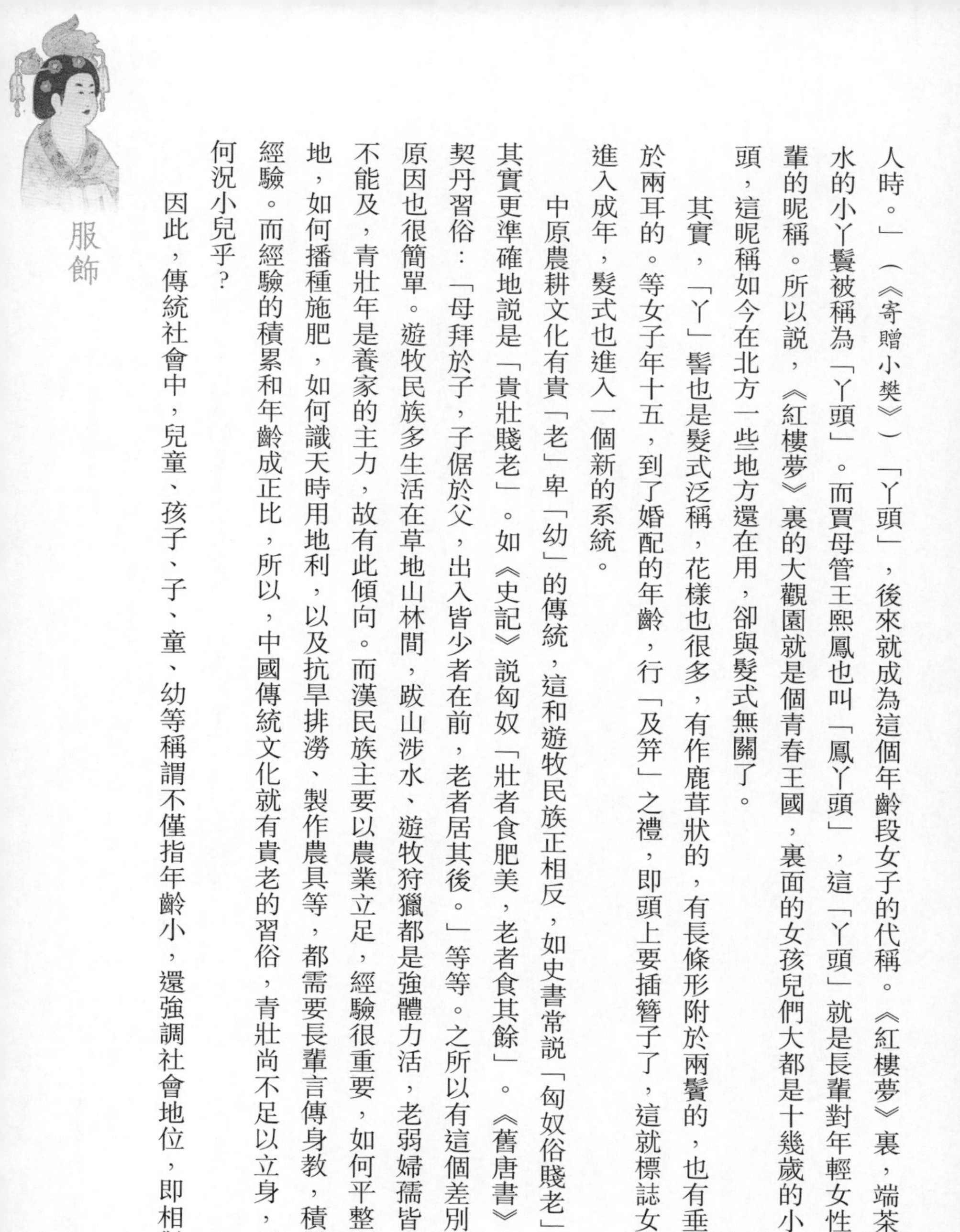

人時。」（《寄贈小樊》）「丫頭」，後來就成為這個年齡段女子的代稱。《紅樓夢》裏，端茶倒水的小丫鬟被稱為「丫頭」。而賈母管王熙鳳也叫「鳳丫頭」，這「丫頭」就是長輩對年輕女性晚輩的昵稱。所以說，《紅樓夢》裏的大觀園就是個青春王國，裏面的女孩兒們大都是十幾歲的小丫頭，這昵稱如今在北方一些地方還在用，卻與髮式無關了。

其實，「丫」髻也是髮式泛稱，花樣也很多，有作鹿茸狀的，有長條形附於兩鬢的，也有垂直於兩耳的。等女子年十五，到了婚配的年齡，行「及笄」之禮，即頭上要插簪子了，這就標誌女子進入成年，髮式也進入一個新的系統。

中原農耕文化有貴「老」卑「幼」的傳統，這和遊牧民族正相反，如史書常說「匈奴俗賤老」，其實更準確地說是「貴壯賤老」。如《史記》說匈奴「壯者食肥美，老者食其餘」。《舊唐書》說契丹習俗：「母拜於子，子倨於父，出入皆少者在前，老者居其後。」等等。之所以有這個差別，原因也很簡單。遊牧民族多生活在草地山林間，跋山涉水、遊牧狩獵都是強體力活，老弱婦孺皆力不能及，青壯年是養家的主力，故有此傾向。而漢民族主要以農業立足，經驗很重要，如何平整土地，如何播種施肥，如何識天時用地利，以及抗旱排澇、製作農具等，都需要長輩言傳身教，積累經驗。而經驗的積累和年齡成正比，所以，中國傳統文化就有貴老的習俗，青壯尚不足以立身，更何況小兒乎？

因此，傳統社會中，兒童、孩子、子、童、幼等稱謂不僅指年齡小，還強調社會地位，即相對父母或地位高的人，他們永遠是「晚輩小子」，是要服從權威，接受訓管的。這是一種成人甚至老人宰制的社會秩序，髮式的要求也有意無意間強化了這一身份特徵。

長袖善舞

古代服飾講究寬袍大袖，從實用角度看，這樣的服飾既費布，又不便，有時睡覺都礙事。《漢書．佞幸傳》記載漢哀帝劉欣與男寵董賢同寢，哀帝醒來欲起身，但衣袖壓在董賢身下。哀帝不忍驚動，遂拔刀斷袖。

衣袖多用塊布，累贅多餘，自然不是為割斷的，而是覺得美，是一種時尚，有時候，流行的服飾是沒啥道理可講的。而這樣的流行風也常常由帝王貴族引領，漢代有童謠：「城中好高髻，四方高一尺；城中好廣眉，四方且半額；城中好大袖，四方全匹帛。」這裏的「城中」自然指的是長安城這樣的帝都。上有所好，下必從之。所以，高達一尺的髮髻、誇張的寬眉、需要匹布才能製成的寬大長袖，都是跟隨流行時尚的產物。

對於大多數人而言，日常服飾衣袖雖沒有童謠裏說的那麼誇張，但也只是程度的差異。如此，就要開發一下其他功能。比如用長袖作毛巾手帕擦汗拭淚。辛棄疾有詞云：「倩何人，喚取紅巾翠袖，搵英雄淚。」中國人情感表達主含蓄，人前流淚多少有些不好意思，長袖當手帕，還能同時做些遮擋，也不錯。屈原「長太息以掩涕兮」，白居易《琵琶行》「滿座重聞皆掩泣」，說的都是這種情景。今天衣服大多瘦口短袖，但仍有人喜歡拽過衣袖來拭淚擦眼抹汗，大概都是歷史傳遞下來

漢墓壁畫舞樂圖，南陽漢畫館藏。

西漢《繞襟衣陶舞俑》

的習俗慣性，「拭目以待」也是沿用至今的成語。

成語是漢語言的一大特點，出處大體有二：或從典故中提煉，或從民間用語中總結，究其實，都脱不開生活。戰國時，晏子使楚，楚王見其短小，羞辱道：「齊無人耶？使子為使？」晏子對曰：「齊之臨淄三百閭，張袂成陰，揮汗成雨，比肩接踵而在，何為無人？」袂，即衣袖，楚王嘲笑齊國人少，竟派遣了晏子這麼個小個子來。晏子反駁説，哪裏是沒人，單單齊國都臨淄，人就多了去了，街上摩肩接踵，揮汗成雨，舉起袖子可以遮天蔽日。從古人的服飾特點看，晏子之言雖有誇張，但也大體有本，後來「張袂成陰」也變成一國繁榮的代稱。

春秋時楚穆王聯合陳、鄭、蔡三國攻宋，宋昭公投降受辱。穆王死後，楚莊王即位。一次，他的軍隊要征伐別國，遣使臣到宋，請求借道而過。宋國還記着原先受降羞辱之事，二話不説就殺了使臣。楚莊王聞聽，大怒，遂「投袂而起」，集結軍隊攻打宋國。「投袂而起」後來即表決斷之快速，行動之敏捷。

其他如「袖手旁觀」「拂袖而去」等成語，也都是基於古代長袖的服飾特點。舉手投足，是人們表情達意的態勢語。長袖是手臂的延伸，自然加強了情緒的表達。「袖手」是漠不關心，「拂袖」是不悦，「聯袂」是協同合作，「挽袖」自然就躍躍欲試了。

長袖的表情作用在古代舞蹈藝術裏發揮到了極致。《韓非子．五蠹》引鄙諺曰：「長袖善舞，多錢善賈。」意思是有所憑藉則易成功，可見戰國末長袖舞就已是非常盛行的。從漢代留下的大量彩繪舞俑和玉舞人看，舞者一襲長裙將全身包裹，線條簡潔，長袖揚舉，與身體形成張力。當時賦家描述袖舞的動作，用了非常多的詞彙：揚袖、奮袖、振袖、揮袂、拂袖、挽袖、抗袖、拽袖、揄袖。描述其表演的效果，則說：「袖如素霓」「袖如回雪」「羅衣從風，長袖交橫」。長袖淩空飄忽，若煙起虹飛，游龍登雲，舞姿輕盈舒展，是充滿神韻的。

據史載，漢高祖劉邦寵幸的戚夫人即「善為翹袖折腰之舞」。「翹袖折腰之舞」是怎樣的舞姿？人們曾百思不得其解。後來在河南南陽和山東曲阜的漢畫像石中發現了這一舞姿，被認為是當時「楚舞」的代表。河南南陽畫像石上是兩個細腰的舞女，甩動長袖折腰而舞。但她們不是向後折腰，而是向右側彎折，同時兩袖向左側甩動，呈現翹袖的姿態。山東曲阜畫像石上同樣是女子雙人舞，舞者束高髻，上襦下裙，長袖細腰，其中一個正向右側身折腰，向右揚甩袖，甩袖的姿態與河南南陽畫像石稍有不同。由此可見，「翹袖折腰之舞」舞姿有些定式，但也是形式多樣的。

戚夫人因長袖舞而被劉邦寵幸，劉邦甚至曾欲廢太子而立戚夫人之子，但沒能成功。史書記載得知這一消息，戚夫人愁泣，劉邦也覺無奈，遂謂戚夫人曰：「為我楚舞，吾為若楚歌。」歌曰：「鴻鵠高飛，一舉千里。羽翮已就，橫絕四海。橫絕四海，當可奈何！雖有矰繳，尚安所施！」歌數闋，戚夫人唏噓流涕。可見，即便居上位，亦不能隨心所欲，樂舞歌詩，倒是可聊以慰藉的。

戚夫人和漢高祖如此濃情蜜意，自然遭到呂后妒恨。所以，《史記》載漢高祖死後不久，呂后即將戚夫人幽禁於永巷，「斷其手足，去眼、煇耳（以藥熏致耳聾），飲瘖藥（致啞的藥），使居

側（廁）中，命曰『人彘』」。長袖善舞的美妙和舞者結局的慘烈，折射出世事的複雜、人性的殘惡，令人唏噓。

此後，舞袖逐漸變長變寬，漸漸融入到唱、念、做、打的傳統戲曲中，即為「水袖」。水袖最初叫水衣，因長袖舞動若水波蕩漾，遂得名，成為極富特色的抒情道具。

舞動水袖講究「三節六合」。所謂「三節」即梢節、中節、根節。以上肢説，三節分別是手、肘、肩；以下肢説，則為腳、膝、胯；以整個人體來説，則為頭、腰、腳。舞動時，梢節起，中節隨，根節追。而「六合」分「外三合」即手與腳合、肘與膝合、肩與胯合，以及「內三合」即心與意合、意與氣合、氣與神合，都是強調身心的協調渾融。

長袖善舞，將身體動作和長袖服飾巧妙結合，通過技法和身體的表情，呈現「行雲流水」的美感。脱開實用，達到極致，自然就是藝術了。

葱綠配桃紅

服裝的設計，除了材質、款式外，要考慮的，還有色彩搭配。古代配色有正色、間（雜）色之說。正色指黑、白、黃、赤、青五色，間色則由正色混合而成。一般而言，古人重正色輕間色，正色多用於上衣，間色用於下裳；正色用於表，間色用於裏。然而事實上，傳統服飾色彩韻味恰恰體現在間色的豐富以及正色、間色的巧妙搭配上。作家張愛玲曾說：「我不喜歡壯烈，我是喜歡悲壯，更喜歡蒼涼。壯烈只有力，沒有美，似乎缺乏人性。悲壯則如大紅大綠的配色，是一種強烈的對照。但它的刺激性還是大於啟發性。蒼涼之所以有更深長的回味，就因為它像葱綠配桃紅，是一種參差的對照。」（《自己的文章》）葱綠是淺而微黃的綠色，桃紅色如桃花，按色系是介於大紅和銀紅間的淺粉，都屬於間色，注重色彩的參差對照，有過渡，不生硬，似乎正是中國傳統的美學趣味。

曹雪芹是調色大家，《紅樓夢》凡說到人物服飾，多強調色彩搭配，也常常和人物身份、性格相匹配。紅和綠就是其中兩大色系。紅有大紅、銀紅、桃紅、海棠紅、水紅、石榴紅、猩紅、楊妃色、荔色等，其中大紅最多。明末宋應星《天工開物．彰施》談其染色工藝：「其質紅花餅一味，用烏梅水煎出。又用鹼水澄數次，或稻稿灰代鹼，功用亦同。澄得多次，色則鮮甚。」大紅鮮艷搶

眼，為正色，多為寶玉、鳳姐等身份的人的穿着。如寶玉出場：「頭上戴着束髮嵌寶紫金冠，齊眉勒着二龍搶珠金抹額，穿一件二色金百蝶穿花大紅箭袖，束着五彩絲攢花結長穗宮縧，外罩石青起花八團倭緞排穗褂，蹬着青緞粉底小朝靴。」青春耀目，富貴逼人。王熙鳳出場也是彩繡輝煌：「頭上戴着金絲八寶攢珠髻，綰着朝陽五鳳掛珠釵，項上戴着赤金盤螭瓔珞圈，裙邊繫着豆綠宮縧，雙衡比目玫瑰佩，身上穿着縷金百蝶穿花大紅洋緞窄褃襖，外罩五彩刻絲石青銀鼠褂，下着翡翠撒花洋縐裙。」薛寶釵含蓄低調，住在雪洞般的蘅蕪苑內，一色玩器全無，穿着也是一色的半新不舊，她的「大紅」就是藏着的。寶玉要看她的金鎖，她解了排扣，從裏面大紅襖上，將那珠寶晶瑩、黃金燦爛的瓔珞掏將出來。

綠色也豐富，有油綠，即有光澤的深綠色，《紅樓夢》第四十五回寶玉「膝下露出油綠綢撒花褲子，底下是掐金滿繡的綿紗襪子」；有秋香綠，是淺橄欖色，偏棕黃，第八回寶玉「身上穿着秋香色立蟒白狐腋箭袖，繫着五色蝴蝶鸞縧」。此外，還有碧玉、翡翠、豆綠、葱黃、水綠、松花色等。上文王熙鳳出場，就「下着翡翠撒花洋縐裙」。

大觀園生活着的是一群十多歲的少男少女，綠色常與紅色呼應，怡紅快綠，自有一番活潑明媚。第七十回説到清晨方醒，寶玉聽到外間房內咭咭呱呱，笑聲不斷。襲人因笑説：「你快出去解救，晴雯和麝月兩個人按住溫都裏那膈肢呢。」寶玉聽了忙出來瞧，只見「晴雯只穿葱綠杭綢小襖，紅小衣紅睡鞋，披着頭髮，騎在雄奴身上。麝月是紅綾抹胸，披着一身舊衣，在那裏抓雄奴

漢代絹底平繡人像
武威市磨嘴子漢墓出土，甘肅省博物館藏。此為紅色絹底，用絳、淺綠、淺黃、黑色絲線平繡二人像，作對話狀。

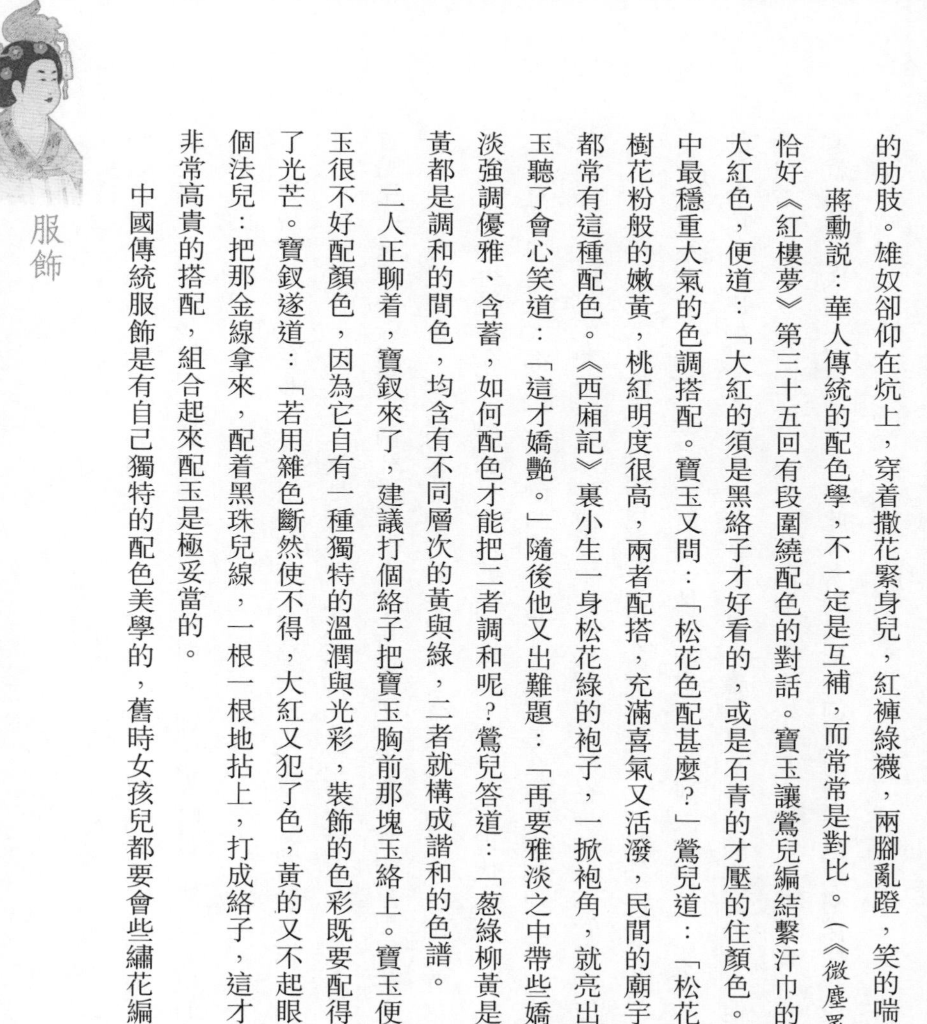

的肋肢。雄奴卻仰在炕上，穿着撒花緊身兒，紅褲綠襪，兩腳亂蹬，笑的喘不過氣來」。

蔣勳說：華人傳統的配色學，不一定是互補，而常常是對比。（《微塵眾：紅樓夢小人物2》）

恰好《紅樓夢》第三十五回有段圍繞配色的對話。寶玉讓鶯兒編結繫汗巾的絡子，鶯兒問得汗巾是大紅色，便道：「大紅的須是黑絡子才好看的，或是石青的才壓的住顏色。」大紅與黑色，是傳統中最穩重大氣的色調搭配。寶玉又問：「松花色配甚麼？」鶯兒道：「松花配桃紅。」松花綠是松樹花粉般的嫩黃，桃紅明度很高，兩者配搭，充滿喜氣又活潑，民間的廟宇彩繪、傳統戲曲服飾，都常有這種配色。《西廂記》裏小生一身松花綠的袍子，一掀袍角，就亮出耀眼的桃紅襟裏。故寶玉聽了會心笑道：「這才嬌艷。」隨後他又出難題：「再要雅淡之中帶些嬌艷。」嬌艷搶眼，而雅淡強調優雅、含蓄，如何配色才能把二者調和呢？鶯兒答道：「葱綠柳黃是我最愛的。」葱綠和柳黃都是調和的間色，均含有不同層次的黃與綠，二者就構成諧和的色譜。

二人正聊着，寶釵來了，建議打個絡子把寶玉胸前那塊玉絡上。寶玉便問配個甚麼顏色才好？玉很不好配顏色，因為它自有一種獨特的溫潤與光彩，裝飾的色彩既要配得上這種獨特，又不能搶了光芒。寶釵遂道：「若用雜色斷然使不得，大紅又犯了色，黃的又不起眼，黑的又過暗，等我想個法兒：把那金線拿來，配着黑珠兒線，一根一根地拈上，打成絡子，這才好看。」黑色和金色是非常高貴的搭配，組合起來配玉是極妥當的。

中國傳統服飾是有自己獨特的配色美學的，舊時女孩兒都要會些繡花編織的手藝，大觀園中的小姐丫頭們也都如此。在刺繡和打絡子的實際生活中，對色彩漸漸有了很多了解和體會，掌握了生活美學。上面這些對配色的討論都屬於日常閒話，卻讓人嘆賞，所以，美的觀念倒未必是讀書才可以得來的。

傳統配色講究色彩間參差對照的美，但這對照也不是件簡單的事情。民間常有「紅配綠，賽狗屁」「紅配紫，一泡屎」，就是說的失敗的配色。色彩層次那麼多，很多都要憑眼睛判斷，假如沒有點兒經驗美學，隨便弄個紅綠就披上，覺得傳統、古典，其實是把傳統、古典糟蹋了。

進入現代社會，人們的審美觀念發生變化，有些流行的配色反倒要有意與傳統色彩搭配習慣相區別。比如近幾年在家居服飾界流行的莫蘭迪色，就很符合現代人的口味。

莫蘭迪色系大都是一些低飽和度的色彩，也就是在原色裏都加入一定比例的灰白色調，讓所有色調都有一種很柔和的感覺。隨便從中拎出幾個顏色放在一起，不管它們原是互補色、對比色還是相近色，都不會覺得搶眼，反而很舒服，讓人感到一種平和自然、舒緩雅致，是一種靜態的和諧美。

此色系為意大利畫家莫蘭迪所創，他的油畫大都呈淡淡的色調，所畫的也都是極其有限而簡單的生活用具，比如杯子、盤子、瓶子、盒子、罐子以及普通的生活場景。他以單純、簡潔的方式營造和諧的氣氛，頗耐回味。據說，莫蘭迪一生未婚，甚至沒有談過戀愛，也不喜外出旅遊，大概最遠就出過一次國，到過瑞典。因此，人們也把他創製的這個色系稱作性冷淡色。現代人的生活太過熱鬧和喧囂，「冷」與「淡」，寧靜與簡潔，也是一種心理需求吧。

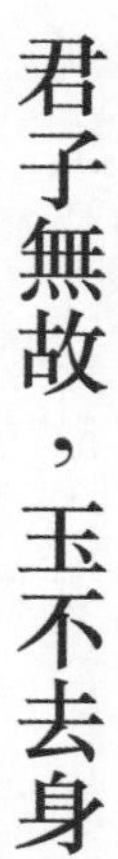

君子無故，玉不去身

在各種服裝配飾中，玉飾是最具中國特色的。春秋戰國玉器中，裝飾品就佔了百分之七十以上。倒不是因為只有中國產玉或玉質乃至工藝最好，實在是因為中華民族自古就對玉石充滿敬意，把玉昇華為精神力量，特別是道德力量的高度，即所謂玉有「五德」，因此，「君子無故，玉不去身」。

何謂「五德」？漢儒做了非常多的解釋，東漢許慎《說文解字》裏面的說法最有名。他在釋「玉」時說，玉是「石之美」，有仁、義、智、勇、絜（git^9）五種美好品德。原文是這樣說的：「潤澤以溫，仁之方也；鰓理自外，可以知中，義之方也；其聲舒揚，專以遠聞，智之方也；不撓而折，勇之方也；銳廉而不忮，絜之方也。」這些說法都是根據玉石材質的特點引申發揮出來的。那麼，玉是怎樣和「德」掛鉤的呢？

許慎認為，玉質地細密溫潤，有「仁」德。「仁」，中國古代一種含義極廣的道德範疇，是一種至高至美的德行，孝、弟（悌）、忠、恕、禮、智、勇、恭、寬、信、敏、惠等諸多美好德行都可涵蓋在內，而玉就是這諸多美好的凝聚和象徵。玉出於山，本是一種天然礦石，其質密、細膩、溫潤為一般石頭所無，此即「石之美」，為大美，近乎仁。過去民間有一種鑒別玉石真假的方法，即滴水法，將一滴水滴在玉上，如果成露珠狀，久不散者是真玉。或以手觸摸，若有冰涼潤滑之感即為真。這些方法都是利用玉的上述特點，因為材質細密，所以水滴、手的溫度很難滲入，雜質污物自然也難以浸入，故西漢大儒董仲舒就讚嘆玉有至美而不為污穢所染，是「仁而至清潔也」（《春秋繁露》）。成語「冰清玉潔」也是從這個角度說的。

玉質地通透，紋理清晰，表裏一致，有「義」德。「義」本指合乎正義或公益的品德。儒家所推崇的孝、悌、忠、恕等諸多品德，很多都發生在具體的倫理關係中，比如父子、夫婦、君臣、兄弟、朋友，有些則是強調自我反省、修身，但「義」卻沒有這麼多限制，在特定情況下，可以為了某種更高的、更具有人情味的價值和目標而拋開這些倫理約束，如身體髮膚，不可隨意毀棄，此為孝，但可「舍生（身）取義」。關羽一心追隨劉備，是「忠」，可他在華容道上私放曹操，卻違背了「忠」而遵從「義」，只為報答自己落難時曹操的知遇之恩。因此，「義」的行為原則更通透少窒礙，遵從的是內心的情感，更少功利性的計較，故可行於天下。而「通透」也正是玉的特點。古今鑒玉都要看其是否「透」。將玉對着光亮處觀察，顏色通透、色澤花紋自然者為佳。即便內有瑕穢，必見之於外，可由外知中，真屬於坦蕩蕩的君子。董仲舒甚至進一步發揮，認為玉「至清而不蔽其惡」，君子比德，也當不隱其短，不知則問，不能則學。

玉有「智」。智指的是智慧、聰敏、明智，有遠見卓識。古人認為玉石音聲舒暢清揚以傳遠，就是「智」的特徵。這裏大概用了「通感」的手法，藉助聯想，以感覺寫感覺，把抽象的品德轉換

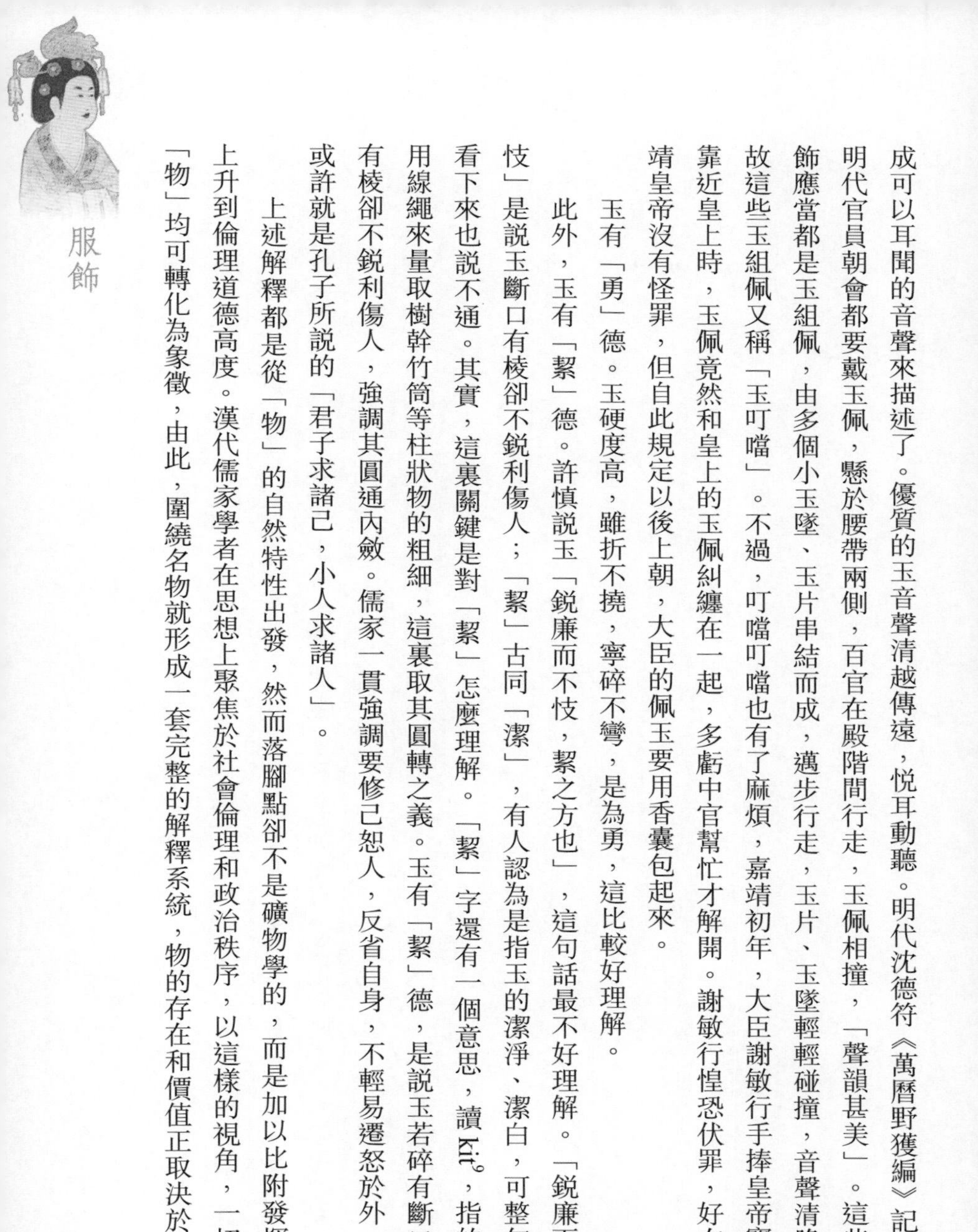

成可以耳聞的音聲來描述了。優質的玉音聲清越傳遠，悅耳動聽。明代沈德符《萬曆野獲編》記載，明代官員朝會都要戴玉佩，懸於腰帶兩側，百官在殿階間行走，玉佩相撞，「聲韻甚美」。這些佩飾應當都是玉組佩，由多個小玉墜、玉片串結而成，邁步行走，玉片、玉墜輕輕碰撞，音聲清脆，故這些玉組佩又稱「玉叮噹」。不過，叮噹叮噹也有了麻煩，嘉靖初年，大臣謝敏行手捧皇帝寶璽靠近皇上時，玉佩竟然和皇上的玉佩糾纏在一起，多虧中官幫忙才解開。謝敏行惶恐伏罪，好在嘉靖皇帝沒有怪罪，但自此規定以後上朝，大臣的佩玉要用香囊包起來。

玉有「勇」德。玉硬度高，雖折不撓，寧碎不彎，是為勇，這比較好理解。

此外，玉有「絜」德。許慎說玉「銳廉而不忮，絜之方也」，這句話最不好理解。「銳廉而不忮」是說玉斷口有棱卻不銳利傷人；「絜」古同「潔」，有人認為是指玉的潔淨、潔白，可整句話看下來也說不通。其實，這裏關鍵是對「絜」怎麼理解。「絜」字還有一個意思，讀kit^{8}，指的是用線繩來量取樹幹竹筒等柱狀物的粗細，這裏取其圓轉之義。玉有「絜」德，是說玉若碎有斷口，有棱卻不銳利傷人，強調其圓通內斂。儒家一貫強調要修己恕人，反省自身，不輕易遷怒於外，這或許就是孔子所說的「君子求諸己，小人求諸人」。

上述解釋都是從「物」的自然特性出發，然而落腳點卻不是礦物學的，而是加以比附發揮，上升到倫理道德高度。漢代儒家學者在思想上聚焦於社會倫理和政治秩序，以這樣的視角，一切外「物」均可轉化為象徵，由此，圍繞名物就形成一套完整的解釋系統，物的存在和價值正取決於此。

玉既有五德，那君子就可「比德於玉」，以此涵養身心了。

玉有仁、義、智、勇、絜五德，未必人人能講得清，但無論怎樣，玉非玉、玉有德這一觀念卻深入人心，它使得玉擺脱了物質屬性，終成一種獨特的精神力量。如今人們佩戴玉鐲，稱其為「腕上的風情」，項間掛玉墜，耳畔垂玉飾，感其搖曳多姿，假如沒有玉文化做底子，終顯得輕飄無根吧。

服妖

按照中國傳統觀念，衣冠佩飾關係着等級身份，乃至人倫風俗，所以有諸多條框規矩，一個人穿甚麼、怎麼穿，其實都是很不自由的。然而，求新求異是人的本性，在日日不可或缺的服飾上更是如此，因此，穿着打扮雖有常規，變化也是常態。不過，對於一些出離常規的穿着打扮，古人有「服妖」之說。叫「妖」，這事兒就比較嚴重了。

所謂「妖」，自然指事物違反一般常態，即所謂「地反物為妖」（《左傳》）。古人認為，無論天地星辰人畜，凡見異常，均可稱「妖」。比如女變男、男變女，人身生毛或頭生角，人有畸形或異形，人死復生，人食人等即人妖；家畜家禽出現怪異反常形態或行為，如犬、馬、雞生角，犬與豬交，豬入居室，牛生五足，雄雞自斷其尾，雌雞化為雄等，即犬妖、豕妖、牛妖、馬妖、雞妖。此外，還有火妖、草妖，就連話說得不對頭了，也可稱妖，即所謂詩妖、妖言等。而社會上若出現身份錯置、性別顛倒之類的奇裝異服，就是服妖了。

假如「妖」只被認為是某種反常也就罷了，可古人認為，各種反常現象都非同一般，不可忽視，只因「妖」相常常都是厄運、敗勢、動亂的徵兆。

漢桓帝元嘉年間，京都婦女突然颳起一股奇怪的時尚風，「愁眉、啼妝、墮馬髻、折腰步、齲齒笑」。所謂愁眉，是把眉毛修得細而曲折；啼妝，在眼睛下方塗脂，好像哭泣一樣；墮馬髻，把頭髮鬆鬆地挽向一側，像要隨時墜落的樣子；折腰步，是指擺動腰肢，扭捏而行，好像腿足無法支撐身體；齲齒笑，是指笑的時候好像牙痛一樣，顯得不快樂。據説引領這一怪異時尚的是一名叫孫壽的女子，此人貌美，乃當時的大將軍梁冀之妻。這梁冀身份非同一般，出身世家大族，其妹嫁給漢順帝做了皇后，屬於典型的外戚權臣，位高勢盛，不可一世。順帝駕崩後，兩歲的太子劉炳登基，是為漢沖帝，順帝的皇后梁氏被尊為皇太后，梁冀開始把持朝政。沖帝即位不到半年就死了，遂又立質帝。漢質帝年幼卻早慧，曾暗對群臣説梁冀是「跋扈將軍也」，梁冀耳聞此話，大為不滿，遂將質帝毒殺，另立新君桓帝。漢桓帝即位時僅十餘歲，梁冀仍當權。十餘年後，漢桓帝終於找到機會把梁家誅殺九族。梁家覆亡後，坊間議論紛紛，均認為，此前梁妻孫壽引發的怪異時尚正是家族厄運的預兆，為典型的「服妖」。

古人講究天人感應，各種外物的變化都和人事密切相關，妖相歸根結底是人有問題，所謂人失常則妖興。《左傳．宣公十五年》云：「天反時為災，地反物為妖，民反德為亂，亂則妖災生。」服飾的改變，小則關涉個人命運起伏，大則連着國運興衰，是要保有警惕的。《漢書．五行志》云：「風俗狂慢，變節易度，則為剽輕奇怪之服，故有服妖。」翻閱中國史書，「二十四史」中多有「五行志」，其中就講了很多「服妖」的事件。

南宋後期世事多變，出現各種「奇裝異服」。比如女子束身的對襟衫子不施紐帶，穿着時兩襟

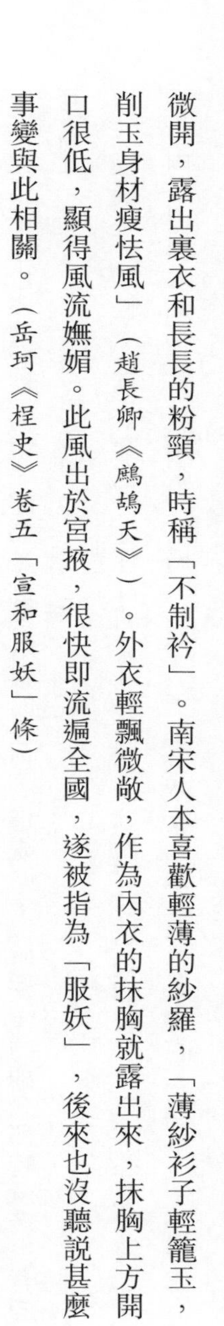

微開，露出裏衣和長長的粉頸，時稱「不制衿」。南宋人本喜歡輕薄的紗羅，「薄紗衫子輕籠玉，削玉身材瘦怯風」（趙長卿《鷓鴣天》）。外衣輕飄微敞，作為內衣的抹胸就露出來，抹胸上方開口很低，顯得風流嫵媚。此風出於宮掖，很快即流遍全國，遂被指為「服妖」，後來也沒聽說甚麼事變與此相關。（岳珂《桯史》卷五「宣和服妖」條）

五代至唐宋，婦女都流行簪花，遇到喜慶節日男女老幼一律戴花，而戴甚麼花大都隨着節令來，比如五月五日是端陽，戴茉莉；九月九日重陽，插茱萸、簪菊花。春戴桃杏牡丹，夏戴石榴花，冬天怎麼辦？幸好還有梅花呢！朱敦儒就說：「玉樓金闕慵歸去，且插梅花醉洛陽。」鮮花都是應着季節開的，所以，按節令簪花實在是又自然又方便。但北宋靖康年初，京師婦女流行花冠，這花冠上的花「皆備四時」，意思是把一年四季的花都戴在頭上，當季的鮮花採來就好了，反季花自然是假花，是用羅絹通草、金玉玳瑁做的。一時間，桃花、杏花、荷花、菊花、茶花、梅花，皆頂在頭上，並成一景，這花冠就稱為「一年景」。

然而，這「一年景」雖好看卻不是個好兆頭。靖康（一一二六年九月至一一二七年四月）是宋欽宗的第一個年號，也是北宋的最後一個年號。北宋使用靖康這個年號一共兩年。但實際算下來，從頭年九月到來年四月北宋被金所滅，還不到一年時間。陸游《老學庵筆記》記錄了這一服飾變化，認為這「一年景」即預示靖康年號只維持一年時間，「靖康紀元，果止一年，蓋服妖也」。

明清以後商業發達，服妖現象就更多了。清末民初李嶽瑞著有筆記小說《春冰室野乘》，說自光緒中葉以來，京城的王公貴族「皆好作乞丐裝」。他親眼見一少年面色黧黑，光着膀子，下身僅着一「犢鼻褌」（一種有襠的肥大短褲，形似犢鼻），長不及膝，且破爛污穢不堪，幾乎擋不住私處。腳下蹬一雙破舊的草鞋，大家都以為是乞丐。可誰承想，此人身邊還跟有一群侍從，其中竟有「戴三品冠者」。後來洗了一把臉，這人又現出真面目——「白如冠玉」，原來此人居然是某王府的貝勒爺。他煤灰塗面，正是時髦的「煙灰妝」，當時稱為「時世妝」，是京城貴人中廣為流行的打扮。

此後不久，即爆發庚子之亂，幾十萬號稱刀槍不入的義和團團員圍攻各國使館，不久，八國聯軍攻佔北京，慈禧太后棄都而逃。次年，李鴻章被迫與各國簽訂恥辱的《辛丑條約》，賠償白銀四億五千萬兩，分三十九年付清，是為歷史上有名的庚子賠款。身經庚子之亂的李嶽瑞不禁感嘆，這「時世妝」乃「服妖」，實為神州陸沉之預兆。

服飾對個人而言是門面，對世態風俗而言就是風向標，在神秘主義信仰的時代，「服妖」就成為世事興衰成敗的一種解釋。服飾本有兩大功能，遮體避寒、個性審美，如果加上「服妖」的説法，就是第三大功能了。二十世紀八十年代，年輕人流行蛤蟆鏡、喇叭褲，時人多斥為「二流子」，又流行紅裙子，也多遭側目而視，認為是世風敗壞的表現，這説明，「服妖」的觀念那時還多少有些影響力。

近幾年，年輕人也常有穿乞丐牛仔褲的，好好的牛仔褲愣要剪出幾個破洞窟窿，絲絲縷縷，露着白肉，引得人們不免多看兩眼。不過，見的多了，也就沒人感興趣了。據説，這乞丐牛仔褲並不

是拿刀子劃幾道口子那麼簡單，要出效果，需要增加很多工序，是極為費工費料的，所以，從環保的角度而言，這流行趨勢不跟也罷。

不過，假如自己的牛仔褲穿破了，就勢改裝成這乞丐服，倒不失為好法子。自製乞丐裝，DIY，才是真正的時尚又現代呢。

頭巾

頭巾屬於「首服」，在古代使用相當普遍，可防止男性頭髮散亂，也有禦寒作用。

頭巾最簡單的戴法是用一塊方形布帕蒙蓋於頭頂，先將兩角在腦後紮緊，再將前面兩角繞到顱後紮緊。頭巾一般裁成方形，長寬和布幅相同，故又稱幅巾。古代織機幅窄，漢代僅二尺二寸，折合今尺，不過五十厘米，如此紮法，也就勉強包頭吧。後來頭巾有很多變體，但無論怎樣，簡潔、實用都是其根本特點。直到今天，一些男子，尤其是搞藝術的還喜歡紮頭巾，頭巾花色也多，顯得很時尚，這當然是出於審美了。

紮巾習俗出現最遲不晚於商周。據周禮，士以上的貴族需戴冠，根據身份級別，冠也有不同，但平民百姓則裹頭巾。普通百姓大概多用黑巾，故稱為「黔首」，黔，即黑。或稱為「黎民」，也是和頭巾有關。《說文解字》「黑」部：「黔，黎也，從黑，今聲。秦謂民為黔首，謂黑色也，周謂之黎民。」春秋戰國時期，為了齊整，兵士統一用青巾裹頭，稱「蒼頭」。史書裏說某國君有「蒼頭」二十萬，說的就是有二十萬士兵。由於這些兵士出身大都是奴隸、庶民，後來就用蒼頭指稱百姓。

直到漢代，頭巾還是庶民、農夫的常服，觀其穿着打扮即可辨識身份。東漢時長安城附近有個

竹林七賢和榮啟期（南京南朝墓出土磚畫）

叫韓康的隱士，隱遁於霸陵山中，以採藥賣藥為生。他賣藥近三十年，口不二價，聲望頗高，名聲就傳到宮裏。漢桓帝遂派人備下高禮，安車蒲輪誠招其入朝做官。當地官吏得知，趕緊組織人力、畜力築路修橋，以便讓他順利通行。哪知韓康無意仕途，假意答應，但辭公車不坐，自駕牛車逃遁。半路上恰好遇到亭長徵牛修路，見韓康頭戴幅巾，以為農夫，遂攔下，要徵了他的牛去。不過韓康倒並不在意，自己親自把牛解了下來。不久使者到，眾人才知實情。不過最終，韓康還是中途逃遁，得以壽終。後來，韓康入《高士傳》，「柴車幅巾」也成為作風簡樸、有隱士之風的代名詞。

東漢末期，紮頭巾的身份就開始發生改變了，文人士子、達官貴人都開始用它來束髮，甚至朝會宴飲等隆重場合也不例外。究其原因，主要是漢末社會動盪，傳統儒家禮教管制力度鬆散，士大夫階層普遍對虛飾的禮制規矩產生厭倦，老莊思想影響愈來愈大，文人士子崇尚紮巾的輕便自然，視戴冠為累贅，於是，幅巾就上上下下流行開來，紮巾也變為落拓不羈、放浪形骸的表徵。南京南朝墓曾出土有名的磚印壁畫《竹林七賢與榮啟期》，共繪八人，一人散髮，三人梳髻，另四人紮巾，沒有戴冠的。

在中國古代，服飾的創制、改變和流行一般都是自上而下的，所謂「楚王好細腰，宮中多餓死」，上有所好，下必甚焉。但男子頭巾卻正好相反，這反映了人心返璞歸真的一面，也是服飾求便利、實用的自然表現。

頭巾材質豐富，植物纖維、絲帶編織都可。還有一種白鷺巾，據說原料最初來自白鷺翅膀上的

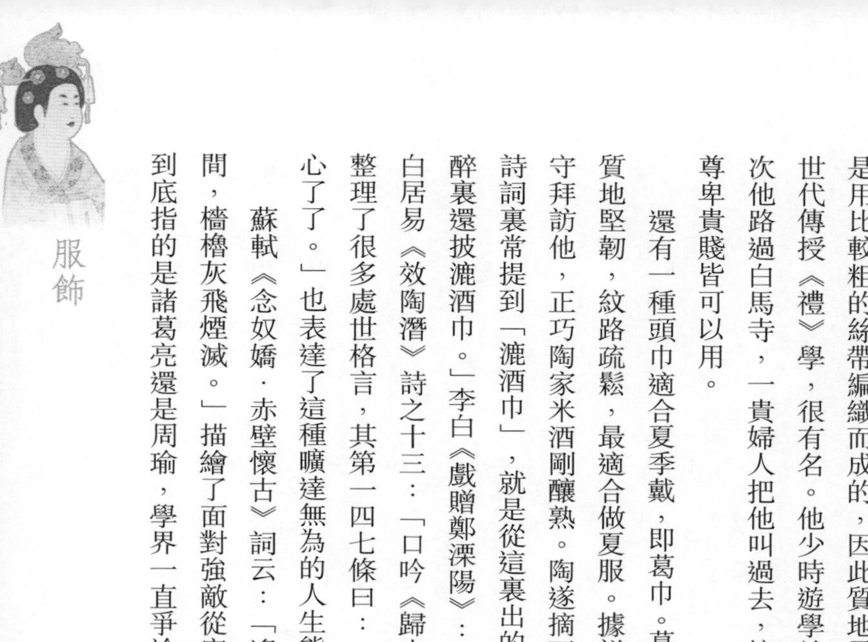

長羽，後來大概鷺羽不易得，就用白色織物取代。材質不同，使用的季節也有差異。比如綸巾，就是用比較粗的絲帶編織而成的，因此質地柔軟厚實，適合冬季。《陳書》記載有位叫賀德基的儒者世代傳授《禮》學，很有名。他少時遊學於京邑，積年不歸，衣資匱乏，盛冬臘月仍穿着單衣。一次他路過白馬寺，一貴婦人把他叫過去，摘下自己的白綸巾送給他禦寒，可見這綸巾不分男女老幼尊卑貴賤皆可以用。

還有一種頭巾適合夏季戴，即葛巾。葛是一種藤本植物，利用其莖皮纖維製成布，類似粗麻布，質地堅韌，紋路疏鬆，最適合做夏服。據說陶淵明隱居山林，常戴的就是這種頭巾。有一次，郡太守拜訪他，正巧陶家米酒剛釀熟。陶遂摘下葛巾濾酒，用畢仍戴於頭上，真是很放達的。後世文人詩詞裏常提到「漉酒巾」，就是從這裏出的典故。如唐代牟融《題孫君山亭》：「閒來欲着登山屐，醉裏還披漉酒巾。」李白《戲贈鄭溧陽》：「陶令日日醉，不知五柳春。素琴本無弦，漉酒用葛巾。」白居易《效陶潛》詩之十三：「口吟《歸去來》，頭戴漉酒巾。」等等。明代陳繼儒《小窗幽記》整理了很多處世格言，其第一四七條曰：「舊無陶令酒巾，新撇張顛書草。何妨與世昏昏，只問吾心了了。」也表達了這種曠達無為的人生態度。

蘇軾《念奴嬌．赤壁懷古》詞云：「遙想公瑾當年，小喬初嫁了，雄姿英發，羽扇綸巾，談笑間，檣櫓灰飛煙滅。」描繪了面對強敵從容鎮定的風度和悠閒自若的神態。然而，這「羽扇綸巾」到底指的是諸葛亮還是周瑜，學界一直爭論不休。有人說，結合上文，應該是周瑜；但也有人說，其他史料談到諸葛亮，一般都說他乘素輿，葛巾，持白羽扇，指揮三軍，不是頭戴綸巾。其實，蘇軾是文學表達，大可不必以考據對之。更何況，綸巾也好，葛巾也罷，都是那時男子們的常服，可能只是使用季節略有差異。諸葛亮也可以冬天戴綸巾，夏天戴葛巾，這都不影響他的風采吧。

纏足

纏足是中國古代妝飾陋習，殘忍變態，怎麼批判都不為過。

纏足過程極痛苦，民諺云：小腳一雙，眼淚一缸。纏足是通過強力將女子兩腳的蹠骨脫位或骨折並將之折壓在腳掌底，再用纏腳布一層層裹緊固定。自然，年齡越小腳越軟越容易裹小，所以女孩兒四五歲就要裹腳了，至大不能超過七八歲，否則腳骨長硬，更痛苦。

從宋代到清末民初，裹腳習俗持續幾百年，形成一些特定的技法步驟：

首先是「試纏」。將雙足用熱水洗淨擦乾，趁熱將大拇趾外其餘四趾盡量朝腳心拗扭，在腳趾縫間撒上明礬粉防止感染，再用長條布依次纏裹，裹好後用針線縫合固定，這一過程可持續幾天到兩個月。

其次「試緊」。將雙足再纏，逐漸收緊，將腳趾依次勒彎，使腳向下略蜷，這一過程也須數天到兩月左右，此次裹腳布漿得較硬，捶去皺摺，就能增加壓力，更緊地纏在腳上。

第三步「裹尖」。顧名思義，是為了裹出一個小「尖」來，更「美觀」，否則腳趾頭擠在一起，前面是鈍粗的。每次纏裹要讓腳趾更多彎下去壓在腳底，同時將四個蜷曲的腳趾，由腳心底下向腳後跟一一向後挪，讓趾頭間空出一些空間來，就不至於前面「齊頭鈍足」了，一直纏到小趾壓在腳腰底下，第二趾壓在大趾趾關節底下才可以。

「裹尖」是裹足中的「優化」步驟，讓四個趾關節最大程度扭曲，因此痛苦難當。不僅如此，為了讓幼女熟悉適應這種感覺，還要用針線把裹布縫緊，再將腳硬擠進尖頭鞋裏，然後迫其下地走動，以增加重壓讓關節扭曲得更厲害。這一過程常令腳趾嚴重扭傷甚至脱臼，皮膚瘀腫變紫，痛苦至極。因為走路，腳趾還經常長雞眼，晚上用針挑去後接着裹緊。

白天雙腳痛到寸步難行，晚上也不可拆開，還要套在睡鞋裏防止掙開。雙足血液淤塞，像炭火燒灼，只能把腳放在被子外，或整夜把腳貼在牆壁上取一點涼，為此，幼女常常夜半嚎哭，哭累了勉強睡着，待一早醒來，又得再解再纏得更緊。

纏足令骨斷筋摧，沒有女孩兒是心甘情願的，故家長們必須「嚴詞厲色，凌逼面端」（鄭觀應《盛世危言・女教篇》）。整個過程如同酷刑。

這還沒完，最後還要「裹瘦」。

經過前面幾個步驟，四個腳趾都已蜷回到腳掌底下，可未必熨帖，所以還要把小趾跟處的骨頭盡可能貼向腳心內側，乃至將外側骨纏倒，足趾自然壓入腳心，整個腳型就瘦削了。「裹瘦」特別着力在小趾跟部位，往往因血液循環不暢而生瘡潰爛化膿。因此纏好後痛到不能走路，勉強掙扎着用腳後跟墊着走幾步，坐下也痛得抽筋。早晨解開裹布，潰爛處和裹布緊緊黏連，勉強撕下來，血肉模糊，這一過程差不多得用六個月。若還要進一步美化，還要「裹彎」，即把腳掌裹到下彎成弓

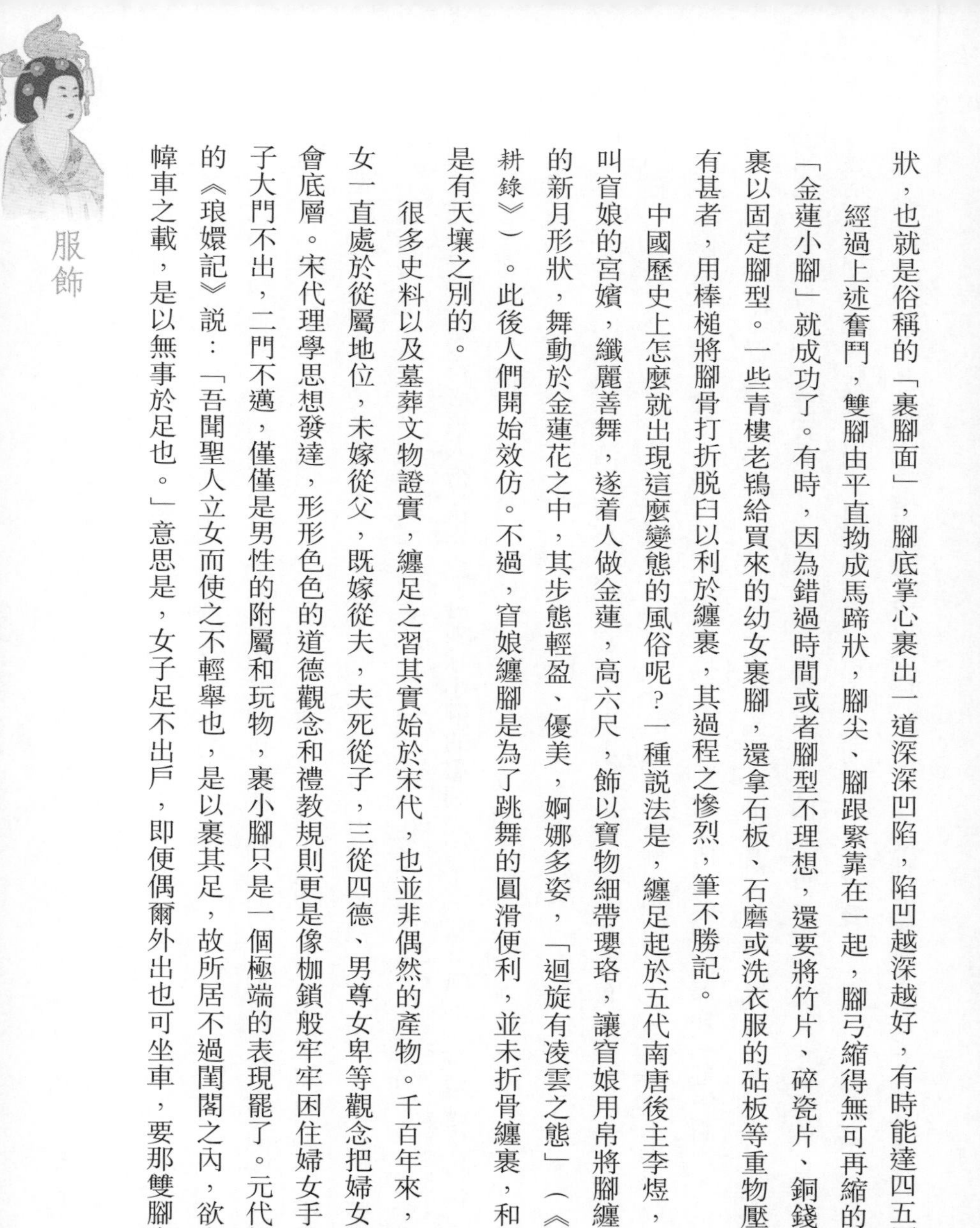

狀，也就是俗稱的「裹腳面」，腳底掌心裹出一道深深凹陷，陷凹越深越好，有時能達四五厘米。

經過上述奮鬥，雙腳由平直拗成馬蹄狀，腳尖、腳跟緊靠在一起，腳弓縮得無可再縮的時候，「金蓮小腳」就成功了。有時，因為錯過時間或者腳型不理想，還要將竹片、碎瓷片、銅錢一併纏裹以固定腳型。一些青樓老鴇給買來的幼女裹腳，還拿石板、石磨或洗衣服的砧板等重物壓腳，更有甚者，用棒槌將腳骨打折脱臼以利於纏裹，其過程之慘烈，筆不勝記。

中國歷史上怎麼就出現這麼變態的風俗呢？一種説法是，纏足起於五代南唐後主李煜，他有個叫窅娘的宮嬪，纖麗善舞，遂着人做金蓮，高六尺，飾以寶物細帶瓔珞，讓窅娘用帛將腳纏成纖小的新月形狀，舞動於金蓮花之中，其步態輕盈、優美，婀娜多姿，「迴旋有淩雲之態」（《南村輟耕錄》）。此後人們開始效仿。不過，窅娘纏腳是為了跳舞的圓滑便利，並未折骨纏裹，和纏足還是有天壤之別的。

很多史料以及墓葬文物證實，纏足之習其實始於宋代，也並非偶然的產物。千百年來，中國婦女一直處於從屬地位，未嫁從父，既嫁從夫，夫死從子，三從四德、男尊女卑等觀念把婦女壓在社會底層。宋代理學思想發達，形形色色的道德觀念和禮教規則更是像枷鎖般牢牢困住婦女手腳，女子大門不出，二門不邁，僅僅是男性的附屬和玩物，裹小腳只是一個極端的表現罷了。元代伊世珍的《琅嬛記》説：「吾聞聖人立女而使之不輕舉也，是以裹其足，故所居不過閨閣之內，欲出則有幃車之載，是以無事於足也。」意思是，女子足不出戶，即便偶爾外出也可坐車，要那雙腳有甚麼用？那時有《女兒經》云：「為甚事，裹了足？不因好看如弓曲；恐她輕走出房門，千纏萬裹來拘束。」用的是三三七言的民謠形式，是為廣泛傳播的。

此外，纏足的大肆鋪開就和封建士大夫病態的審美觀密切相關了。如蘇東坡《菩薩蠻（詠足）》詞云：「纖妙説應難，須從掌上看。」意思是金蓮美不美，要托於掌心把玩才知。他制定小腳美的七個標準：瘦、小、尖、彎、香、軟、正。又説小腳有「七美」：形、質、資、神、肥、軟、秀。

明清時代文人更是一窩蜂地嗜好金蓮小腳，甚至花高價買「抱小姐」。顧名思義，腳纏得過小乃至寸步難行，每行必須人抱。也留下許多詠小腳的濃詞艷句：「瘦欲無形，越看越生憐惜。」「柔若無骨，愈親愈耐撫摩。」「第一嬌娃，金蓮最佳，看鳳頭一對堪誇。新荷脱瓣，月生芽，尖瘦幫柔繡滿花。」

更有甚者，以妓鞋行酒。酒宴中從陪宴妓女腳上脱下一對小鞋，一隻小鞋內放一杯酒，另一隻小鞋放在盤子裹，將盤子端到距離酒客一尺五寸的地方，由酒客們用拇指、食指和小指撮取蓮子、紅豆或榛松類，對準盤中小鞋投五次，根據投中多少罰酒，所罰飲的即那杯「鞋中酒」。

明代學者李漁也嗜好小腳，甚至著文立説討論對小腳的賞玩技巧。不過，和迷戀「抱小姐」們相比，李漁自有一套鑒賞心得。在他看來，纏足最可貴的，不只是腳的尺寸，而是能否保持動作的靈活度。如果把雙腳纏得過小而變為跛足，那麼反而成為一種累贅（「累」）；反之，要是纏得適宜，腳雖小而仍有其功用，則既可改變步履姿態，又能凸現女性的優雅氣質。（《閒情偶寄・選姿》）

李漁這些想法，無疑是相對自然主義的審美觀念，對當時文人畸形的偏好不失為一種矯正。只不過，二者相比，也是五十步笑百步吧。

有學者試圖從現代生理學和心理學角度解釋這一現象，認為嗜好小腳可歸入性心理中的「戀足癖」。如精神分析學家佛洛伊德認為，女性的腳，尤其是在中國，是直接和性愛相關的。因為男性通過偷窺女性的腳，可以獲得愉悦滿足。也有精神分析學家認為，某些男性潛意識中有「閹割恐懼」，無法進行正常性生活。為了獲得性慾滿足，就會尋找替代物。還有學者認為女性的腳部和陰道一樣均會發出特殊的氣味，令異性產生性慾上的刺激，這一點從當時一些「金蓮狂」者的自述中倒是能獲得印證：初聞略帶皂香，待唇舌接近後，絕似幼童蘋果之頰，佳人蓮藕之臂，似香非香，耐人尋思。比之為牡丹，牡丹有其艷而無其香；比之為寒梅，寒梅勝其香而遜其艷；惟蓮花略似，香遠益清，近嗅淡如，不冶不凡。

在現代社會，戀足癖有屬於個體的動因，也是屬於私人領域的性嗜好，倒也無可非議。但中國近千年的纏足習俗早就超越了這一範圍，終致成為「惡之花」，這是一個時代文化思想畸形導致的。從文化審美角度考慮，在人為和自然之間，總要找到一個平衡的區間，超過這個限度，不是畸形，就是太過荒蠻。良好的文化，都是平衡的結果。

行旅

行旅，即關於出行。

古人對待出行很慎重，有相當豐富的儀式，

比如祭祀路神、臨別折柳、

對亡者的路祭和送別、接風洗塵等等。

世界：想像的？行走的？

我們經常用「衣食住行」四字來概括日常生活，但對於古人而言，對衣服、飲食傾注更多心力財力，而對於出行則持有一定的消極牴觸情緒。這主要是由於古代中國長期以來一直以小農經濟為主，強調自給自足，文化傳統是相對封閉的。比如老子就這樣描繪理想社會：「安其居，樂其俗。鄰國相望，雞犬之聲相聞，民至老死不相往來。」別說周遊世界了，隔壁也不去。陶淵明《桃花源記》裏有「與外人間隔」的桃花源，同樣也表現出這種彼此隔絕的生活態度。所以，淡漠交往，畏厭出行，躲進宅居成一統，這種心理和風尚在傳統社會中有很大的影響力。

最明顯的就是形成中國人特有的「世界」觀。當然，漢魏之前人們不說「世界」（「世界」是佛教詞語，漢末隨佛教的傳入才開始使用），而說「天下」，是「溥天之下，莫非王土」的「天下」，也就是天底下的這個世界。這個世界是甚麼樣子的呢？

戰國時期成書的《山海經》有很詳盡的描述，最具代表性。書中採用旅行記的方式，敍述各處山川地理：中心是中山，往外擴展，依次為東西南北四方之山、四方之海，海有海內、海外，四方的最邊緣就是大荒，分別是大荒東、大荒西、大荒南、大荒北。然後分別記載這些地方都有何等川河物產、神怪鳥獸，又有何等異能，等等。如《南山經》：

南山經之首曰䧿山。其首曰招搖之山，臨於西海之上。多桂，多金玉。有草焉，其狀如韭而青華，其名曰祝餘，食之不飢。有木焉，其狀如穀而黑理，其華四照，其名曰迷穀，佩之不迷。有獸焉，其狀如禺而白耳，伏行人走，其名曰狌狌，食之善走。麗麂之水出焉，而西流注於海，其中多育沛，佩之無瘕疾。

又東三百里，曰堂庭之山。多棪木，多白猿，多水玉，多黃金。

又東三百八十里，曰猨翼之山。其中多怪獸，水多怪魚。多白玉，多蝮蟲，多怪蛇，多怪木，不可以上。

……

所以有人說，「山海經」之「經」，是經歷之「經」，亦即山海之所「經」。（袁珂《山海經校注》）只不過所「經歷」的這個世界不是腳步丈量出來，而是神遊想像出來的。作者彷彿眼見身歷，筆調寫真，態度嚴肅誠懇，真誠中帶着樸拙，也有些動人之處。這些出自想像的見聞，當時是作為知識傳佈的。

《山海經》的作者是誰？魯迅說該書是「古之巫書」，是「巫師用的祈禳書」（《門外文談》）。他說這類書有兩個特點，一是根柢在巫，一是多含神話，是巫風熾盛、文字不發達的時代和民族的遺存。人們一般認同這個看法。

而從另一個角度看，《山海經》也可以說體現的是人類兒童時期的想像。有美國心理學家曾做過調查，百分之六十三的七歲以下美國兒童發明過想像中的玩伴，他們與「他（她）」互動，甚至鄭重其事告訴大人，「他（她）」怎麼怎麼了，甚至打電話給「他（她）」，然後無奈嘆氣：「唉，他今天沒空！」成年人很擔心，這是孩子有幻聽幻覺，或者活在幻覺裏出不來吧？還是因為太寂寞了，渴望玩伴，所以才去發明創造一個「他（她）」？其實都不是。心理學家認為，「想像同伴」不是任何心理創傷的標誌，而是兒童自信到懂得用故事來組織經驗的表徵。這些想像為甚麼重要？因為我們的認知和經驗間，永遠存在着落差：我們知道的很多事，是無法經驗的；許多切身的實在經驗，又無法用理智來解釋。當認知和經驗兜不攏時，那就想像，講故事，用故事來說服自己或者暫時滿足自己。這種帶有一定程度「自欺」的想像似真而非真，故事和現實若即若離。故事不能太假，太假使得我們不能「進入」故事，故事就失去了說明我們組織世界的功能；然而故事也不能太真，真到變成現實，故事就失去了流動性，故事就會僵化，不再容納新的認知和經驗。

《山海經》描繪了一個想像中的天下地理，有着這種兒童般的粗樸和稚拙。不過，這個地圖日後略加發展，就成為古代中國人的世界觀：我們所在的地方是世界中心，也是文明中心。大地像一個回字形，由中心向外不斷延伸，第一圈是王所在的京城，第二圈則是華夏，第三圈就是荒蠻之地。地理空間越靠外延，越荒蕪，住在那裏的民族也就越野蠻，文明等級越低。《禮記．王制》對這四方的荒蠻地域做過這樣的解釋：「東方曰夷，被髮文身，有不火食者矣；南方曰蠻，雕題交趾，有

不火食者矣；西方曰戎，被髮衣皮，有不粒食者矣；北方曰狄，衣羽毛穴居，有不粒食者矣。」大意是，東夷民族披髮紋身，多吃生食；南蠻則額頭刻紋，兩腳向裏勾，也是多生食；西戎披頭散髮，穿獸皮，不吃穀物；北狄之民則穿禽獸羽毛，洞內穴居，也不大吃穀物。《禮記》講這些的時候，態度還比較寬和，說這些人和中原人不同，但各有自己的生活習慣，各安其所。但後來，這些稱謂卻愈來愈成為窮山惡水、不開化的代名詞，含着地域歧視，比如春秋時期，南部的楚國就被中原各諸侯鄙夷地稱作「蠻荊」，彼此有很多隔閡。

用現在的眼光看，對蠻夷戎狄的輕蔑屬於典型的「地域黑」。古人「地域黑」，情有可原。他們認知程度有限，很多知識領域都還處在蒙昧狀態，不能客觀對待不熟悉的人和事，加之還有氏族社會觀念的遺存，「非我族類，其心必異」，所以，常常會以自我為中心，有較強的排他性。但後來，「中國」的邊界和國際環境不斷變化，可遺憾的是，人們的觀念卻沒有太大改變，反而固執於傳統的中央四方的「天下」觀，堅持以自我為中心的朝貢體制，覺得周圍都是落後的民族，需要我們用「中央」文明去度化，這就使得中國社會一步步走入封閉的困境。

上述有關世界的想像和認識、有關天朝帝國的想像就這樣延續了幾千年，直到四百多年前，一個來自歐洲的傳教士利瑪竇（Matteo Ricci）來到中國，帶來一張地圖《山海輿地全圖》，明代的精英們才意識到，原來地球是圓的，是一個龐然世界。地圖中，中國被畫在一個不起眼的角落，非但不是中央，而且看着也不大，這頗令人沮喪甚至令人不滿。利瑪竇感受到這種情緒，後來再繪製地圖時，就把子午線從中間向西移動一百七十度，中國被挪到世界中央了。

利瑪竇是位耶穌會士，他把這份地圖帶到中國，最初也只是想取悅當時好奇的士人和官員，並非有意普及地理知識。佛教、基督教等外來宗教最初進入中國的時候，大都想盡各種取悅民眾和官方的法子，以便享有更大的傳教自由。利瑪竇不是地圖學家，他的地圖是根據歐洲人奧代理（Ortelius）的世界地圖繪製出來的，所以很精確。比利時安特衛普現在還保留着當年印製奧代理地圖的工廠，保存着當年出版的各種地圖。

世界很大，地球是圓的，而不是一個大平盤，地球有東西半球，中國只是東半球上歐亞大陸東邊的一個國家，這些常識，現在受過小學教育的人就都知道，但在明代，這是難以想像的。因此，這張有意無意中帶到中國的世界地圖雖然令當時的人們隱約意識到，我們中華並非那麼大，也並非那麼「中」，然而，從接觸這些知識，到從心理上接受這些知識背後的觀念，仍然是一個漫長而艱難的過程。

葛兆光先生曾寫過一篇短文〈古人的「世界觀」〉，就根據歷代所繪製的《職貢圖》談及上述歧視和偏見的深遠影響。所謂《職貢圖》，指的是古時外國及中國境內的少數民族上層向中國皇帝進貢的紀實圖畫。用大白話講，「職貢圖」就是「看外國人」，這是我國繪畫史上重要的主題和傳統。它一方面記錄了自己周邊來朝貢的不同民族和國家，另一方面也記錄了中國當時的自我和周邊疆域是甚麼樣子。最早的一幅是梁元帝蕭繹所作《職貢圖》，記載了三十五個國家，反映了西元六

世紀的南朝梁代外交狀況。後來有宋代李公麟《職貢圖》，記載了占城、浡泥、朝鮮、女真、三佛齊、罕東、西域、吐蕃等國。元代、明代也都有畫家畫職貢圖，一直到清代還有蘇六朋畫的《諸夷職貢圖》。這些職貢圖一半寫實，一半帶着偏見，最典型的就是圖像描述中有意強調四夷民族的醜陋、野蠻和怪異。

比如宋代劉克莊給李公麟《職貢圖》寫跋時就說，一方面，儘管有的外邦遠在萬里之外，李公麟所畫也非隨意虛構想像，至少關於日本、越南、波斯畫得還是很準確的；但另一方面，他也還是把異國人想像成野蠻人，把他們的王畫成這樣：「其王或蓬首席地，或戎服踞坐，或剪髮露骭，或髻丫跣行，或與群下接膝而飲（沒有君臣之分，大家坐在一起喝酒），或瞑目酣醉，曲盡鄙野乞索之態（好像是很野蠻的樣子）。」特別是有人諷刺說，明明四夷都和你分庭抗禮了，你還是自大，說得好像仍然「萬邦協和，四夷來朝」似的。

直到清代，中國人的外部接觸和世界知識已經愈來愈多，官方的「職貢圖」把西洋人也畫進去了，裏面所畫的英、法、荷、意這些人，也比較寫實，但觀念還是沒有變，清代仍然在想像自己是天下中央，四夷來朝，所以，「職貢圖」最後也是最有名的作品，就是乾隆年間的《萬國來朝圖》。

這種文化上的自負和固執，使得古人失去很多認識世界的機緣。

出行宜忌

出行是大事，所以要選良辰吉日，這在古代直到近世仍是民間十分普及的風習。如何選擇良辰吉日？過去用黃（皇）曆，裏面明確規定某日「宜出行」，某日「忌出行」。現在人們所用的日曆，但凡內容詳盡些的，或者比較傳統的，除了標明陰陽曆，也大都同時標註上述內容，只是各地習俗講究不同，黃曆裏的說法也不盡一樣。比如我手頭有本《香港謙和正宗通勝皇曆》，略查了一下，按照農曆（陰曆），二〇一六年臘月（農曆十二月）只有七天「宜出行」，有五天「忌遠行」；二〇一七年正月（農曆一月）則有二十五天註明「宜出行」，只有正月初十和正月二十二「忌出行」。所以，阿彌陀佛，幸好正月有那麼多天可以出行，否則怎麼串親、訪友、旅遊呢？

看黃曆再決定是否可以出行，今天看來，已經近乎玩笑了。可在神秘主義信仰的時代，生老病死、衣食住行都有各種約束和禁忌，依照黃曆行事確是相當嚴肅的事兒。湖北雲夢曾出土秦簡《日書》，類似今天的黃曆，裏面有關行忌的內容有十四種，「不可以行」的日數超過三百五十五天，排除可能重複的行忌，全年行忌多達一百六十五日，佔全年日數的近一半。假如嚴格按照書本行止，難免要畏首畏腳的。《漢書．游俠傳》就曾記載一個很典型的例子，說西漢末年王莽敗亡時，兵禍頻仍，亂兵所到之處，大家紛紛避走。有個叫張竦的人本來事先已經得知家裏會遭兵禍，按理

漢代彩繪木軺車
武威市磨嘴子漢墓出土，甘肅省博物館藏。 據漢代制度，此為六百石至千石的官吏乘坐的車。

應趕緊隨大家一起逃離，然而，恰逢那天是「反支日」，是當時人們忌諱出行的日子，便執意不走，最終死於亂兵刀下。史載張竦曾為京兆史，且博學通達，可見，出行宜忌對人們生活影響之深，也並不是只有文化水平低的普通老百姓才會「迷信」的。

假如恰逢良辰吉日，適合出行，古人也要做一番功課，那就是祭祀「路神」，這種儀式被稱作「祖」，也叫「祖道」。

祖道作為一種出行禮儀，非常古老。《詩經．大雅》中就有兩首詩記載了這一活動，《烝民》：「仲山甫出祖，四牡業業，征夫捷捷。」詩中講到，宣王命樊侯仲山甫築城於齊，出行前進行路祭。朱熹認為這首詩的作者卿士尹吉甫也在送行之列，故作此詩。詩中描繪車馬高大，征夫精神愉快，鋪敍送行場面的壯觀。又如《大雅．韓奕》：「韓侯出祖，出宿於屠。顯父餞之，清酒百壺。」韓侯是周王近宗貴族，韓國國君。詩中敍述韓侯離京時朝廷卿士餞行的盛況。出行祖祭是禮制，大臣銜命出京，例由朝廷派卿士在郊外祖道餞行，這也是禮制。祖祭後出行，祭禮用清酒，所以餞行也「清酒百壺」，這仍是禮制。一切依禮制進行，又極盡宴席之豐盛。這些描寫都反映出韓侯政治地位的重要及其享受的尊榮。

從後來的各種史料看，祖道儀式全程如下：先堆土台象山形，樹草木為神主，叫作軷（bat[6]），之後，用蕭草、牲脂等祭品來獻神，待路神享用過之後，再以車騎碾過軷壇，被稱為「犯軷」，以示一路無險難。所祈求的神靈也是有名有姓的。一種説法是黃帝之子，名累祖，因好遠遊，死於道

路，故祀以為道神；還有一種説法是共工之子，名修，相傳此人極好旅遊，只要「舟車所至，足跡所達，靡不窮覽」，故祀以為祖神。

從心理學角度看，儀式具有強烈的象徵意義，其氣氛莊嚴、程式規範、意蘊豐富，能產生心理暗示，可對心靈產生慰藉，因此，祖道儀式在某種程度上是可以緩解人們出行的緊張心理的。祖道時，以美酒飲食奉獻神靈是祈求神靈福佑，而以車騎碾過軷壇的「犯軷」行為似乎又有一定威懾的意思，這也是民間信仰的特點：對待神鬼常常恩威並施，既有請求和報謝，亦時有命令和威脅。與之相配套的，還有一系列祝辭咒語。

比如戰國末期睡虎地秦簡《日書》簡文就記錄早期祝祖儀式，有的是給神靈説好話，祝曰：「勉飲食，多投福。」好好吃喝，多多賜福。也有的借助巫師巫術咒語的力量以示威懾，如另外一則説祖道時，法師先行「禹步三」，再大聲呼號威懾：「皋，敢告曰：某行毋咎，先為禹除道。」禹步是一種巫術步法，即模仿大禹走路的姿態。相傳大禹當年治水，忙於疏河決江，生「偏枯之病」，即半身不遂，故走路與常人不同，半步半步挪動，後來人們就稱這種步法為「禹步」。在民間儀式中，巫師道士們就常常模仿這種步伐，以表明體內已經附着了大禹的神力，可以發號施令了，所以祝辭大意為：某人即將出行！各路妖魔鬼怪皆不可禍害！大禹在此！

祖道儀式是古人對未知世界的干預活動。古人畏懼出行，所以出行前後的各種現象都會令人們疑神疑鬼，也常常看作是未來的徵兆。比如《漢書》記載臨江閔王劉榮，在太子位第四年時，因擴建宮殿侵佔了文帝廟外的矮牆而獲罪。皇上召其入都，出發前，在江陵北門行祖道儀式。儀式結束後上車，哪知剛一上車，車軸就折了。江陵父老皆流涕竊言：「吾王不反矣！」後來，劉榮果然受庭責，畏懼自殺。

在這樣的文化氛圍中，人們對形式表象、儀式規矩就格外重視。儀式是一種相對穩定的嚴肅形式，它對未知提供某種權威解釋，一定程度上減緩了人們對出行的猶疑或畏厭情緒。當人類對自然、對人自身的認識還停留在一個相對低下的階段，來自自然的威懾和人們心理、情感上的變化都得不到「正確」的解釋，儀式便有了存在的意義。

折柳涕泣

中國傳統觀念講究「靜」「定」而「安」，這種觀念給古人出行造成不小的心理阻力，所以也演化出相當豐富的出行儀式。儀式注重形式和象徵，還有一定的時間延續，可以疏導情感，起到心理安慰劑的作用。

前面曾經談到古人的祖道儀式，是出門前對路神燒香、叩頭、進貢，以求得保佑。事實上，除此以外，祭祀之後，還常常在路邊擺酒設宴，以便親友會聚飲酒，為之餞行，抒發行旅離別之情，前文所引《詩經》中的兩次祖道儀式都同時包含着餞行活動。因此，祖道也稱作祖餞。餞行者，以酒食送行也。

祖餞需要一定開銷，出行多備資財也可應對不測，故送行者通常不會空手而至，這也是人際交往、表達情感的正常方式。從考古資料看，漢代一般百姓常例為「十錢」，但也不一定，《史記》記載劉邦因徭役赴咸陽，「吏皆送奉錢三，（蕭）何獨以五」。比較之下，蕭何送的還是比較多的。東漢時會稽太守劉寵獲得升遷機會，五六位七八旬老翁約好一同來給他祖餞送行，每人都拿出百錢，表達對這位地方良吏的褒獎，這當為厚禮了。

秦漢注重人際關係，當時很多流行的謠諺均顯示出人們對交往的認知和重視，比如「貴易交、富易妻」「結交莫羞貧，羞貧交不成」「衣不如新，人不如故」「結交在相得，骨肉何必親」。而祖道這一本為緩解出行緊張心理的祭神儀式，在漢代則明顯發揮着社交功能。參加儀式人數之多寡、餞行宴會之地點、規模、獲贈財物之多少，都成為出行者地位和社會影響力的直接反映，祖道儀式也就成為一種交際儀式。

早期的送別儀式中，祭祀路神是核心內容，飲酒餞行是配角。但和古代諸多儀式相似，最初雖以「敬神」「娛神」為目的，但隨着神秘主義信仰逐漸減淡，給神靈的酒愈來愈薄，敬奉行客的酒反倒愈來愈淳厚了。所以，祖餞儀式的宗教意味逐漸減淡，世俗性的「自娛」功能卻漸漸加強，甚至有時成為單一性的目標活動。送別時的莊重遂變成熱鬧的遊宴，餞行也就演變成社交活動，這和今天我們在酒店設宴餞行已沒有太大區別。

這種轉化是從東漢末開始的。曹魏時，禰衡才華橫溢，但性格怪誕倨傲，很多同僚不喜歡他。一次他出門遠行，眾人依禮在城南為之祖道餞行，並約好，一旦禰衡到，大家均坐定不起，以此羞辱他。禰衡一到，見眾人皆坐不起，立刻坐下大聲嚎哭。眾人面面相覷，都傻眼了，問禰衡何以大哭？遂答道：「坐者為塚，臥者為屍，屍塚之間，能不悲乎？」眾人哭笑不得，無以答對。欲辱禰衡，反遭其辱，祖道儀式成為一次有趣的社交遊戲。

此外，《吳書．朱桓傳》引《吳錄》也記載了祖餞宴會時的一個細節：孫權遣朱桓回中洲，親自祖送。朱桓奉觴曰：「臣當遠去，願一捋陛下鬚，無所復恨。」意思是我很想捋捋你的鬍子，如

此可以了卻心願。孫權於是雙手拄着案几，探到席前，朱桓遂進前捋鬚曰：「臣今日真可謂捋虎鬚也。」孫權大笑。

這段敘述細節筆法似小說，亦可見祖道儀式已經轉變為世俗活動。娛神變為娛己，與神靈交流轉而為人群間的社會交流，各種表達別離情感的藝術和風俗形式也就應運而生了。

比如灞橋折柳，李白《憶秦娥》寫道：「年年柳色，霸陵傷別。」王維《送元二使安西》：「渭城朝雨浥輕塵，客舍青青柳色新。勸君更盡一杯酒，西出陽關無故人。」都描繪的是這樣的生活畫面。楊柳纖長柔美，「因風結復解，沾露柔且長」（沈約《詠柳》），正與離情的悠然纏綿相近似，故而成為別情的象徵。灞橋，又作霸橋，西漢時在長安城東。記述秦漢時關中地理的《三輔黃圖》一書中，卷六「橋」條有這樣的記載：「灞橋，在長安東，跨水作橋。漢人送客至此橋，折柳贈別。」長安城是漢唐時政治文化中心，灞橋處在東向的交通要道上，人員往來頻繁，長久以來就是禮送行旅之人、抒發別情的特定處所，所以，後人又稱之為「銷魂橋」。離別何以「銷魂」？南朝江淹有《別賦》云：「行子腸斷，百感淒惻。」又云：「黯然銷魂者，唯別而已矣。」算是給這橋作了極好的註腳。

離別傷心，攪動愁腸，故古代生活習俗裏，甚至一度把離別「涕泣」作為送行的禮節。送人卻不流淚，是嚴重的失禮行為。南北朝時，梁武帝的兄弟王子侯被委任到東郡做地方官，臨別時，梁武帝說，我已年老，卻要與你分別，甚為難過，於是「數行淚下」。然而，王子侯卻流不出眼淚，只好羞愧而出，甚至還因此受到責難，百餘日漂行於江渚之間，不能離行赴任。

這個故事記載在《顏氏家訓．風操》中，作者顏之推對此習俗頗不屑，認為「人性自有少涕淚者，腸雖欲絕，目猶爛然（眼睛炯炯有神）」，對於這樣的人，不可強責。他還注意到南北風俗的不同，認為「北間風俗，不屑此事。歧路言離，歡笑分首」。北地民風健朗，離別下泣有時會被認為是作小兒女態，過於多愁善感，所以絕不會有臨行必哭的俗規。

不過有時，臨別時哭不哭大概也和審美有關。初唐詩人王勃《送杜少府之任蜀州》云：「無為在歧路，兒女共沾巾。」王勃大概是欣賞剛健鏗鏘的，覺得臨別涕泣終究有些纖巧柔弱，故有此說。但讀詩的人都看明白了，王勃內心有諸多感慨：感慨與好友離別，感慨同為宦遊之人。（「與君離別意，同是宦遊人。」）也念此去千里煙波，不知何時能再相聚。（「海記憶體知己，天涯若比鄰。」）他的眼裏、心裏，也是含着熱淚吧。

禮本出於情，假如過於重視形式，背離人情人性，就多了些虛飾，少了誠樸，儀式也就失去了存在的土壤。但反之，假如一切出於真情，是不是合理，是不是合禮，也就都不重要了。

死亡也是出行

中國古代，還有一種特殊的出行，那就是死亡。

走，離開，是我們對於死亡的諱稱。自古及今，人們討論生死，也是想追問自己究竟從哪裏來，要到哪裏去。從哪裏來（生），似乎有現成的答案，十月懷胎，呱呱墜地，可觸可感。而要到哪裏去（死），則沒人能真正説得清。畏懼死亡，避談死亡，歸根結底源於一種戀家情結，這種「戀家」又和與生俱來的恐懼感密不可分：任何陌生地域都會引起恐懼，而看不見摸不着的死亡世界就更令人恐懼而有意躲避了。所以，人們會通過模擬和美化現實而為死者提供一個理想化的世界，比如天堂。

基督教的天堂可以是天上的神國，佛教的「天堂」則是淨土和極樂世界，而中國早期本土的信仰中也有個天堂似的所在，那就是仙界。此仙界不在天上，也不在地下，而是在遙遠的崑崙神山，或是在茫茫大海中的蓬萊仙島，那裏有靈芝仙草、奇異巨棗，服之不老。此外那裏還有西王母和諸位仙人，想想也還是挺熱鬧的。

然而，仙境並不容易找到，成仙必須離家冒險，向西橫跨茫茫戈壁沙漠，或向東飄洋渡海。而即便如此，假如沒有「超越」的本領，也難以抵達。所以，秦漢時期的方士們一面四處游説蓬萊仙島的好處，「其物禽獸盡白，而黃金銀為宮闕」，一面也表達出無法輕易抵達的焦慮和困惑，「未至，望之如雲；及到，三神山反居水下；臨之，風輒引去」。神山仙島仍是縹渺變幻的海市蜃樓。

無奈之下，古人覺得，還是現實一點兒，既然大家不得不去那個地下家園，而地下世界不過是人間的翻版，死亡不過就是一種特殊的遷徙和出行，這也就足以令人欣慰了。所以，在所有傳統禮儀中，喪葬儀式是最為複雜隆重的，出殯時送行的隊伍也要盡可能浩蕩。日常出行不是要祭祀路神麼？喪者出殯落葬，同樣也是遠行，當然也要祀路神，所以，古時喪者出門儀式也稱「祖」。《禮記．檀弓上》引子游曰：「殯於客位，祖於庭，葬於墓，所以即遠也。」古代另一部禮書《儀禮》講到葬間守喪哭喪的儀節，也專門講到這個儀程。要出殯時，「有司請祖期，曰：日側」。側，即昃，指日頭西斜或日過中之時。現在一些地區民間傳統的喪葬儀式，出殯也一般選在中午十二點以後，這都是古禮。

故祖道有二義，儀式亦有相似處。按照《禮記．檀弓》裏的記載，出殯的「祖」儀大概是這樣的：「及葬，毀宗躐行，出於大門，殷道也。」毀宗，即毀廟門之西而出，因為路神之位在廟門之外。將葬，柩不從廟門出，而是毀掉廟門西牆，並踐踏行神之土壇而出，恩威並施，以確保路上平安。乃至魏晉時，「死者將行曰祖」仍是流行的說法。陶淵明曾寫過一篇〈祭從弟敬遠文〉，其中就有「乃以園果時醪，祖其將行」的文句。嵇含《祖賦序》亦談及這一流行觀念，並對兩種出行都稱為「祖」特別加以說明：「說者云：祈請道神謂之祖。有事於道者，吉凶皆名。君子於役，則列之於中路；

喪者將遷，則稱名於階庭。」之所以要做這樣的説明，大概是因為日常生活中，出行祖道較之亡人出祖要頻繁得多，很多人怕也不太分辨得出兩者區別吧。

日常出行有送別儀式，亡者出行，也有送別，這種觀念也延續至今，後來人們把這個儀式稱作「路祭」。出殯時，親友在靈柩或喪車經過的路旁設香燭、紙錢、供品祭拜。如果舉行路祭者是在出殯隊伍中隨行的人員之外，那此人此舉就表達出對亡者及其家族莫大的敬意。

比如《紅樓夢》講到秦可卿出殯，就有鎮國公、理國公、齊國公、治國公、修國公、繕國公六家都派兒孫前來祭送，這六公與寧榮二家，當日所稱「八公」，都是頂尖的豪門貴府。餘者更有南安郡王之孫、西寧郡王之孫、忠靖侯史鼎、平原侯之孫、定城侯之孫、襄陽侯之孫、景田侯之孫等諸王孫公子。來客算來有十來頂大轎，三四十小轎，連家下大小轎車輛，不下百餘十乘。連前面各色執事，陳設，百耍，浩浩蕩蕩，一帶擺三四里遠。各家在路旁高搭彩棚，設席張筵，和音奏樂，哀悼弔唁。書中特別提到，第一座是東平王府祭棚，第二座是南安郡王祭棚，第三座是西寧郡王的，第四座是北靜郡王的，都是依禮行路祭的。秦可卿本是賈府年輕的兒媳，要説個人，哪裏當得起這個排場，可見當時賈家的地位實力。

所以，路祭也含着社交，死者倒是個幌子了。也正是在這個場景下，北靜王與寶玉才很自然地見面。北靜王名水溶，年未弱冠，形容秀美，性情謙和。因祖上與賈府有世交之誼，同難同榮，故從未以異姓相見，更不以王位自居。秦可卿出喪，他特設路祭，又專請賈寶玉相見，見識了那塊通靈寶玉，誇獎寶玉果然如寶似玉，乃龍駒鳳雛，並把皇上親賜之鶺鴒念珠一串贈與他。賈寶玉素厭官僚權貴，但平日聞得北靜王風流瀟灑，不為官俗國體所縛，每思相會，所以相見之下，彼此都有惺惺相惜之感。

《紅樓夢》雖是小説，細節卻是很實在的。一個好的小説家，一定注意針腳的細密，讓作品裏的人和情，都安放在非常真實的物質外殼裏。

魯迅為《李大釗全集》寫題記，説到人們為李大釗送喪，「在報章上，又看見北平當局的禁止路祭和捕拿送葬者的新聞」，為這位被害的革命先驅鳴不平。可見，到民國時，路祭還是有着深厚的文化基礎的。

路祭是為死者送行，當然，既然是出行，行李盤纏、吃穿用度以及亡者生前所有喜歡的東西都要盡可能帶上，這一點倒是更多和死者相關了，這也是傳統厚葬習俗的信仰來源。

河北滿城漢墓墓主為中山靖王劉勝，生前嗜酒，便隨葬了三十餘個大酒缸，盛酒一噸以上。出土時，部份大缸裏還有殘酒。甘肅武威一座東漢古墓中隨葬了很多治療疾病的藥方，墓主大概是個醫者或者醫藥愛好者，料想到了新地方是不是可以靠瞧病謀生呢？或者通過翻讀生前愛物，以解異鄉的孤獨。早期的人們對將去的地下世界是深信不疑的，態度也極為誠懇。

然而，把所有人間器物都搬進墓室終究是不現實的，人們最終也只好妥協，開始用各種象徵性的明器來替代真實的器物。更何況，假如都帶了真的去，盜墓賊會緊隨其後，這地下生活怕也不寧

靜吧。人們想像着那些紙人紙馬紙車紙錢，只要燒化成灰，會飄到亡者手裏，然後就會像神話一樣，全都鮮活可用了。

所以，我們隆重地為死者送行，年復一年地定時祭奠，想像着亡者的艱辛旅程和異鄉生活，替他們操心飢寒冷暖，其實也是在安慰我們自己呢。

生死的問題，困擾了人類千百年，並還將困擾下去。面對亡者，我們最終只能說：一路走好。

春遊的巧立名目

中國人對於春遊有着特殊情感，迎面的風剛有點暖意，柳枝兒還沒現綠，人們就按捺不住地嚷嚷了：哪裏可以看桃花，哪裏可以看櫻花，哪裏的油菜花也快開了……現代化的交流工具把各種圖片以及各種好心情傳遞，放大，沒兩天就擴散、傳染得人心裏癢癢的。抽個空兒出門轉轉，哪怕在當街樹下站一會兒，留心腳下，果然，枯草間有嫩芽冒出來，心情就好了許多。若真能在野外山間走一走，捎帶着再挖兩棵野菜回來，甭管吃不吃，整個人似乎就翻新了。

這種對春天的渴慕來自人的本能，但也受地域文化影響，北方尤甚，因為北方春天太短，慌裏慌張的，只能說是冬的尾，或夏的頭。因此，和南方相比，北方的春天不從容，缺少些水氣，似乎也不那麼豐腴。可正因如此，北方人才對春天依稀透出的各種徵兆敏感得很。有位在北京生活的南方作家就寫文章感嘆說，一到春天，突然哪天迎面的風暖起來，於是，北京人就解開棉襖扣，傾巢出動，急慌慌的。黃河流域四季分明，整個冬天冰天雪地，一旦風和日暖，自然就像打開了監獄門，靈魂都要出來散散步的。

中國文化裏，歷來對於漫無目的的出遊，或者沒有正當理由的出行，都不太支持，覺得不務正業，所以，春遊最好有些堂皇的理由。因此，傳統節日中有些安排在春天的，雖原本都有各自的名

目、功能，但一來二去，明裏暗裏也就變成遊賞踏青了。

比如三月三，最早只是為祭祀先祖，「二月二，龍抬頭；三月三，生軒轅」，軒轅就是黃帝。後來三月三又加了拔擢去穢的功能，再往後，就演變成水邊宴飲，郊外春遊的節日了。著名的《蘭亭集序》說：「永和九年，歲在癸丑，暮春之初，會於會稽山陰之蘭亭，修禊事也。」說的就是這個三月三。不過，文中所描述的群賢畢至，流觴曲水，終究還是一件文人雅事，一般人是玩不來的。民間更多是觀風景、開眼界，甚至觀美人。唐代《秦中歲時記》曾載：「上巳（農曆三月三），賜宴曲江，都人於江頭禊飲，踐踏青草，謂之踏青履。」杜甫《麗人行》詩亦云：「三月三日天氣新，長安水邊多麗人。」舊時男女有別，是不能隨便相見的。但假如有節日的名目，就可名正言順外出。男人觀麗人，但女人們未必沒有揣着小九九。莫言在小說《檀香刑》中有過一段描寫：清明那天，眉娘撐着一把畫着許仙遊湖遇白蛇的油紙傘，把自己打扮得花枝招展，就為了「要和高密城裏的女人們好好地賽一賽」，讓男人們「看吧看吧看吧看」。

相比而言，清明節原為掃墓祭祖，而墓地常在山野，故更多帶着踏青的意思。豐子愷在《清明》中講述幼年在老家桐鄉過清明：「清明三天，我們每天都去上墳。第一天，寒食，下午上楊莊墳。……正清明那天，上大家墳。這就是去上同族公共的祖墳。墳共有五六處，須用兩隻船，整整上一天。同族共有五家，輪流做主。白天上墳，晚上吃上墳酒。……第三天上私房墳。」三天時間，每天都去上墳。可日後回憶起來，清明那幾日的心情卻和上墳無關：「我們終年住在那市井塵囂的低小狹窄的百年老屋裏，一朝來到鄉村田野，感覺異常新鮮，心情特別快適，好似遨遊五湖四海。因此我們把清明掃墓當作無上的樂事。」所以，他把這種踏青稱作「借墓遊春」。

周作人也稱掃墓是「片刻的優遊」。他在《山頭的花木》中寫道：在舊時代裏，上墳時絕頂高興的是女人，其次是小孩。清明一到，婦女兒童歡天喜地，穿得漂漂亮亮去上墳，無形中構成一道亮麗的風景。他在《上墳船》中詳細描寫過紹興掃墓的風俗：「至三月則曰上墳，差不多全家出發，舊時女人外出時頗少，如今既是祭祀，並作春遊，當然十分踴躍。」他還在《故鄉的野菜》中寫道：「掃墓時候常吃的還有一種野菜，俗稱草紫，通稱紫雲英。」又作詩云：「牛郎花好充魚毒，草紫苗鮮作夕供。最是兒童知採擇，船頭滿載映山紅。」掃墓捎帶採摘野菜野花，堆在船頭，紅的綠的紫的，這掃墓的船倒像是遊船了。對於孩子來說，更是如此，清明與懷念逝者沒啥關係，反倒是藉此獲得一次釋放的理由，跑到大自然中瘋玩一圈吧。故周作人《兒童雜事詩》揣摩兒童心理，寫道：「燈籠蟹鷂去迢迢，關進書房耐寂寥。盼到清明三月節，上墳船裏看姣姣。」

人們喜歡出遊，不論時間長短、距離遠近，都是為擺脫常規生活，體驗超越塵俗、進入他界的感受。遊者暫時擺脱了原有的社會關係，角色發生變化，遊覽讓人們重新體驗生活，重新觀察世界，尊藉此親近自然，釋放心理壓力，獲得新的生命感悟。所以，有個姑娘才寫了辭職信：世界那麼大，我想去看看。這句話，撩撥得人心都沸騰了。

超越常規，出離凡俗，其實是所有人內心的衝動。

途中遇虎

古人對於出行有畏難情緒，其實是有很多客觀原因的，除了路況不佳，或因交通工具簡陋而時常出現的車折船翻外，虎患也是行者的大災難，對此，我們今天已很難想像了。

從秦漢開始，就有大量的文獻記載各地虎害，稱「驛道多虎災，行旅不通」。這種狀況一直持續到清代。《水滸傳》講到武松上景陽岡，見有官府警告來往行人注意虎患的告示：「陽谷縣示：為景陽岡上新有一隻大蟲傷害人命，現今杖限各鄉里正並獵戶人等行捕未獲。如有過往客商人等，可於巳、午、未三個時辰，結伴過岡；其餘時分及單身客人，不許過岡，恐被傷害性命，各宜知悉。」這雖是小說家之言，但應是明清山東虎患的真實記錄。其實，不僅是山東，陝西、四川、貴州、福建、廣東等地方誌資料中都有大量相關記載，稱虎傷人甚多：或曰虎暴，食樵薪者四人；或曰有虎傷人，行旅絕跡；或曰群虎噬人，死百餘六人；或曰被虎吞噬者，不可屈指。等等。

老虎是猛獸，人在其面前簡直不堪一擊，所以虎患就很容易給人們留下心理陰影。《本草綱目》引《格物論》的一段話，頗能見出舊時人們對虎的態度。

> 虎，山獸之君也。狀如貓而大如牛，黃質黑章，鋸牙鉤爪，鬚健而尖，舌大如掌（生倒刺），

項短鼻齆。夜視，一目放光，一目看物。聲吼如雷，風從而生，百獸震恐。……其搏物，三躍不中則舍之。人死於虎，則為倀鬼，導虎而行。

此段文字文筆有些誇飾，不僅描摹了虎作為百獸之王的威猛，也渲染了恐懼。特別是最末一句，「人死於虎，則為倀鬼，導虎而行」，意思是，人若被虎所吞噬，變成鬼也擺脱不了虎的威懾，只有做僕從的份兒。

當然，除了渲染虎的威猛外，該書還提及了老虎的幾個弱點：「虎食狗則醉，狗乃虎之酒也。聞羊角煙則走，惡其臭也。」不過，真要這樣，倒省事了。事實上，沒聽説誰用犬肉把老虎吃醉，或用羊角煙把虎熏暈而趁機制服牠們的。又説：「虎害人、獸，而蝟、鼠能制之，智無大小也。」讚嘆老鼠雖小卻能制虎。這大概就好像説老鼠鑽進象鼻以制服大象一樣。兩種東西本不在一股道上，老鼠挑戰老虎、大象，純屬自己轉迷糊了。

老虎的威嚴無處不在，所以，老子在談到人如何避害時也拿老虎打比方：「蓋聞善攝生者，陸行不遇兕虎。」至於如何才能做到「善攝生」，韓非子解釋説：要像聖人那樣，沒有害人之心，也就不會有甚麼能加害於他。這樣的解釋顯然是哲學的，不是實用的。老虎撲過來，口念避虎咒都是沒用的。不過，古人認為得道的高僧就有此本領，他們在山林間穿行，虎豹皆避之而去。

對於虎患，古人也想盡各種辦法，官方一般是發告示示警，樹柵欄，築城牆，嚴禁夜行、獨行，

北宋磁州窰虎紋瓷枕
甘肅省博物館藏。
瓷枕大多為生活用具，創於隋，宋、金、元特別盛行。

再招獵戶英雄即時射殺。而民間有時也自發組成小團隊設機關捕殺。當然，若能如武松般威猛，喝幾碗酒，三拳五腳就將那吊睛白額的大蟲打個半死，也是一個法子，只不過這種情況，怕只有小說裏才有吧。小說是講故事，有些願望在現實生活中難以實現，就藉小說來圓夢。歷來人們對武松打虎津津樂道，就是現實中難有這樣能和老虎抗衡的人才。

不過，清光緒年間吳友如《點石齋畫報》講過一個「村牛搏虎」的故事：「陝西漢中府西鄉縣出一猛虎，傷人無算，獵戶與官兵莫能制之。……時村家養牛數十頭，正在山上，見此虎至，群牛皆退縮。惟一牛獨前，與虎熟視者久之，忽奮力一角，正穿虎喉，虎立斃。報之縣官，遂將此虎賞畜牛之家，並以銀五十兩獎之，一縣稱快。」那牛為了自保，生出些勇猛之氣，竟將猛虎一角挑死，這在自然界，倒也不是甚麼太令人驚艷的事兒。比如非洲大草原上，對於這些體格龐大、頭頂「利刃」的大型草食動物，獅子也要畏懼三兩分的。只是，這事兒發生在村子裏，又是些看似溫順的老牛，就顯得不尋常了。

不過，這個故事還有更多情節：「越數月，畜牛之家偶將虎皮出曬於石磨上，牛臥其旁，醒而見之，以為真虎也，又奮力一角，力盡而死。」這個故事，可嘆可笑，都屬於虎患的副產品。

按照老虎的自然習性，人並不是它們的天然食物，虎吃人習性的養成，既有環境的關係，也有人為因素。如果某地環境適於老虎生存，自然生態未遭破壞，野生動物數量豐富，虎覓食容易，一般不敢去攻擊人。虎天性謹慎多疑，只有在找不到野食的情況下，迫不得已才會冒險接近居民生活

區，盜食家畜乃至襲擊人。因此，虎患說白了是人和虎在自然界中的平衡被打破，形成了對抗性的矛盾，這其實是不正常的。

中華人民共和國成立後，我國發起打虎運動，加之近些年來經濟發展對自然環境的破壞，野外棲息地碎片化，老虎已經變成弱者，成為珍稀瀕危物種了，而世界上其他地方的老虎也是類似的命運，老虎已位列《世界自然保護聯盟》（IUCN）紅色名錄，為一級瀕危動物，徹底變為人類保護的對象。二〇一六年調查顯示，全球野生虎的數量為三千八百九十隻。假如誰出行還能遇到老虎，或許第一反應是趕緊掏出手機拍照上傳微信、微博，因為實在是撞上大運了。前幾年曾出現一個華南虎事件，一位看林員聲稱拍到華南虎的照片，證明華南虎還未滅絕，引得大家興奮不已，最後卻被揭出，他只是翻拍了一張掛曆年畫而已。

虎患徹底沒了，我們應當歡呼雀躍呢？還是應當暗自神傷？

徒步與騎驢

徒步是一種時尚的旅行休閒和健身方式。不過，與其說它時尚，不如說它返璞歸真，因為步行本來就是人類最早的出行方法，此後條件改善，才藉助舟船車馬、火車飛機。其實，很多所謂時尚生活方式，說白了都是舊物翻新，遷地為良。徒步如此，其他如極簡主義生活方式亦然。物質令生活富足，但過多則難有喘息空間，重回簡樸，心靈和日常就增加許多留白。交通工具讓出行變得輕鬆，但也令肌肉萎靡，藉助徒步，可以重新感受人自身的力量。因此，這些時尚生活方式，滿足了人們的心靈需要，更何況還都挺節能的，何樂而不為？

古人徒步，一般都是不得已。《山海經．海外北經》載夸父追日的故事：「渴欲得飲，飲於河渭，河渭不足，北飲大澤。未至，道渴而死。棄其杖，化為鄧林。」夸父追日，執杖奮然行於大野，渴飲河渭，正是我們古代早期行旅生活的實況。早期人們出行，沒有那麼多便利的交通工具，更多只能徒步而行，渴飲溪澗塘池，夜宿山穴樹下，還得時時提防虎豹蟲蛇的侵襲，這種載渴載飢、步步丈量前行的艱辛，與夸父是一樣的。

因此，車輛的發明和畜力的開發就是人類的大進步。據《說文解字．車部》：「車，輿輪之總名，夏後時奚仲所造。」這個奚仲在夏代任「車正」之官，以「巧」著稱。乘車改變了以往艱辛的

行旅方式，然而，早期車輪為木質，沒有橡膠輪胎的彈性，加之路況坑坑窪窪，坎坷難行，若是長途，乘車出行仍不是一件輕鬆的事情。為此，古人也想了一些法子應對，比如「安車蒲輪」，即在車輪上纏紮厚實的蒲草葉，這就能起到不小的減震作用，故也叫安車軟輪。

安車蒲輪是減震車，也是高檔出行工具，因此古時皇帝封禪出行，走遠路，最好用。此外，此車也常用來迎納賢士，以示禮敬。漢代初年，枚乘是有名的賦家，漢武帝做太子時就心儀他的賦作，待即位後，便遣使以安車蒲輪徵邀。然而，枚乘此時年老體衰，禁不住顛簸，竟然病死於道中。又聞聽魯地申培公善傳《詩經》，便再次遣使安車蒲輪束帛加璧以徵召。「束帛加璧」，是古時聘請或探問時奉送貴重禮物。魯申公乘坐專車安穩抵達長安，開創了《詩經》傳授系統裏的魯詩學。

然而，即便是發明了車馬，乘車出行在很長一段時間裏都不是大眾出行方式，所以，有沒有車馬可以騎乘，車馬的品質、裝飾如何就都變成區分社會等級的重要因素。孔子晚年時，他最喜歡的弟子顏淵去世。顏淵家貧，其父懇請孔子賣掉自己的車乘以置備棺槨，卻被孔子拒絕了。孔子解釋說：「以吾從大夫之後，不可徒行也。」意思是，當時具有一定身份的人出行須乘車，已是禮制規範，若自己「徒行」，是違禮行為。再有，《禮記．王制》云：「君子耆老不徒行。」即年長者乘車也是合禮行為，因此，要求孔子賣掉車乘，也是為難他了。

藉助車馬出行，車要維護，馬要飼餵，還要僱用車夫，終究是較為昂貴的。妥協之下，不願徒步，還可以驢代步。驢價廉，但也有把子力氣，馱個把人還是可行的。人們常説一句俗話，叫「騎驢找馬」，意思是，假如暫時沒有更好的，就退而求其次，先湊合着用，待找到好的再調換。這個俗語的出現大概就和過去人們選用出行工具有關。現在「騎驢找馬」則大都用來説找工作、找對象、查資料等，和交通工具沒啥關係了。其他俗語，如「騎驢看唱本——走着瞧」「倒騎毛驢——往後瞧」以及「就坡下驢」等也都是過去騎驢時代才會生出的語言。

騎驢比起徒步，要舒服得多，但終究仍是比較低級的交通工具。古代文人大都寒酸，出行常常騎驢，但騎驢一旦和詩人發生聯繫，就渲染成雅事了。比如唐代李賀經常騎驢帶小童出外尋詩。每每有所觀感，心生詩意，就寫下一句，放進隨身的口袋裏。回家後顧不上吃飯，緊着把口袋裏的斷章零句倒出來，補寫成詩。他如此刻苦，家人很是擔心，怕他把心都嘔出來了。李賀被稱為「鬼才」，他構思創作的方法也與眾不同。

陸游也寫過騎驢詩，詩中情態也很複雜。《劍門道中遇微雨》云：「衣上征塵雜酒痕，遠遊無處不銷魂。此身合是詩人未？細雨騎驢入劍門。」他自問：難道我是詩人麼？為何騎驢奔劍門關而去？陸游生於金兵入侵的南宋初年，自幼志在恢復中原，寫詩只是他抒寫懷抱的一種方式。然而報國無門，年近半百才得以奔赴陝西前線，過上一段「鐵馬秋風大散關」的軍旅生活。這首詩是作者由陝西前線被貶往四川成都，途經劍門關時所作，是到後方去充任閒職，重做紙上談兵的詩人了。所以他心中有些困惑，説到騎驢，也含着自我調侃的意思。

魏晉「驛使圖」壁畫磚
嘉峪關市魏晉 5 號墓出土，甘肅省博物館藏。

對於普通人而言，騎驢就是騎驢，可詩人、藝術家卻常常要在其中尋出些意味來。清代有幅《騎驢圖》，旁有小贊：「他人騎馬我騎驢，仔細思量我不如。回頭看，推車漢，比上不足，比下有餘。」騎驢終究不那麼高大上，那就只好自嘲寬心了。

徒步、騎驢、騎馬，或是乘車，原本都是出行方式，然而，物質和工具背後，歷來都包含着複雜的文化心理。如今，汽車普及，各種快速公共交通方式也輻射各方，工具也就愈來愈還原到其本質上，附加意義也愈發少了。若此時還有人以車炫富或炫耀地位，那恐怕就是剛從古墓裏鑽出來的吧。

負笈遊學

每年九月是開學季，一批新晉大學生離家遠行，負笈求學。遠方以及即將獲得新鮮知識的預期，都會令沉溺應試生活多年的學子們對大學生活充滿美好的企盼。

以讀書、學習為目的出行，古人叫「遊學」，「負笈」常用來形容這種出行的狀態。「笈」是一種竹編器具，用來盛裝書本文具。古代交通條件落後，學人背負行李、書籍和文具，跋山涉水，遠道尋師問學，往往要經歷許多艱辛，貧寒學子尤其如此。白居易《相和歌辭．短歌行二首》就描述道：「負笈塵中遊，抱書雪前宿。布衾不周體，藜茹才充腹。」這樣的旅程，身心是都要經歷考驗的。遊學之「遊」強調地理空間的轉換，但同時也包含時間的延續，而正是在此過程中，遊學之人往往能獲得許多獨特的人生體驗。

中國古代大規模的遊學活動始於東漢。據《後漢書．儒林傳》記載，漢光武帝劉秀興辦太學，「諸生橫巷，為海內所集」；漢明帝劉莊當政時，甚至親自臨眾講學。上有所好，下必從焉，當時的太學「濟濟乎，洋洋乎」，學生數量是很多的，甚至匈奴貴族子弟也前來洛陽就讀，學習儒家經典。到漢順帝劉保主政，又擴建太學二百四十房，一千八百五十室，規模可謂宏大，學生人數多時竟達到三萬餘人，這相當於如今一個省屬大學的規模了。

與此同時，私學也較為發達，經師大儒凡是不能從政或沒有得到博士機會的，多歸隱避世，專心私人講學。也有很多名儒身居官位，仍收錄弟子，退休後還家講學授徒，如董仲舒晚年就在家著書講學。私家教學者當中，有許多教學世家，師徒相傳，父子承繼，吸引萬千學子遠道而來。

漢代的人才選拔制度也給遊學提供了極大動力。漢代官吏選拔採用察舉徵辟制，察舉的主要考察科目為孝廉和明經，這都是以通經學為基礎的。孝廉是「孝順親長、廉能正直」的意思，本是針對一個人的道德品質，但被舉人的資歷，大多為州郡屬吏或通曉經書的儒生。據《後漢書》，漢順帝時州郡推舉孝廉還明確要考試儒經，即「諸生試家法，文吏課箋奏」。這種選官制度要求文人士子必須具備兩個條件：一是通經；二是有一定知名度。而遊學既能求知，又擴大了社會交往，故為入仕創造了良好的條件。

因此，在那時，四方求學的遊學之士就成為一類重要的流動人口，他們在城鎮鄉間、田野林莽負笈行走，對整個社會向學的風氣產生很大影響。在這種氛圍感召下，無論是平民兒女，還是官宦子弟，許多年輕人都加入到遊學行列中。比如《後漢書》記載李固之父李郃時任司徒之官，是當時最高官僚「三公」之一，然李固自幼好學，後來索性「改易姓名，杖策驅驢，負笈追師三輔，學五經，積十餘年」。三輔，就是今天的西安、咸陽、寶雞一帶，也就是國都長安及周邊地區。李固最終學有所成，成為四方有志之士傾慕的偶像。

漢代崇尚經學，雖然有很多終身只鑽研一部經書的腐儒，但還有很多經學家是廣泛涉獵，又專

又博的。博者，廣也、深也、遠也、大也，一切外物、各種現象都屬於關注的內容。因此，很多人除專通一經外，還在術數、方技、風角、星算、災異以及養性之術等方面有很深的造詣，這些內容就包含着如今所說自然科學的內容。中國古代有很多表達「博學」含義的詞彙，比如「博洽」「博通」「博達」「博喻」「博聞」「博贍」「博敏」「博雅」「博極」「博綜（縱）」等，這些詞彙大都是漢代出現的，用以稱頌博學之人，可見當時遊學風氣之熾。

遊學之士廣泛追師學習，憑藉自己學得的淵博知識，遊學中廣交師友取得的社會聲譽，很快脫穎而出，取得社會的承認，踏入仕途，或為君王出謀劃策，成為卓越的行政領導；或任職地方官，造福一方；或成為博士，私人教授，傳播文化；或著書立說，鑽研學問，成為有名的學術專家，推動了漢代學術文化的發展。

古人深信，經過艱難的行旅生活以追師遊學是成就人生的必由之路。一個人當讀萬卷書，更要行萬里路，用時間和空間的延展來獲取心靈體驗，獲得直接經驗，以增加人生厚度，因此，遊歷中廣開眼界也是很重要的，在這方面比較典型的是漢代司馬遷和明代徐弘祖。

司馬遷在二十歲時有過漫遊的經歷，到過許多地方。他曾遊歷韓信故里，聽當地人講，韓信年輕時胸懷大志，儘管家境貧寒，仍把故去的母親埋葬在高敞地。司馬遷遂到實地探訪，果然墓地地勢開闊，旁可置萬家，證實了傳說的可信。他到孔子故居，親見孔子廟堂車服禮器以及各種還在恭謹實施的禮儀，遂感慨徘徊不忍離去；還曾親臨屈原沉淵處，垂淚想見其為人。長期的漫遊，大大拓展了他的視野，後來，這些真切的體驗和感受都一併寫入《史記》當中。

徐弘祖即徐霞客，他在二十二歲時開始遊歷各地名山大川、險峻奇峰，歷時三十多年，足跡遍及現今十九個省區。他一路漫遊，一路記錄行旅見聞，最終寫成《徐霞客遊記》，成為一部著名的地理學百科全書。這部書今本六十餘萬字，是中國最早一部詳細記錄所到之處地理環境的遊記，被後人譽為「世間真文字、大文字、奇文字」。可見，行路生活大大激發了徐霞客的才智。

現如今交通便利，異地求學已經沒有了太多遊學的意味，倒是有些較為小眾的旅遊方式在精神層面與之接近，比如「背包客」（俗稱「驢友」）。這種遊歷活動提倡花最少的錢，走最遠的路，看別人難以看到的風景，強調整個過程的自助和體驗，自有其獨特的魅力。

何以多「客愁」？

古人出行、旅居，特別愛傷感，總覺得獨在異鄉為異客。「異」區別於「常」，「客」區別於「主」，所以就會滿身滿心不自在，這也是中國行旅文化中特別突出的現象。

異地異鄉的風景名物、世態人情本可以帶來令人喜悅的新鮮感，而古人卻常感侷促不安、孤獨傷感，其他感覺都似乎變得很遲鈍了。所以古代有一類詩歌就被稱為「客愁詩」，比如杜甫就說：「眼見客愁愁不醒，無賴春色到江亭。」（《絕句漫興九首》）春色秀麗，賞心悅目，可杜甫眼裏，獨在異鄉，即便是春天也是故意捉弄他，讓他不快活。仇兆鼇評曰：「人當適意時，春光亦若有情；人當失意時，春色亦成無賴。」

有人說，杜甫一生飽嘗離亂之苦，所以他這種感受才如此強烈。其實，客愁很早就已成為一種思維和情感慣性，倒未必源於具體事件。

比如孟浩然《宿建德江》：「移舟泊煙渚，日暮客愁新。野曠天低樹，江清月近人。」就很難說是有何歷史事件做背景的。宇宙廣袤、曠野遼闊，更覺人之渺小；江面平靜澄澈，月影似親近可觸，卻倍覺孤獨。泊舟夜宿於霧氣迷蒙的江渚，整個人都被這寂苦與鄉愁所籠罩了。客愁、鄉愁、傷春、悲秋等情緒，顯然已是某種集體無意識，只要有一點外界的撩撥，就忽地冒出來，把人瞬間淹沒了。

中國古代很早就產生了成熟的農業文明，這種文化強調穩定的土地、穩定的人口族群，這就對出遊產生很大的心理牽制力，出遊甚至牽扯到「孝」的倫理問題，孔子說：「父母在，不遠遊，遊必有方。」因此，傳統世俗觀念都對「遊子」「遊民」等持排斥甚至歧視態度，認為理想的社會應當是「國無遊人」（《後漢書·荀悦傳》），「鄉無遊手」（《晉書·食貨志》）。

這種觀念的形成當然和很多具體的制度、措施有直接關係，如秦漢時期就已形成的嚴格的戶籍制度。戶籍關係到徭役、賦稅，管理者勢必格外重視。秦國商鞅變法，富國強兵，創立名為「占」的登報制度，即每人須如實親自登報戶籍，只有未成年人才可由家長代為占報。假如其間有所隱瞞，自己不報，或不報全，即所謂「匿不自占，占不悉」，就要受到嚴厲懲罰。為此商鞅還立法，「生者著，死者削」，即出生登報戶籍，死時削籍，如果匿戶，按秦律處罰極重。劉項楚漢之爭進行了四年拉鋸戰，到漢初戶口散亡，十存二三，高祖五年即皇帝位，第一道詔書即令民「各歸其縣」，重新登報戶口，限期三十日，逾期不報，即判三年徒刑，淪為奴僕，這都是很嚴苛的。

秦代在登錄戶籍的時候有比較複雜的人事註記，相當於現今戶籍和人事檔案內容的結合。首先要立戶，確立戶主，寫明籍貫，某縣某鄉某里。一戶是一個以父家長為核心的小集體，其他人口必註明與戶主的身份關係，包括家內身份關係，如主奴或血緣親屬關係。還要註明社會身份，如是否為士伍或有無具體爵位。此外，秦律還規定，假如贅婿為父，或有市籍即商人，亦當特別註記。這

清光緒周樂元玻璃內繪行旅圖鼻煙壺
臺灣故宮博物院藏。

兩類社會身份，在當時都屬於被輕視的。「贅婿」也就是「倒插門」的女婿，如果有了孩子，也是不隨父姓的，這就相當於男方要換姓。所以，即便如今，很多地方對「倒插門」也還是頗有不屑的。而商賈為人輕視，是因為從秦漢時就施行「重農抑商」政策，凡在籍的商賈及其子孫，與罪吏、亡命等同樣看待，都要服役。漢時又規定凡有市籍的商賈不得坐車和穿絲綢衣服，其子孫不得做官。漢初晁錯寫過一篇《守邊勸農疏》，文中說當年秦朝欲發兵到北地戍邊，以防範胡人，因為九死一生，誰也不願去，官府就派吏抓丁，先抓有貶謫之罪的以及贅婿、商賈，再抓無戶口的，再抓年邁的無戶籍的，後來，還是不夠，就直接入室抓人了。過去社會等級森嚴，登記社會身份是有實際作用的。

除此以外，對戶籍中所填報的人口還要進行詳細描述，如自然體狀，包括性別與貌狀、年紀，年紀分大、老、小，有時也要標明年齡。大，標誌成年；老，為免役的標識；小，又可分為「使」與「未使」兩個階段，前者是可以服較輕的勞役，後者指年齡幼小，不能役使。此外如果有疾患及侏儒，按照秦法確定為病殘者，即註明「癃」，可免除相關勞役。另外，家中田數、租賦徭役完成情況、有無違法犯罪記錄等也一併記錄。

這種複雜的戶籍制度此後歷朝歷代都沿用，一直到明朝朱元璋時達到高峰。他甚至規定，若有包辦作弊，或者隱瞞人口不報的，經手人員「一體處死。隱瞞人戶，家長處死，人口遷發化外」。因為當時戶口冊的封面用黃紙，所以稱為黃冊制度。不僅如此，這項制度還強調職業世襲制，將全

國人口分為農民、軍人、工匠三大類，在三大類中再分若干小類，比如米戶、茶戶、囤戶、菜戶、漁戶、窰戶、酒戶、蛋戶、站戶、罈戶、女戶、丐戶等，計八十種以上。管理者希望治下的百姓都像莊稼一樣有根，長在地裏，代代不變。即便發生災荒，跑到外地要飯謀生，造黃冊時被發現，「所在有司，必須窮究所逃去處，移文勾取赴官，依律問罪」（《明會典》卷二十，黃冊）。

人本是崇尚自由的動物，身體自由，精神方能自由。而一個戶籍嚴苛的社會，很多自由都被壓制了。當人們的行旅受到各種客觀物質條件和主觀文化心理約束而不得自由時，愁緒就自然產生了。好在，詩歌，抑或文學以及其他各種藝術給了古人一個表達的通道，如此，才能獲得些許平衡吧。

題壁

外出旅行，隨處刻字以示「到此一遊」，這種行為如今已被看作陋習，至少是缺少修養的表現，偶有出現，肇事者多為小孩兒，或行為不檢點的莽夫，這兩類都像是在如來手心裏撒尿畫字的孫猴子，是需要戴個緊箍的。不過，刨根問底，這習慣卻是古代文人雅士留下的遺產。他們旅行寓居驛館寺廟，在牆壁上題寫詩句，把它看作一種特殊的文學發表方式和交流方式，這就是被後人稱道的驛壁文學。

驛壁文學唐宋最興盛，幾乎和詩詞盛行同步。牆壁往往空間有限，書寫也不便，不宜長篇大論，而詩詞文字精簡，含蓄蘊藉，題壁詩的出現便很自然了。題壁詩記錄文人行旅心境，表達自由，往往真情流露，多有佳句。如唐代有個叫寒山的詩僧，寫過一首無題詩，題於石壁上：「一住寒山萬事休，更無雜念掛心頭。閒於石壁題詩句，任運還同不繫舟。」宋代蘇軾《題西林壁》則寫在寺廟壁上：「橫看成嶺側成峰，遠近高低各不同。不識廬山真面目，只緣身在此山中。」其他如題於郵亭壁者：「山月曉仍在，林風涼不絕。殷勤如有情，惆悵令人別。」（唐王縉之詩）題於殿壁者：「人皆苦炎熱，我愛夏日長。薰風自南來，殿閣生微涼。」（唐柳公權詩）

古代詩人何以喜愛題壁，大約還是興之所至，遂因利就便罷了，相當於現在的拍照發朋友圈。

《水滸傳》第三十九回講到宋江在潯陽樓牆壁題「反詩」一事，大概就是古人寫題壁詩的狀態。

（宋江）獨自一個，一杯兩盞，倚闌暢飲。不覺沉醉，猛然驀上心來，思想道：「我生在山東，長在鄆城，學吏出身，結識了多少江湖好漢，雖留得一個虛名，目今三旬之上，名又不成，功又不就，倒被文了雙頰，配來在這裏。我家鄉中老父和兄弟，如何得相見？」不覺酒湧上來，潸然淚下，臨風觸目，感恨傷懷。忽然做了一首《西江月》詞，便喚酒保索借筆硯來。起身觀玩，見白粉壁上多有先人題詠，宋江尋思道：「何不就書於此？倘若他日身榮，再來經過，重睹一番，以記歲月，想今日之苦。」乘着酒興，磨得墨濃，蘸得筆飽，去那白粉壁上揮毫便寫道：

自幼曾攻經史，長成亦有權謀。恰如猛虎臥荒丘，潛伏爪牙忍受。

不幸刺文雙頰，那堪配在江州。他年若得報冤仇，血染潯陽江口！

宋江寫罷，自看了大喜大笑，一面又飲了數杯酒，不覺歡喜，自狂蕩起來，手舞足蹈，又拿起筆來，去那《西江月》後再寫下四句詩，道是：

心在山東身在吳，飄蓬江海謾嗟吁。

他時若遂淩雲志，敢笑黃巢不丈夫！

宋江寫罷詩，又去後面大書五字道：「鄆城宋江作。」……

明沈周《虎丘送客圖》（局部）
天津市博物館藏

從文化生成的角度考慮，信筆塗鴉是人的本能，心有所感，禁不住手之舞之足之蹈之，歌以言情，書以寫志，都是極正常的。只不過，早先會寫詩的人少，寫幾筆成不了災，而如今時移勢遷，判斷的尺度也就隨之變化了。當然，從題刻內容看，古今還是有很大差異的，這一點，還真是今不如古。

題壁詩蔚為大觀，也成為一道風景，引得行旅者駐足品鑒。宋代周煇有《清波雜誌》，稱自己旅行住店，常在諸多題壁間留連，甚至有時能看到親朋好友的題字，表達途路艱辛的苦況。他還發現，有些文字筆畫柔弱，語言哀怨，判定都是好事者戲為婦人女子之作。這個判斷也未必對，宋代有個叫幼卿的女子就曾客旅題壁《浪淘沙》，還附有小序表達初衷，稱自幼與表兄同窗讀書，意趣相投，表兄欲結婚姻，卻遭到父親婉拒，理由是表兄尚未取得功名。而來年表兄科考登甲科，幼卿卻已被迫另嫁他人了。此後，在陝館偶遇，表兄竟策馬而過，略不相顧。意思是看都不看她一眼，這令她極為感傷，「因作《浪淘沙》以寄情」，詞云：「目送楚雲空，前事無蹤。謾留遺恨鎖眉峰。自是荷花開較晚，孤負東風。 客館嘆飄蓬，聚散匆匆。揚鞭那忍驟花驄。望斷斜陽人不見，滿袖啼紅。」詞作纏綿哀婉，令過往讀者唏噓感嘆。

驛壁題詩是一種特殊的對話方式，實地實景呈現當時的寫作情境，來往行人駐足觀看時，頗有代入感，是很特殊的體驗。

宋代以後，題壁之風日盛，舉凡郵亭、驛牆、寺壁，到處可見題詠，由於量多而頻繁，有些寺廟僧人面對被塗寫的牆壁，也苦不堪言。宋人張表臣著《珊瑚鉤詩話》，談及自己和友人遊甘露寺，題近作小詞於壁間，一僧人見了，就站在一旁愁眉苦臉，口中嘟嘟囔囔道：「我剛把牆壁塗抹得平展展的，又寫上字了。」二人自恃文人雅趣，覺得寺僧耳背愚鈍，遂相視大笑，戲稱，刷了又題，題了又刷，循環往復，這便是甘露寺的「祖風」啊。可見，當時名勝古寺的牆壁頻頻被塗抹已不是一天兩天了。

不過，也有寺廟、郵亭專門準備題板，將題壁的名家優秀之作拓刻，或直接讓遊客在題板上寫詩，這既便於留存，也給牆壁一點喘息之機。據王定保《唐摭言》卷十三記載：蜀路有飛泉亭，亭中詩板百餘，然非作者所為。後來薛能佐、李福兩人路過，覺得所題詩大都不好，悉打去諸板，惟留李端《巫山高》一篇。

如今，一些名勝古跡管理部門專設塗鴉牆，也是聰明的疏解法子。

接風洗塵

長途旅行之後抵達目的地，當地親友常要設宴招待，為之「接風洗塵」，這在古代既是習俗，也是禮儀，今人亦如此。

「接風」一詞最早見於元曲。石子章《竹塢聽琴》第一折有言：「便安排酒餚，與孩兒接風去來。」元曲是俗文體，裏面保留了很多口語，可見「接風」一詞是當時的俗語。為甚麼叫「接風」？大概行旅者一路「風塵僕僕」「風吹雨打」，甚至「風餐露宿」，最後「風雨無阻」地到達，這行旅過程始終與「風」同行，那接到了「風」，自然也就是接到旅行者了。當然，這個注解，屬於顧名思義的亂發揮，只能入「魔鬼詞典」。

「洗塵」一詞比「接風」出現得早，也稱「洗泥」。相比「接風」，「洗泥」「洗塵」就很好解釋：長途跋涉，自然灰頭土臉，抵達後洗臉洗頭濯足沐浴，洗除旅途塵泥的同時，也一併去除跋涉的乏累，這個詞倒是很實在的。《大宋宣和遺事》是宋元筆記小說，裏面講到宋代名妓李師師一度受寵於宋徽宗，然而，她私下又與另一愛慕者賈奕相好，時常約會小酌。一天正飲酒中，恰被高俅撞見，驚慌之下，李媽媽上前打圓場：「這人是師師的一個哥哥，在西京洛陽住。多年不相見，來幾日，也不曾為洗塵。今日辦了幾杯淡酒，與洗泥則個。」稀裏糊塗的，就把這事暫時瞞混過去了。李媽媽又說「洗塵」，又說「洗泥」，其實都是一個意思，但避免了重複，語言就活潑生動了許多。蘇軾《和錢穆父送別並求頓遞酒次韻詩》云：「佇聞東府開賓閣，便乞西湖洗塞塵」，是把「洗塵」拆開說的。

接風又稱「洗塵」「洗泥」，事實上卻不是打盆水洗臉洗腳這麼簡單，大都要設宴飲酒招待，當然招待規格的大小、簡豐也沒有定例。

《水滸傳》第三十三回，宋江來到清風鎮花榮駐地，彼此拜見後，花榮「請宋江更換衣裳鞋襪，香湯沐浴，在後堂安排筵席洗塵」。香湯沐浴，就是調進各種香藥的洗澡水，這就正式得很了。只是不知花榮家這「香湯」用的甚麼料，按傳統，香湯多用「五香」，即從蘭香、白檀、白芷、桃皮、柏葉、沉香、雞舌香、零陵香、青木香等若干種香料中，選取五種予以調製。香湯沐浴不僅洗淨身體、滌盡塵垢，還可通經開竅、舒經活血，是十分解乏的。另外，芳香之氣令人神清氣爽，也適合緩解長途跋涉後精神上的倦怠。當然，洗濯都是鋪墊，重心還是筵席，俗稱「接風酒」。只不過，經濟狀況不同，遠近親疏有異，這接風酒的場面也自然不一樣。

《紅樓夢》第四回，薛姨媽帶薛蟠、寶釵等人投奔榮國府，「喜的王夫人忙帶了女媳人等，接出大廳，將薛姨媽等接了進去。姊妹們暮年相會，自不必說悲喜交集，泣笑敍闊一番。忙又引了拜見賈母，將人情土物各種酬獻了，闔家俱廝見過，忙又治席接風」。榮府這裏接的是至近的親戚，接風酒自然要隆重些。

《水滸傳》第二十六回，武松出差回來後，為弄清武大死因，特請鄰居們吃酒，鄰居們說：「小人們都不曾與都頭洗泥接風，如今倒來反擾。」鄰居們白吃一頓酒，多少有些不好意思，便寒暄致歉。假若真為武松洗泥接風，大概也就是粗茶淡飯略加些酒肉而已，和賈府裏的接風宴比較，就是劉姥姥進了大觀園。

同樣是接風，這酒席上的氣氛也是各有差異的。《紅樓夢》第十六回賈璉護送林黛玉揚州奔喪歸來，鳳姐擺酒接待。在家裏「迎接」遠歸的丈夫，接風酒自然就可隨意些。因房內別無外人，鳳姐便笑道：「國舅老爺大喜！國舅老爺一路風塵辛苦！小的聽見昨日的頭起報馬來說，今日大駕歸府，略預備了一杯水酒撣塵，不知可賜光謬領否？」賈璉笑道：「豈敢！豈敢！多承！多承！」兩人一本正經地官話應答，其實眉眼飛動，接風酒不過是年輕小夫婦打情罵俏的引子。

《水滸傳》第五十回，宋江率隊打祝家莊得勝回山，「寨裏頭領晁蓋等眾人擂鼓吹笛，下山來迎接，把了接風酒」，這酒筵一定是粗豪實在的，大口吃肉，大碗喝酒，喝到興處，喧鬧逗罵。

如今，交通日益便利舒適，人們對出行的態度也愈來愈從容，風塵僕僕漸漸變成象徵性的修飾語，接風宴也簡化了。不過「接風洗塵」的含義沒變，幾千年前，孔子說：「有朋自遠方來，不亦樂乎？」「接風洗塵」也同樣表達了這久別相逢的歡欣。

草木

草木，講的是人和自然的關係。
中國人對於自然、對於草木的感情最初有着很實際的緣由，
那就是採摘以果腹，代代手傳口授，
遂積累了大量有關草木的經驗和知識。

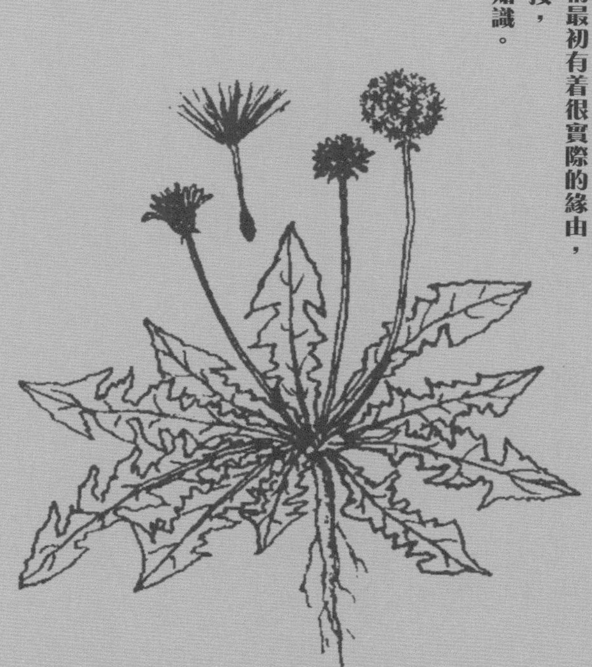

春韭

對於季節的更替，鳥獸草木總比人來得敏感。這邊還圍着火爐瑟縮着，那邊河裏的野鴨已知春江水暖了；這裏春寒料峭，那裏枯葉之下，新生的草葉則肥嫩多汁了。所以，翻着日曆數來的春天，遠不如眼耳鼻舌口感知的春天來得踏實。踏春挖野菜，園中剪春韭，與其說是生計所需，倒不如說更是心理滿足的需要。

俗語云：三月三，韭菜鮮；六月六，韭菜臭。人們認為韭菜以春季為佳，夏季韭葉生長迅速，水份易流失，口感不好，故卻之甚遠。其實，六月韭菜雖不如春天的鮮嫩，但也並非「臭」不可食，實在是那時餐盤裏有太多選擇，口舌傲嬌起來，也確實可以大大地挑剔一下。早春韭菜屬於時鮮，頭茬韭更鮮美。「頭」是首要，第一，最上端，常用來指稱莖芽最嫩的部份，如豌豆頭、馬蘭頭、枸杞頭等。頭刀韭金貴，據說蒲松齡就消受不起。他說：「二寸三寸，與我無份；四寸五寸，偶然一頓；九寸十寸，上頓下頓。」等到韭菜已老，長及盈尺，價格便宜，巨划算，才上頓下頓地吃吧。

人人喜吃鮮嫩之物，文人更顯得嘴饞，吃還不算，還要寫詩表白，杜甫詩云：「夜雨剪春韭。」辛棄疾也學舌：「夜雨剪殘春韭。」不過，能把饞嘴寫成詩，也是詩人的本事，饞嘴也就變成雅趣了，甚至還成了口耳相傳的典故。

比如李商隱有詩云：「嫩割周顒韭，肥烹鮑照葵。」「周顒韭」出自《南齊書．周顒傳》，說當時的名士周顒清貧寡欲，終日以蔬菜為食，雖有妻子，獨處山舍。人問他在山中都吃甚麼？顒曰：「赤米白鹽，綠葵紫蓼。」又問菜蔬哪些最好吃？答曰：「春初早韭，秋末晚菘。」菘即白菜，春韭，晚秋白菜，都是時鮮，是很美味的。而前面所說的「赤米白鹽，綠葵紫蓼」，其實就是白水煮清菜加點兒鹽，配赤米飯。不過，他把這幾種對稱排列，強調赤白綠紫色彩的搭配，多了視覺的體驗，很細膩，感覺就不一樣了。赤米，即紅米，俗稱紅霞米、桃花米，外皮紫紅，芯兒也是紅的，現在稀有，很金貴，但早期屬於糙糧。《國語》裏說到吳國大飢荒，「市無赤米」，就是說連糙米都沒有賣的。綠葵，是冬葵菜，葉片碧綠而大，像圓圓的扇面；紫蓼，蓼草的一種，生長在水邊，葉紫色，味辛，可做菜羹，亦可做調料。而「鮑照葵」說的是晉宋時的詩人鮑照，他曾寫《園葵賦》，極盡誇飾鋪張讚美之辭。鮑照喜歡葵菜是有道理的，因為葵菜看着像塊大手帕，烹煮後，肥嫩柔滑，口感極佳。不過，賦中歌詠葵菜，實際上是歌詠田園生活，拭藜杖、制田畦、布蔬種，閒適安逸，故「鮑照葵」才成為田園隱逸生活的象徵。日日以蔬食過活，而又盛讚早韭晚菘的至美至甘，實際想表達的還是一種生活態度吧。故陸游《村居書事》云：「白鹽赤米已過足，早韭晚菘猶恐奢。」

舊時立春吃春餅，又叫春盤，韭菜是不可少的。蘇東坡詩云：「漸覺東風料峭寒，青蒿黃韭試春盤。」春盤，又稱「辛盤」「五辛盤」，早先，因盤中裝有五種辛辣蔬菜，以合五行，代表東西南北中五方神靈，以此驅邪避諱。初春時節，五臟六腑經冬積攢了惡濁之氣，要藉辛辣之物驅除，

宋代腳踏水車圖

轉自 [美] 伊佩霞（Patricia Buckley Ebrey）著《劍橋插圖中國史》114 頁，山東畫報出版社，2001。

宋代政府為推廣農業新技術，派人繪製了一套 12 幅圖畫，解釋了種稻的工序，此為其一。

至於哪些辛辣蔬菜可登堂入室，倒沒有一定之規。一般說來，蒜苗、青葱、韭菜、芫荽、蘿蔔等都可以擔綱。今天人們吃春餅習慣裹豆芽菜，如果從「辛」字看，豆芽實在算不上正宗，確屬鳩佔鵲巢了。

韭菜含揮發性精油，有獨特的辛香味，又含硫化物，具有殺菌作用，其根葉搗汁，有消炎止血止痛之效，所以，韭菜作為蔬食，作為調料，也是醫食同源。古人很早就利用這點，將韭菜製成調料，以殺菌，並遏制肉食的腥羶。《禮記．內則》稱：調和切細的肉，春用葱，秋用芥醬；調和豬肉，春用韭菜，秋用辛菜。調脂用葱，調膏用薤。薤（haai[6]），葉似韭而闊，也是葱韭類的調味菜。這樣用料，已十分講究了。按《周禮》，當時調料醬品有「七菹」，指的是用秋葵、蘆筍等醃製的酸菜或鹹菜，其中就有「韭菹」和「菁菹」，前者是醃製的韭菜，後者即韭花醬，菁即韭菜花。

韭菜花做調味更是美味，因為地道的醃韭花只有合着時令，才美味。韭菜一年可吃多茬，但韭菜開花卻僅在夏末秋初，相較而言就算珍品了。醃韭花選料很講究，要在欲開未開時採摘，此時花朵完整，未結籽，營養味道保存完好。過早，花籽未成，水份大不說，也缺了籽的清香；過時，則花朵枯老發黃，品相不好，口味也差多了。韭花洗淨，晾乾剁碎，加鹽攪拌入壜，兩三日後就有令人垂涎的鮮香味，即便當小菜也是極下飯的。有些人家，加入秋梨以及新鮮的蒜薹，味道就更濃郁了。

老北京有涮羊肉，是出了名的美食，羊肉要選內蒙古草原的肥羊，經過整個夏季豐美水草的滋養，羊肉肥美鮮嫩，而此時，也正是韭菜開花結籽的時候，新做的醃韭花就成了地道配料，這種韭花醬配羊肉的吃法，應當是極為古老和經典的。五代時有位書法家楊凝式，陝西華陰人，農曆七月十一日，初秋，他午睡後腹飢，恰有人饋贈韭花，大喜，遂修書相謝：

> 晝寢乍興，朝飢正甚。忽蒙簡翰，猥賜盤飧。當一葉報秋之初，乃韭花逞味之始，助其肥羜，實謂珍羞。充腹之餘，銘肌載切。謹修狀陳謝，伏惟鑒察。
>
> 謹狀
>
> 七月十一日（凝式）狀

大意是：

> 午睡剛起來，腹中正感飢餓。忽然收到來函，還辱承賜我盤飧美食。在這一葉報秋之時，正是韭花醬異常鮮香可口的時候，用它來佐食肥嫩的羔羊肉，實在稱得上是珍饈呀。飽食之後，尤為銘感！恭恭敬敬寫下回信致謝，敬請察知。

全文六十三字，七行，文字書法極疏朗，恰與當時蕭散閒適的心境相配，這就是書法史上有名的《韭花帖》。

香椿

北方傳統人家庭院裏，院邊牆角常有一兩棵香椿樹。庭院植物，有些是出於形態之美，讓人有了栽種欣賞的意趣，但絕大部份可兼做食材、藥材，最不濟也要能遮陰納涼，是要考慮多重價值的。香椿樹得入庭院，除了遮陰外，大都為了摘椿芽兒。

每年清明至穀雨時節，是採摘椿芽兒的好時期，俗云：「雨前椿芽嫩如絲，雨後椿芽如木質。」這段時間，香椿樹漸漸吐出紫莖綠蕊的嫩芽兒，至十幾厘米就可採摘了。過長則老而柴，過短雖嫩，但採摘麻煩，量少不經濟。不過，長短還不是唯一標準，如果是懂行的吃主兒，還會特意選擇萌發在主枝條上的椿芽，這些椿芽營養足，芽莖粗壯，最為肥嫩，所謂「母大子肥」。這樣的椿芽採摘也極容易，只需輕輕一掰，或用鉤子一鉤，芽體就從母幹上脱落了，其截面粗壯，外層還長着肥厚的三角形萼片，若不摘，這樹芽兒是可以長成一根粗壯枝條的。

椿芽入饌，對於食家來説，是極美的享受。汪曾祺曾説起香椿拌豆腐：嫩香椿頭，芽葉未舒，顏色紫赤，嗅之香氣撲鼻，入開水稍燙，梗葉轉為碧綠，撈出，揉以細鹽，候冷，切為碎末，與豆腐同拌（以南豆腐為佳），下香油數滴，「一箸入口，三春不忘」（《豆腐》）。其實，椿芽燙過之後切末涼拌，或當麵碼兒、炒雞蛋，怎麼着都好吃。老點兒的椿芽裹上雞蛋麵糊入油鍋炸脆，是為香椿魚兒，也是令人垂涎的美味。

香椿可先後摘芽三次，頭茬味道最鮮美，摘過之後新發的樹芽兒更旺，但味道則一茬比一茬淡，三茬過後，樹芽兒纖維增多，口感漸差，也就很難引起人們興趣了。

採摘椿芽抑制了香椿樹養份的積聚，所以庭院裏年年採摘的椿樹很少見到開花結果的。但若有些多年的椿樹長得高，想摘芽兒夠不着，到六月份，就會開滿白花，也是院子裏的一景。大棵的椿樹常常從樹根底下鑽出枝條來，有時貼着樹幹，有時隔着好幾米遠，有兩年就長得挺挺直直的，這時候誰家要想種香椿樹，就把它連根起出來，移過去，過兩年就可以採摘了。

香椿有異香，不招蟲，樹下納涼也不必擔心「吊死鬼兒」，所以是極皮實的樹。《莊子．逍遙遊》云：「上古有大椿者，以八千歲為春，八千歲為秋。」這是言其長壽，故一棵香椿樹是可以伴着老宅，伴着幾代人成長的。而香椿芽這一最樸素的家鄉食物，也每每在春天撩撥着眾多「吃貨」的味蕾與鄉愁。

其實，香椿名中有「香」，但這種香味屬於比較小眾的香型，並不是人人都愛。有人就受不了香椿的味道，言其「臭」，這和人們對待臭豆腐、酸豆汁兒、榴槤、香菜等態度是一樣的。

對此，香椿樹們自然不服，因為要說臭，還有一種樹，和它們長得很像，大名就叫臭椿，顧名思義，後者有異臭。不過，單憑氣味，一般人也很難區分這兩種樹，倒不如「眼見為實」。

以目測，香椿和臭椿有兩點大不同：一是樹皮，臭椿樹表面光滑不裂，香椿樹皮則是條塊狀有裂紋的；二是葉子數量，臭椿每一枝葉片數目為奇數，它總是在幾對之外，上端再多長出一片來，形成六對半、七對半、八對半等，而香椿則總是雙數，如六對、七對、八對等。據說果實也有很大不同，香椿果實是橢圓形的，屬於蒴果，臭椿則屬於翅果，果實邊上呈羽翼狀，便於種子隨風散播到稍遠的地方。這種區別人們一般不太注意，也注意不到，因為很少有把臭椿種在院子裏，院子裏的香椿樹也少有開花結果的。

臭椿古稱「樗」，香椿古稱「椿」，在植物種屬上不同科，但都是中國古老的樹種。《莊子．逍遙遊》借惠子之口談及無用之大樹，就拿臭椿樹做例子，他說：「吾有大樹，人謂之樗。其大本臃腫而不中繩墨，其小枝捲曲而不中規矩。立之途，匠者不顧。」云云。但根據中藥文獻，臭椿有「小毒」，可供煎湯外洗；又據清代吳其濬《植物名實圖考》，樗根、莢皆入藥，其木稍堅，可作器，可見並非一無是處的。據說，印度、法國、德國、意大利、美國等國常將臭椿作行道樹用，甚至稱之為天堂樹。臭椿樹幹通直高大，樹冠圓整如半球狀，葉大蔭濃，秋季紅果滿樹，頗為壯觀，或觀賞，或做庭蔭，也是很好的。

不過，以香臭區分植物並命名，以有用無用來談論草木，都是人類功利主義植物觀的某種體現。其實，對自然而言，哪有香臭美醜，哪有有用無用之說，所以莊子才嘲笑惠子：「今子有大樹，患其無用，何不樹之於無何有之鄉，廣莫之野，彷徨乎無為其側，逍遙乎寢臥其下。不夭斤斧，物無害者，無所可用，安所困苦哉！」意思是，那大樹覺得沒用，其實正可以乘涼啊，寢臥其下，優哉游哉，若如此，這兩種長壽之木也就都可安享天年了。

野菜與救荒

每年三、五月是挖野菜的好季節，此時野菜鮮美肥嫩，若趕上一場春雨，野菜褪去灰頭土臉，就更誘人了。此時，提籃挎鐮，攜妻帶子，林間曠野，暖陽和風，着實心滿意足，籃子是否裝滿倒是其次的。薺菜、蒲公英、馬齒莧、青蒿、枸杞頭、馬蘭頭、蔞蒿……採了回去，焯水涼拌、蒜蓉清炒、細切做餡，簡單的做法就能將春日搬上餐桌，怎麼也要多下幾箸吧。

一種活動能帶來心意的滿足，就容易讓人樂此不疲，也很容易成了節日，春日踏青採野菜也是如此，故從唐代起，就把農曆二月二定為挑菜節。挑菜，也叫拾菜，其實就是挖野菜。白居易有詩《二月二日》：「二月二日新雨晴，草芽菜甲一時生。青衫細馬青年少，十字津頭一字行。」此日仕女出郊拾菜，士民遊樂其間，流賞春光。青年們着青衫、騎細馬，在津頭堤岸徐徐前行，遊賞談笑，田野中的「草芽菜甲」反倒成了點綴了。假如遇雨，就掃興了，宋代張耒有詩名曰《二月二日挑菜節大雨不能出》，詩中感嘆「佳節泥深人未行」，着實鬱悶呢。

不過，在過去，野菜對於大多數人卻不僅是生活的點綴，更多還是為了果腹。青黃不接時，要以野菜充飢，若遇災荒，更得靠此活命了。甚至正常年景，吃糠嚥菜也是平民百姓的常態，不是神農氏，也嘗遍百草。所以，代代手傳口授，就積累了大量有關野菜的經驗和知識。

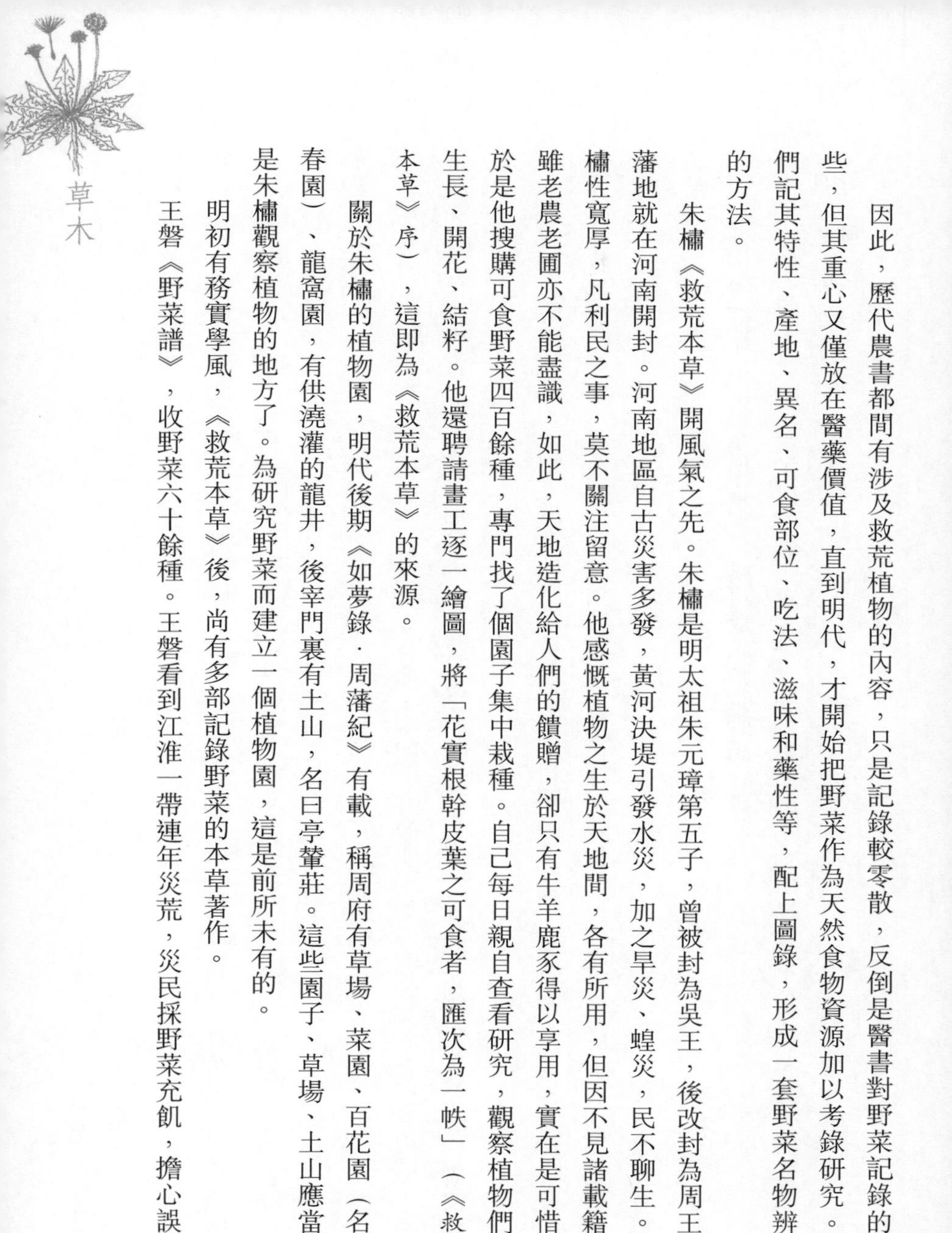

因此，歷代農書都間有涉及救荒植物的內容，只是記錄較零散，反倒是醫書對野菜記錄的多些，但其重心又僅放在醫藥價值，直到明代，才開始把野菜作為天然食物資源加以考錄研究。人們記其特性、產地、異名、可食部位、吃法、滋味和藥性等，配上圖錄，形成一套野菜名物辨析的方法。

朱橚《救荒本草》開風氣之先。朱橚是明太祖朱元璋第五子，曾被封為吳王，後改封為周王，藩地就在河南開封。河南地區自古災害多發，黃河決堤引發水災，加之旱災、蝗災，民不聊生。朱橚性寬厚，凡利民之事，莫不關注留意。他感慨植物之生於天地間，各有所用，但因不見諸載籍，雖老農老圃亦不能盡識，如此，天地造化給人們的饋贈，卻只有牛羊鹿豕得以享用，實在是可惜。於是他搜購可食野菜四百餘種，專門找了個園子集中栽種。自己每日親自查看研究，觀察植物們的生長、開花、結籽。他還聘請畫工逐一繪圖，將「花實根幹皮葉之可食者，匯次為一帙」（《救荒本草》序），這即為《救荒本草》的來源。

關於朱橚的植物園，明代後期《如夢錄．周藩紀》有載，稱周府有草場、菜園、百花園（名壽春園）、龍窩園，有供澆灌的龍井，後宰門裏有土山，名曰亭輦莊。這些園子、草場、土山應當就是朱橚觀察植物的地方了。為研究野菜而建立一個植物園，這是前所未有的。

明初有務實學風，《救荒本草》後，尚有多部記錄野菜的本草著作。

王磐《野菜譜》，收野菜六十餘種。王磐看到江淮一帶連年災荒，災民採野菜充飢，擔心誤食中毒，遂將這些野菜「取其像而圖之，俾人人易識，不致誤食傷生」，可以說就是一本採摘野菜的實用手冊。書中每種野菜後都有「救飢」一項，說明採摘季節、食用方法等。同時還「因其名而為詠」，所詠歌訣用的是民間通行的謠歌形式，也利於傳唱記誦，如第一首：「白鼓釘（即蒲公英），白鼓釘，豐年賽社鼓不停，凶年罷社鼓絕聲。鼓絕聲，社公惱，白鼓釘，化為草。」通俗上口，充滿憂民情懷。

周履靖《茹草編》，收野菜一百種，亦有歌，有圖，有說明。如「蒲公英」：「春山明，春水平，黏天芳草夾岸青。蒲公英，蒲公英，春日易陰晴，江鄉社鼓鳴，黃蜂粉蝶時輕盈。」言辭清雅，頗有閒情逸致。

屠本畯《野菜箋》，記錄家鄉浙江鄞縣常見的野生植物二十二種。如百合：「似蓮有根如蒜」，描述是植物形態。芋頭：「甬芋青青，田芋軟，田家借作凶年飯」，強調了芋的形態和備荒用途。香椿：「香椿香椿生無花，葉嬌枝嫩成杈枒。……嚼之竟日香齒牙」，說明要在開花前摘取其嫩芽方鮮美可口。也是很實用上口的。

此外，還有鮑山《野菜博錄》、姚可成《救荒野譜》等。

人在飽食暖衣之際，多不以凍餒為虞，一旦遇禍患，則不知所措。古人作野菜錄，念生民萬一有患，居安思危，不亦善哉？

豆話

俗諺云：「夏天多脾虛，食豆勝吃肉。」是說豆類有兩大好處：一是營養豐富，可替代肉製品；二是物性溫和。肉類食多體燥，豆類做粥食，做豆腐，或磨粉與其他糧食摻和做麵食，抑或發芽苗菜，對各類體質都是很適宜的。

豆類是我國最早種植的農作物之一，早先叫「菽」。《詩經．生民》說周人始祖后稷先天通稼穡，「藝之荏菽，荏菽旆旆」，說他種植的大豆枝葉茂盛。而「豆」則指一種盛肉的高腳盤，也是禮器，孔子少時「過家家」就愛擺弄這些器物，模仿禮儀中擺放器具的樣子，《史記．孔子世家》載：「孔子為兒嬉戲，常陳俎豆，設禮容。」秦漢以後，「豆」漸漸代替「菽」，專指豆科植物，原來的器物義就不怎麼用了。

在古代農書裏，豆是歸在穀類的。按吳其濬《植物名實圖考》所錄，除了人們熟悉的大豆、綠豆、蠶豆、豇豆、豌豆、扁豆等外，還有赤小豆、白綠小豆、白大豆、黎豆、山黑豆、山綠豆、苦馬豆、山扁豆、雲扁豆、回回豆、胡豆、刀豆、龍爪豆、烏嘴豆、黑藥豆、蝙蝠豆、山黃豆等，種類繁多。豆類有根瘤菌，可自產氮肥，故耐貧瘠，薄地、山地、邊邊拉拉的地塊上撒上豆種，不用多加照顧，也能有些收穫。陶淵明有詩云：「種豆南山下，草盛豆苗稀。」他一介書生，不擅農事，又無多少肥田，農藝也得從種豆起步吧。但他的豆，出苗稀稀拉拉，好像也種得不太好。

不過，上面所說的那麼多種豆類，現在恐怕農夫也不一定說得全，因為大多數豆類已很少有人種了，這是現代農業、也是商業化種植的特點。現代農業技術先進，選優育種，甚至能改變基因，選來選去，大面積種植的就剩那麼幾種，這幾種多屬於產量高，蟲害少，好管理保存的。我們餐桌的食材愈來愈趨同、集中，比如，糧食類我們常吃的就是大米和白麵，蘋果就只吃紅富士、黃元帥、紅星等幾種，梨常見的也就只有鴨梨、雪梨、白梨了。

其實各地都有很多古老品種，比如有一種香水梨，也叫老梨、軟梨，主產地為甘肅、河北北部，東北也有，品質、口感極好。尤其特殊的是，這種梨子不怕嚴寒冷凍，不僅不怕，而且冷凍之後，口感奇佳。以往當地人就把部份梨子存放在天寒地凍的院子裏，任由它們凍成一個個冰疙瘩。吃的時候，拿進屋來，放入冷水中，半個來小時，再看，梨子外面褪出一層冰殼，這個過程有的地方叫「拔一拔」，有的地方叫「出汗」。「拔」過之後，其顏色由鮮亮的清黃色轉為棕黑，果瓤全化成了果汁，秋天採摘時還略有些酸澀，這時則甜美可口。捧到嘴邊，猛吸一大口，甘涼透心。再看，就只剩下果皮和殘核了。冬季乾燥，香水梨最為潤肺清火。清代康熙年間的《重纂靖遠衛志》就記載甘肅靖遠的這一特產：「香水梨，即消梨也。他處不多見，深秋成熟，咀嚼無渣，至冬春間凍釋成汁，天然甘美，誠珍品也。」但這些年，香水梨不敵其他作物的商業化種植，大多只留下些老株，生長在溝坎、邊坡和林間等不佔耕地的地方，處於野生或半野生狀態。

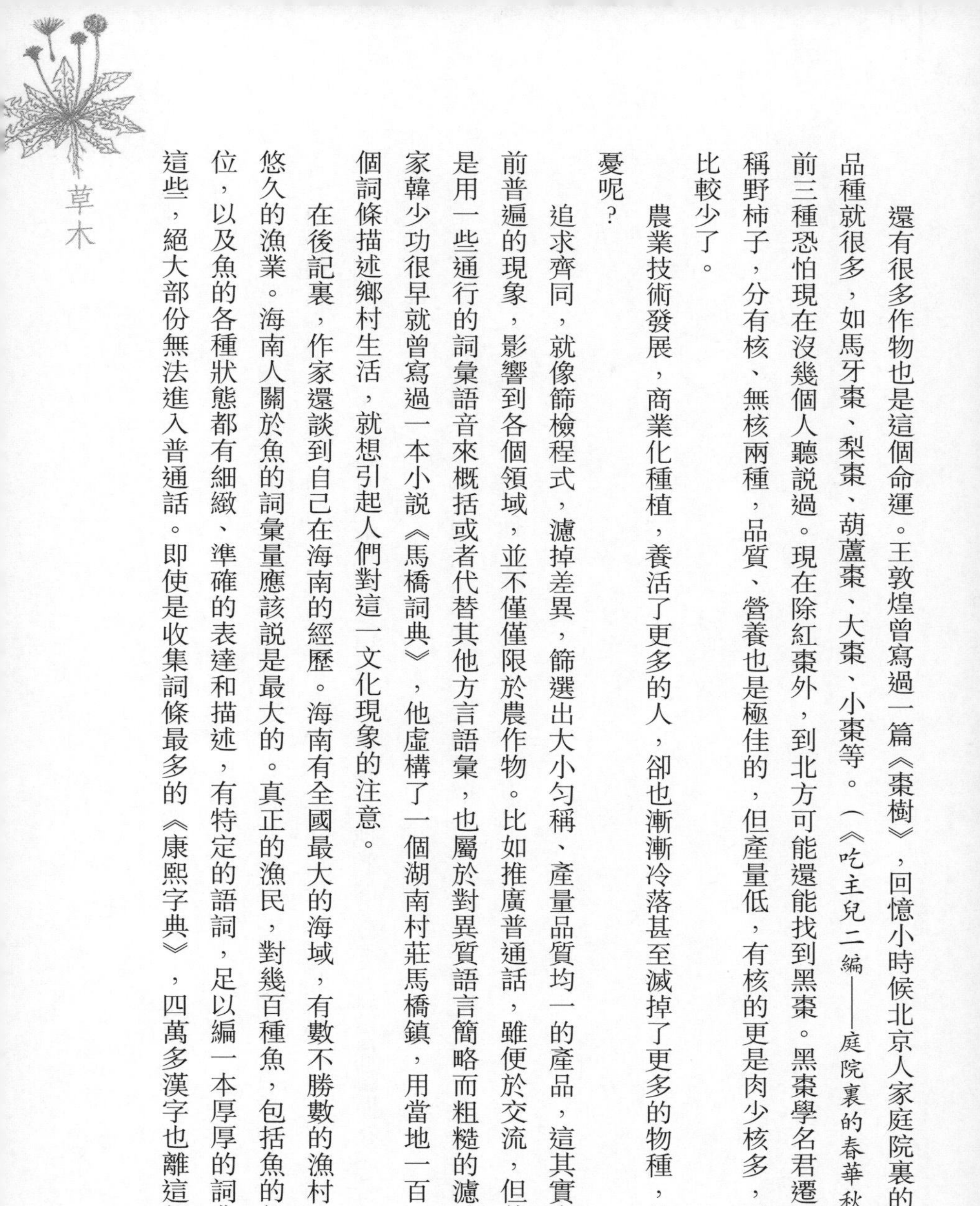

還有很多作物也是這個命運。王敦煌曾寫過一篇《棗樹》，回憶小時候北京人家庭院裏的棗樹，品種就很多，如馬牙棗、梨棗、葫蘆棗、大棗、小棗等。（《吃主兒二編——庭院裏的春華秋實》）前三種恐怕現在沒幾個人聽説過。現在除紅棗外，到北方可能還能找到黑棗。黑棗學名君遷子，又稱野柿子，分有核、無核兩種，品質、營養也是極佳的，但產量低，有核的更是肉少核多，種的就比較少了。

農業技術發展，商業化種植，養活了更多的人，卻也漸漸冷落甚至滅掉了更多的物種，是喜是憂呢？

追求齊同，就像篩檢程式，濾掉差異，篩選出大小勻稱、產量品質均一的產品，這其實也是目前普遍的現象，影響到各個領域，並不僅僅限於農作物。比如推廣普通話，雖便於交流，但普通話是用一些通行的詞彙語音來概括或者代替其他方言語彙，也屬於對異質語言簡略而粗糙的濾洗。作家韓少功很早就曾寫過一本小説《馬橋詞典》，他虛構了一個湖南村莊馬橋鎮，用當地一百一十五個詞條描述鄉村生活，就想引起人們對這一文化現象的注意。

在後記裏，作家還談到自己在海南的經歷。海南有全國最大的海域，有數不勝數的漁村，歷史悠久的漁業。海南人關於魚的詞彙量應該説是最大的。真正的漁民，對幾百種魚，包括魚的每個部位，以及魚的各種狀態都有細緻、準確的表達和描述，有特定的語詞，足以編一本厚厚的詞典。但這些，絕大部份無法進入普通話。即使是收集詞條最多的《康熙字典》，四萬多漢字也離這個海島太遙遠，因此，方言詞彙裏大量深切而豐富的感受就被排除在視野之外，排除在學者們御製的筆硯之外了。

所以，當作者用普通話問魚販：「這是甚麼魚？」魚販被迫使用他們不太熟悉的普通話來回答，而普通話裏沒有對應的魚名，只好說是「海魚」，追問得緊，也就拿「大魚」來含糊對付。這不是他們語言貧乏，而是我們無法穿過這道語言屏障，他們的「魚」就這樣隱匿在了普通話無法照亮的深海裏。

本打算說「豆」的，可說來說去，卻說了一大通別的，也算物傷其類吧。不管是物種的，還是人種的，還是文化的，失去多樣性，終究不是太美好的事兒。

瓜的命名

夏季陽光、雨水充沛，各類瓜菜漸漸成熟，是食瓜的好時節，且可一直延續到秋後。《詩經·豳風·七月》云：「七月食瓜。」夏曆七月，大火星漸向西下，暑退將寒，這就是瓜菜最後的成熟季節了。應季瓜果味道純正，營養豐富，是可以大快朵頤的。

我國瓜類品種極多，其名稱也體現出漢語構詞的典型特點，即用舊有詞彙組合構成新詞，比如西瓜、南瓜、北瓜是按照方位命名的。漢代張騫鑿空西域後，西瓜才漸漸傳入內地，故名「西」。北瓜據說原在北方生長，南方引進栽培，水土不同，口感獨具特色，才又被稱為南瓜。其他還有以形狀命名的，如葫蘆瓜、佛手瓜、飛碟瓜；以色彩命名的，如白蘭瓜、黃金瓜；以口感命名的，如苦瓜、甜瓜；以產地命名的，如哈密瓜。哈密瓜其實本是甜瓜的一種，主產地在新疆，因為哈密地區種植最多最有名，遂得名。哈密瓜味道甜美，可算是蜜瓜一類，故有時也被誤寫作哈「蜜」瓜。

其他如絲瓜得名，是因為其老後，內瓤纖維狀如絲絡，曬乾，磕掉表皮和內部成熟的種子，就是絲瓜瓤兒，民間常用來刷鍋洗碗。還有冬瓜，成熟後，表皮覆有一層粉狀物，好似初冬白霜。這些命名都是很形象的。

南方有一種砍瓜，是南瓜的一個變種，個體長大，因為自身含有植物癒合素，傷口癒合速度快，故食用此瓜不必整個摘下來，一個時期內，吃多少，砍多少，隨砍隨吃，隨吃隨鮮，故稱為「砍瓜」。砍瓜比南瓜脆甜，比冬瓜細膩，皮薄肉嫩，炒食、燉湯、做餡兒，都很好。據民間說，手要是破了，滴上一滴「瓜汗」，也能迅速癒合，不知是真是假。

上述命名方法給人們認識事物提供了便利，如法炮製，便可為很多新事物、新物種命名了，如比照舊有的牛車、馬車，就有了汽車、卡車、摩托車、自行車，這些名稱也大致指示出相關事物的歸屬類別。

事物的命名透着人們的思維習慣和觀念，所以語言文字本身就是文化。比如黃瓜原來的名稱叫「胡瓜」，和胡蘿蔔一樣，也是漢代從西域傳過來的。但五胡十六國時，後趙皇帝石勒很忌諱這個「胡」字，漢臣襄國郡守樊坦就將其改為「黃」瓜，這取其諧音，或許也取其色，因為黃瓜有一種就是色澤黃綠的，和深綠色的黃瓜（南方稱青瓜）不同，口感更脆嫩，在北方一些地區還有種植，菜農說是老品種，那時的胡瓜大概就是這種，只是沒史料證明，只能算作推測吧。

漢語很多日常詞彙都像搭積木，新詞含着常詞，包含了事物特性類屬的提示信息，就可以很輕鬆地猜出意思來，所以人們不需要太多的原生詞就能滿足日常交流。按照現行教學要求，小學識字量為兩千四百，九年義務教育達到三千八百，就能讀懂百分之九十以上流行於社會的讀物，這在英語世界是很難想像的，因為英語的特點是，有個新事物，就要造個新詞兒，日積月累，詞彙量可謂「汗牛充棟」。

清康熙宜興紫砂象生瓜形壺
廣東博物館藏

比如英語有pork（豬肉），beef（牛肉），mutton（羊肉），venison（鹿肉），《現代漢語詞典》卻一概查不到，詞典裏只有豬、牛、羊、鹿和肉。再如英語有星期一（Monday）、星期二（Tuesday）等，《現代漢語詞典》則僅收錄「星期」和「星期日」，其他照理一推就可以了。同理，一月到十二月英語裏都有固定詞彙，但《現代漢語詞典》也沒有一一收入。編者不收這些詞，使用者也不會認為收詞「不全」；相反，一部英語詞典，若少了這些，那就肯定是重大疏漏了。按照《牛津英語大詞典》初版，收詞彙四十萬，篇幅最大的《韋伯斯特大詞典》收詞達一百萬之多，而對比《現代漢語詞典》，僅收字、詞、片語、熟語、成語等約五萬餘條。所以，對於中國人來說，學英語背單詞是令人頭疼的事情。

漢語詞彙多由單字組合而來，這些詞彙是舉一反三、觸類旁通的產物，是無需收入詞典解釋的。不收入詞典，並不是否認這些詞的存在。漢語講究「記字不記詞」，只要在大腦裏儲存必要的字，如上述豬、羊、牛、肉、月、一、二、星、期等，用時招之即來，臨時排列組合，用畢揮之即去，各歸原處，這樣的語言不也是極為巧妙獨特且方便的麼？假如把各種組合詞彙也一一納入詞典，那數量可能就大到無法統計了。

所以，很多東西都不能單純拿數量來比較，否則，區區五萬對上百萬，漢語詞彙真是貧乏得可以。拿數量比較，是最簡單的比較，只適用於同類同型的事物，一旦超出，再比，就有問題，就好像拿五根竹筍和二十顆青豆比，誰多誰少呢？

有兩人對話，甲說：「這些活兒星期一就可以幹完了吧？」乙發牢騷：「星期一？星期八也幹不完！」這裏的「星期八」當然是個新詞彙，可是，有必要進入詞典麼？

語言是文化，文化只有差異，沒有優劣。

見過世面的土豆和紅薯

時令入秋，各種根莖類的植物經過一個夏天的成長，膨大成熟，在入冬之前就要收穫了。俗話說：「春吃花，夏吃葉，秋吃果，冬吃根。」這是強調一年四季飲食都要跟着季節來。秋後收穫的根莖類食物，如土豆、紅薯、山藥，營養豐富，耐儲存，歷來是百姓過冬的重要食物。

作家汪曾祺曾寫過一篇散文，說他有過一段吃土豆的特殊經歷。當時他在河北北部的沽源縣下放勞動，那裏有土豆培育基地，他當時負責的，是把各個品種的土豆畫出圖譜作資料。他先是畫花，土豆花是傘形花序，有一點點像複瓣水仙，顏色是白的或淡紫的。等土豆花一落，土豆塊成熟了，他就又開始畫土豆塊。他說，土豆塊相當好畫，想畫得不像都不太容易，大概是土豆長得就沒有一定之規，怎麼畫都像。每畫完一種，他就把它丟進牛糞火裏烤熟吃掉，全國像他那樣吃過那麼多種土豆的人大概也沒幾個。

土豆不是本土植物，據布羅代爾《十五至十八世紀的物質文明、經濟和資本主義》一書，土豆最早產於美洲，智利的農業專家認為智利的奇洛埃島是原產地，隨後逐漸在全世界推廣種植。然而，秘魯的一位土豆專家威利安．羅加則認為土豆產於秘魯，因為秘魯本地的土豆種類遠多於智利。爭來爭去，至今仍是懸案。不過，一般認為土豆傳入歐洲大概是在十六世紀，這應該是哥倫布發現新

大陸之後了，十八世紀以後才開始大規模種植。土豆甚麼時候移民中國的？似乎也沒有明確記載。有人認為是在明代，大概和鄭和下西洋有關，鄭和七次下西洋，到過三十七個國家和地區，不知在哪兒就和土豆結了緣。

總之，土豆顯然是從外國傳入的，所以有些地方至今管土豆還叫「洋芋」。西北人有一句土話，說一個人有點兒傻，沒見過世面，土得掉渣，就說他是個洋芋。其實，人家洋芋來自外洲外國，才是見過世面的呢。

土豆可以炒、燉、蒸、煮，既可作主食，亦可為蔬菜，大概根莖類的食物裏還沒有一種能像土豆一樣，在人們的日常飲食中佔有如此重要的地位。東北大燉菜若沒有土豆，似乎就不地道。其他如酸辣、醋溜土豆絲，似乎也沒見幾個不愛吃的。西洋飯裏有土豆泥，洋快餐裏炸薯條也是年輕人的最愛，此外還有羅宋湯也要有土豆。羅宋湯是發源於烏克蘭的一種濃菜湯，在東歐、中歐很受歡迎。一般以甜菜為主料，也有用捲心菜的，常常要同時加上土豆、紅蘿蔔、菠菜和牛肉塊、奶油等一塊熬煮。羅宋湯濃稠味美，與土豆裏豐富的澱粉有密切關係。羅宋湯何以得名？是姓羅和姓宋的發明麼？當然不是，「羅宋」是俄羅斯（Russia）的音譯，據說是上海人翻譯的，用了百家姓，真是好記得很，就是容易引起誤解。

還有一種根莖類食物在人們日常食譜中擔綱，那就是紅薯。

紅薯太普及，別名也多，番薯、朱薯、紅山藥、金薯、白薯、紅苕、地瓜、山芋等。紅薯也是外來的，時間大概也是明代。比較早的記載見於萬曆壬子（一六一二）黃士紳所纂《惠安縣續志》，卷一「物產續纂」云：「番薯，是種出自外國。前此五六年間，不知何人從海外帶來？初種在漳……今改名朱薯，從其名，夷物而中國，則中國之；曰番薯，不忘舊也。」這裏的惠安、漳（州）都是福建地名。紅薯從外引進，為「夷」物，故名「番」薯，和胡蘿蔔從西域引進，要帶個「胡」字是一個道理。

明清時期閩、廣地理位置特殊，海外移民多，對外貿易發達，所以它們在外來作物的引進與傳播方面具有得天獨厚的優勢。據記載，明萬曆年間，有一位福建長樂籍華僑名陳振龍，多年在呂宋從事貿易，發現當地「朱薯被野，生熟可茹」，覺得紅薯生熟都可以飽肚，又這麼野蠻生長，肯定很好種，假如把薯種引進國內，人們就不用餓肚子了。

可是，想引進，並不容易。當時呂宋為西班牙殖民地，當局禁止番薯外傳。無奈，陳振龍只好先向當地人學了栽種方法，再伺機而動。萬曆二十一年（一五九三）的一天，他私下購買幾英尺薯藤，偷偷「截取其蔓尺許，挾小蓋中」，大概是把藤蔓盤在容器蓋子裏，攜子陳經綸乘船回到福州。番薯遠渡重洋，卻非常適應中國的水土，便四處開枝散葉了。

近些年來，很多學者都在討論一個問題，就是大航海時代「物種大交換」如何改變世界文明，以及它給中國帶來的影響。我們知道，歐亞大陸和美洲大陸本是各自獨立的生態系統，動植物體系全然不同。但一四九二年，哥倫布航行抵達美洲大陸後，歐洲商船開始將大量物種帶到大洋彼岸安

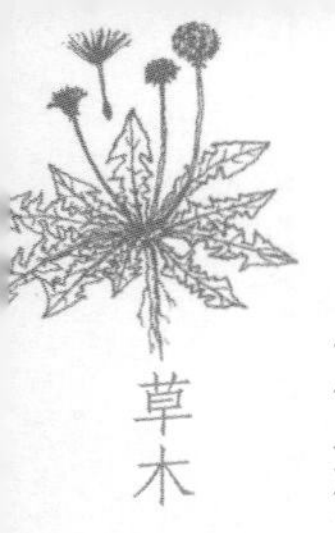

家落戶，同時也將彼岸的物產帶回，由此，生物開始了跨洲流動，全球的生態系統也開始交錯融合。比如馬就從歐洲到了美洲，桉樹被帶到了歐洲，阿拉伯咖啡和印度胡椒被移植到印尼，南美洲的土豆被移植到北美洲，其他如玉米、辣椒、煙草、可哥等更是從此成為全球性的產物。當然，還有些肉眼看不見的生物，比如歐洲人帶去的天花、麻疹、流感、斑疹傷寒、白喉、瘧疾、肺結核和黃熱病等傳染病，使北美洲印第安人口在一兩個世紀之內減少了百分之九十五，幾乎是滅頂之災。這種生物遷移的速度和規模遠遠超出自然狀態下物種的遷移狀態，這也被稱為「哥倫布大交換」。

大航海時代，雖然中國採取的是消極守勢，但「哥倫布大交換」和世界貿易依然對中國產生了巨大影響。在食物系統中，除了土豆、紅薯外，玉米、南瓜、辣椒等幾乎同時也從南美洲進入了中國。這些作物，尤其是土豆、紅薯和玉米，給中國帶來的影響是巨大的。在此之前，中國人的主食是稻米和小麥，而這兩種作物對環境要求高，只有長江、黃河流域才適合種植。相比之下，土豆、紅薯、玉米就皮實得多，貧瘠的荒地、山地也都能耕種，所以，這些作物的引進，讓明清兩朝解決了飢荒問題。據統計，從明末到清初的一百年間，中國人口增長了十倍，成為當時人口最多的國家。

了解我們餐桌上食物的來源，會意識到，與後來相比，早期中國真的算不上「地大物博」，先民曾被束縛在一張匱乏的食品單上。網上曾流傳一個段子，說某人穿越到先秦，途中進店吃飯，與店小二有了下面的對話：

「裏邊請，請問客官是打尖還是住店？」

「打尖！來碗番茄雞蛋麵。」

「抱歉，客官，麵條要到宋朝才能成形呢。番茄現在南美洲才有，明朝末年才傳入中土。小店目前只有雞蛋，要不您點一個？」

「甚麼鳥店！連碗麵都沒有，饅頭包子總有吧？上一屜！」

「這位爺，也沒有。饅頭包子得等到諸葛丞相討伐孟獲的時候才有，抱歉了您呢。」

「嘿！你們不會只供應白米飯吧？」

「瞧你說的。咱是在關中，水稻原產亞熱帶，得翻過秦嶺才能種，咱也沒有。」

「要死了！那就來個大俠套餐吧，半斤女兒紅，二斤熟牛肉……你捂我嘴幹嘛？」

「客官，小點聲！官府嚴禁私宰耕牛，被人告了可是充軍流放的大罪，萬萬不敢啊！再說女兒紅是吳越才有，咱是在關中！」

「得得得，酒我也不喝了，茶水總有吧？」

「茶？那玩意兒到漢朝才有，哪怕到唐朝也是士大夫喝的，咱也不可能有。」

「我的天！那就不吃飯了，來根煮玉米吧！看電視劇大秦帝國裏不是有玉米地嗎？」

「那是導演瞎拍。玉米現在還在墨西哥呢，要等明朝末年才傳入中國。」

「那上點水果吧。大熱天的，來半個西瓜。」

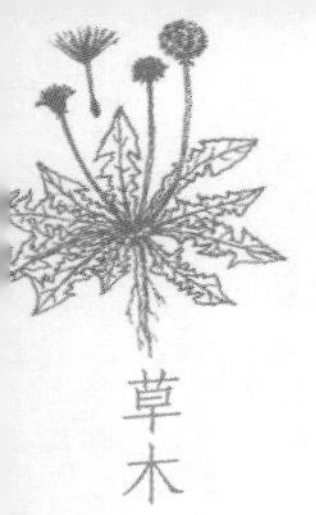

「呃，西瓜是非洲特產，要到北宋末年，才從契丹傳到漢地……」

「沒有西瓜，蘋果總有吧？」

「真抱歉，西洋蘋果十九世紀才從歐洲傳入中國。客官，您別點水果了，我可以負責任地告訴您，像甚麼葡萄啦，芒果啦，石榴啦，草莓啦，鳳梨啦……您現在都吃不到。」

「你他娘的店裏到底有甚麼？」

「粟米的窩窩餅，您蘸肉醬吃，我還可以給您上一份燙白菜。」

「敢情你開的是麻辣燙啊？」

「瞧您說的，辣椒到明代才引進呢，我想開麻辣燙也開不成啊！」

「沒有辣椒，用大蒜代替也行。」

「真不好意思，大蒜的種子是西漢張騫出使西域後帶回來的。小店只有花椒，只麻不辣。」

「那你就不能炒個青菜？非要開水燙白菜？」

「您有所不知，鐵鍋到宋朝後期才能生產，所以沒法炒菜。況且炒菜要用菜油，菜油得等到明朝後期普遍種植油菜花以後才有。」

「好吧，其實你們可以用花生油……」

「花生現在還在美洲，哥倫布發現新大陸以後才開始傳播。直到乾隆末年，花生都還十分罕見。」

「那就來份燙白菜吧，多加點香菜。」

「嘿嘿，香菜原產地中海，張騫出使西域後……」

「去你大爺的！我真恨不能一黃瓜拍死你！」

「黃瓜？黃瓜原產印度，也是張騫出使西域帶回來的。」

「沒有黃瓜，我就用茄子捅死你！」

「嘻嘻，茄子來自東南亞，晉朝時傳入中國的。隋煬帝就特別愛吃……

「……」

「客官您還要甚麼？」

「……」

「喂，客官……客官您別走啊！」

這個段子所說各種食物的引進時間和途徑，未必都很準確，卻用一種諧趣的方式提醒我們，我們的很多「想當然」並不「理所當然」，中華美食其實也是「全球化」的產物。從古到今，很多食物名稱都透露出它們來自異域，如「胡」系列，胡蘿蔔、胡瓜（黃瓜）、胡葱、胡蒜（大蒜）、胡荽（芫荽，俗名香菜）等，大多是兩漢魏晉時期由西北陸路引入的；「番」系列，番茄、番薯、番椒（海南某些地方對辣椒的稱呼，四川一些地方稱海椒）、番石榴、番木瓜等，大都是南宋元明時

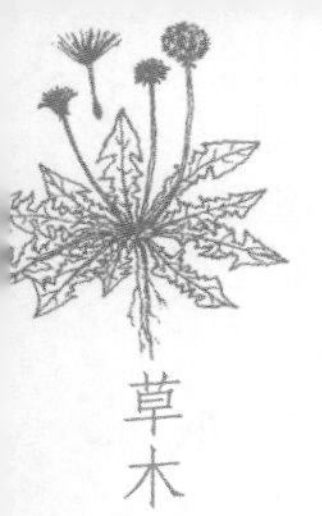

期由「番舶」（外國商船）帶入的；此外還有「洋」系列，洋葱、洋芋、洋白菜（捲心菜）、洋薑等，大都是清代乃至近代引入的。

所以，「哥倫布大交換」也好，物種大交換也好，大概都在提醒我們要有一種全球聯繫的視角，而且，人類也不能妄自尊大，因為一些物種其實一直在人類社會的進程中扮演着極為重要的角色，我們看到的很多歷史結果還是由它們暗暗操控的。

菘葵當家

菘，即大白菜，人們稱之為百菜之王，很大程度上是因其口感甚好。《南齊書》有一段記載非常有名。說南朝宋時，周顒於鐘山築隱舍，終日長蔬，頗以為適。人嘗問：「卿山中何所食？」顒曰：「赤米，白鹽，綠葵，紫蓼。」又問：「菜食何味最勝？」顒曰：「春初早韭，秋末晚菘。」霜降以後，白菜去了青澀味，口味偏甜，最為鮮美，故讚美其「秋末晚菘」。南宋詩人范成大也有詩云：「撥雪挑來踏地菘，味如蜜藕更肥醲。」也正因為這個特點，《本草綱目》這樣解釋「菘」的得名：「菘性淩冬晚凋，有松之操，故曰菘，今俗謂之白菜。」不知有沒有道理，也許是附會吧。

白菜受到青睞，還在於其適於貯藏，可應對蔬菜淡季的需要。冬至前後，白菜入窖，可以吃一整個冬天。過去在北方，白菜是冬天唯一的水菜，也是口味最美的水菜。入冬前，家家戶戶搬運、存儲大白菜是一項重要工程，往往全家總動員，清理爛葉，一棵一棵在涼屋裏碼好，覆蓋，或是窖藏，一切就緒，冬天才算開始。儲存白菜的過程好像一個入冬儀式，成為普通人家初冬風景的點綴。

事實上，白菜是在宋元以後才成為中國百姓餐桌當家菜的，在此之前，則是葵。

葵，即冬葵菜，俗稱冬寒菜、冬莧菜，白菜引進之前，曾被稱為百菜之主。葵菜葉片碧綠而大，像圓圓的扇面，上面還有一層細細的茸毛。握在手裏像手帕，入水烹煮，口感柔滑，白居易《烹葵》

詩中說「綠英滑且肥」，「滑」正是冬莧菜葉的口感，確是甘美柔滑的。

葵菜上餐桌，歷史久遠。《詩經》中提到的蔬菜不下三十餘種，其中便有它。《詩經．豳風．七月》云：「七月烹葵及菽。」說的就是初秋烹煮葵菜和豆子以為食。那時候，葵菜大約還是野外採摘的。到春秋戰國時代，開始普遍種植。據《管子》記載，當時齊桓公覺得北城有很多貧民，大都靠編製草鞋、種菜為生，可生活拮据，衣衫襤褸，問管仲有甚麼辦法沒有。管仲就提出一個扶貧政策，即「禁百鍾之家不得事鞒（草鞋），千鍾之家不得為唐園，去市三百步者不得樹葵菜」。「百鍾之家」，「千鍾之家」，指的是家中有百鍾、千鍾存糧的富裕人家；「唐園」，即菜園。管仲以行政手段干預市場，不許有財力的進入草鞋、蔬菜行業，以保護「小微」商戶，還不許市場附近居民自種葵菜，免得影響菜農的生意。

無獨有偶，據《史記．循吏列傳》所載，春秋時魯國相公儀休也曾「食茹而美，拔其園葵而棄之」。他覺得家中園子裏的葵菜好吃，就命令全都拔了；又「見其家織布好，而疾出其家婦，燔其機」，意思是家中媳婦織的布好，就休了她，還一把火燒了織布機，問原因，原來是怕自家產品太好妨害菜農、織戶的生計。這麼極端，也許是民間傳的，但也未可知。

因此，很長時間，葵菜在菜蔬中佔有很重要的位置。《黃帝內經》提到「五菜」，即葵、藿、薤、葱、韭，葵居首位。西漢時期，史游編纂了一部字典，把當時人們常用的詞彙編成順口溜，其主要的蔬菜種類就被概括為「葵韭葱薤蓼蘇薑，蕪荑鹽豉醯酢醬。芸蒜薺芥茱萸香，老菁蘘荷冬日藏」，葵菜仍居首。

葵菜味甘性滑，口感好，又皮實易生。地不論肥瘠，只要氣候適宜，一年四季都可以種。夏種秋採者為秋葵，秋種冬採者為冬葵，正月復種者為春葵。到五月初，再種，此時「春者既老，秋葉未生，故種此相接」（《齊民要術》）。故王禎《東魯王氏農書》說：「葵為百菜之主，備四時之饌。本豐而耐旱，味甘而無毒，供食之餘，可為菹臘，枯枿之遺，可為榜簇。子若根則能療疾。咸無棄材，誠蔬茹之上品，民生之資助也。」意思是說，葵菜味美可食，還可做乾菜。葵菜枯乾的杆莖還能編做晾曬工具，所以，葵是蔬菜中的上品。

那葵何以被菘取代？人們分析可能有兩個原因。一是中國人日常蔬菜消費量很大，需要蔬菜品種高產，大白菜畝產可達五千公斤以上，葵菜相比不及一半；此外，葵雖四季可種，鮮食爽滑，但似並不適合貯藏。《齊民要術》說：「世人作葵菹不好，皆由葵大脆故也。」菹即醃菜，大概葵菜質地嫩軟，纖維少，故不宜醃製。舊時醃菜是百姓重要的菜品，這就成了葵菜的弱項。相比，大白菜既可鮮儲，醃漬之後也極美味，所以，取代葵就很正常了。當然，這些情況主要針對的是北方，在南方，蔬菜則是各有千秋的。

中國人飲食結構早就形成「南人飯米，北人飯麵」的格局，相比之下，副食中的蔬菜變化卻要大得多。為了改變盤中菜食，人們想盡各種辦法，反季節栽培也是早就開始嘗試的。

據《漢書》，冬天在宮廷園中種蔥韭等菜蔬，覆以屋廡，「晝夜燃蘊火，待溫氣乃生」，這是

有關溫室栽培最早的記載。到唐朝，宮廷裏利用溫泉灌溉進行反季節栽培，這樣，每年二月中旬便能嘗到新鮮的瓜果，故唐人王建有詩云：「內園分得溫湯水，二月中旬已進瓜。」明代徐光啟將這種反季節栽培稱為「煨藝」，煨本意為火盆中的火，作動詞有烘烤之意。煨藝往往要在炕洞內進行，所以培育出來的蘿蔔、黃瓜、韭黃等蔬菜瓜果，又被稱為「洞子貨」或「窖菜」。

還有一種應對蔬菜淡季的辦法即「黃化」，史載宋代就用此技術培育了豆芽和韭黃。如今河北深州西安莊栽培韭黃很有名，當地人說始於明永樂年間，最早是一位老人將韭根當柴燒，無意中放在燒火的炕上，十餘天後，竟長出黃韭芽，遂恍然大悟，就在炕頭堆糞，捂上被子試種韭菜根，代代相傳，不斷改進，便成了如今的韭黃。韭黃不見陽光，色澤黃嫩，沒有辛辣感，做湯、清炒，怎麼都好吃。韭黃肉丁餡的餃子，更是冬季佳餚。白菜也有人黃化培育，據《本草綱目》菜部卷二十六「菘」記載，燕京圃人以馬糞入窖壅培，白菜不見風日，長出苗葉，皆嫩黃色，脆美無滓，謂之黃芽菜，豪貴以為嘉品，這大概是仿韭黃之法。但書中說：「其菜作菹食尤良，不宜蒸曬。」也是有缺陷的。

松公與柏伯

冬季風凜氣寒，萬物蕭索，唯松柏保持青翠不凋，故孔子云：「歲寒，然後知松柏之後凋也。」松柏何以四季常青？今天的科學是這樣解釋的：松柏葉片尖細，角質（蠟質）層發達，表面積與容積之比小，氣孔下陷，厚壁組織充份發育，所以葉綠素不易在低溫下分解。而普通的落葉樹木則因葉片較大，表面又沒有蠟質薄膜，水份散失快，不易存活，故秋冬季變黃隕落。這種解釋推究事理本原，對則對矣，卻並不合中國傳統的觀察習慣。歲寒時盡，草木盡凋，唯松柏傲霜挺立，此小者可以激發意志，大者可見窮且益堅，這恐怕才是孔子發此感嘆的原因。

孔子提倡讀《詩》，認為大者可興觀群怨，小者也可「多識於鳥獸草木之名」。以前人們常從實用、功利的角度來解釋這句話，如清人劉寶楠：「鳥獸草木，所以貴多識者，人飲食之宜，醫藥之備，必當識別，非可妄施。」（《論語正義》）對此，錢穆先生頗不以為然，認為孔子這裏應該還包含有更深一層的意思，即強調萬物對人們情志的感發作用，這是基於實用而又超越實用的。《詩》尚比興，多就眼前事物，比類相通，感發而起興，藉由《詩》熟悉和親近鳥獸草木，看鶯飛魚躍，草木凋榮，體味其中生生不息的生命意味，亦可以感發情性，如此說來，當然就是萬物一體，道無不在的。所以，孔老夫子一再感嘆：「天何言哉？四時行焉，百物生焉，天何言哉？」（《論

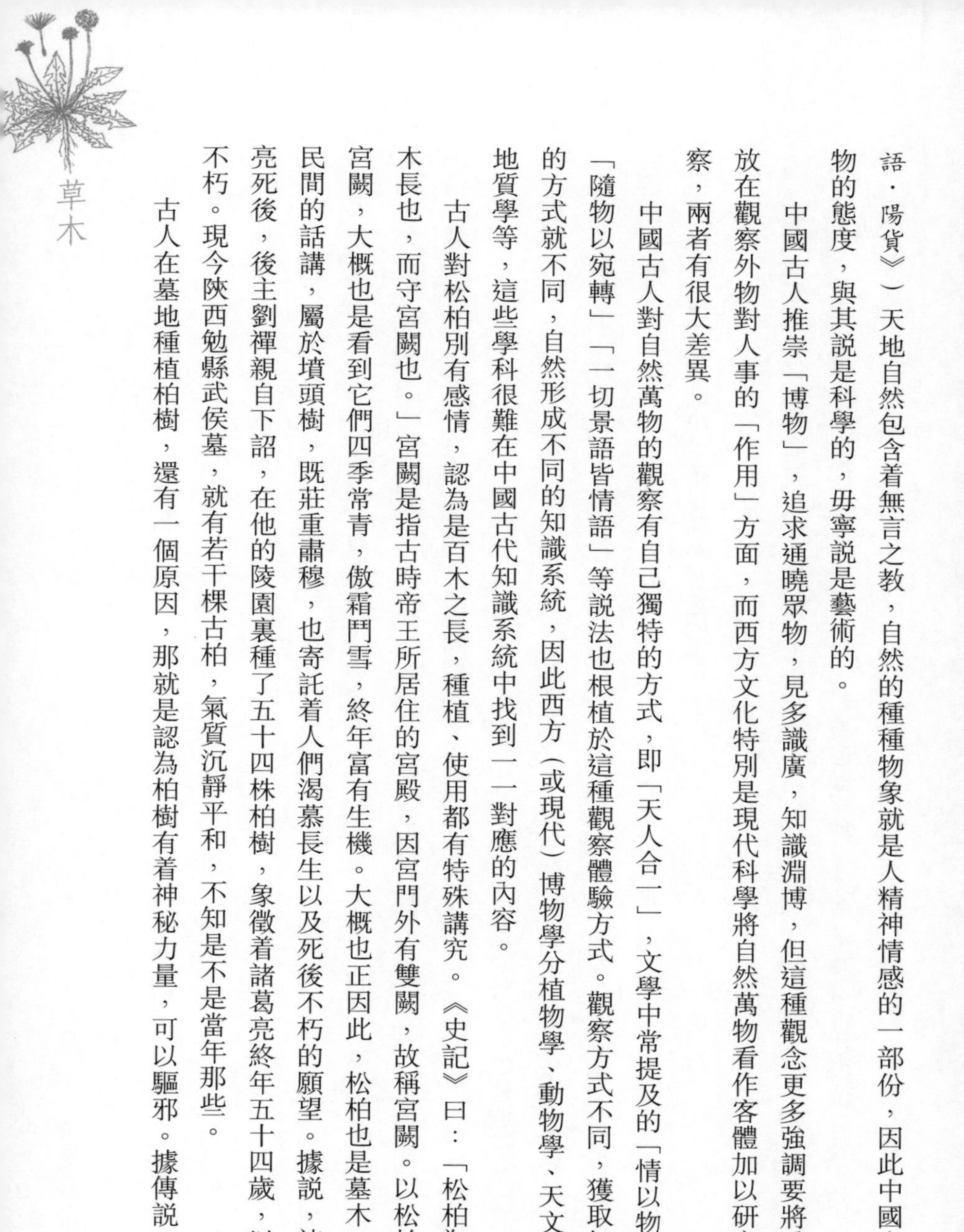

語·陽貨》）天地自然包含着無言之教，自然的種種物象就是人精神情感的一部份，因此中國人對物的態度，與其說是科學的，毋寧說是藝術的。

中國古人推崇「博物」，追求通曉眾物，見多識廣，知識淵博，但這種觀念更多強調要將重心放在觀察外物對人事的「作用」方面，而西方文化特別是現代科學將自然萬物看作客體加以研究觀察，兩者有很大差異。

中國古人對自然萬物的觀察有自己獨特的方式，即「天人合一」，文學中常提及的「情以物遷」「隨物以宛轉」「一切景語皆情語」等說法也根植於這種觀察體驗方式。觀察方式不同，獲取知識的方式就不同，自然形成不同的知識系統，因此西方（或現代）博物學分植物學、動物學、天文學、地質學等，這些學科很難在中國古代知識系統中找到一一對應的內容。

古人對松柏別有感情，認為是百木之長，種植、使用都有特殊講究。《史記》曰：「松柏為百木長也，而守宮闕也。」宮闕是指古時帝王所居住的宮殿，因宮門外有雙闕，故稱宮闕。以松柏守宮闕，大概也是看到它們四季常青，傲霜鬥雪，終年富有生機。大概也正因此，松柏也是墓木，用民間的話講，屬於墳頭樹，既莊重肅穆，也寄託着人們渴慕長生以及死後不朽的願望。據說，諸葛亮死後，後主劉禪親自下詔，在他的陵園裏種了五十四株柏樹，象徵着諸葛亮終年五十四歲，以志不朽。現今陝西勉縣武侯墓，就有若干棵古柏，氣質沉靜平和，不知是不是當年那些。

古人在墓地種植柏樹，還有一個原因，那就是認為柏樹有着神秘力量，可以驅邪。據傳說，有一種惡獸名魍魎，最喜盜食屍體和肝臟，每到夜半，就出來挖掘墳墓取食屍體。此獸身手靈活，行跡神速，神出鬼沒，令人防不勝防。但這怪物也有弱點，就是畏虎怕柏，所以古人為避這種惡獸，常在墓地立石虎、植柏樹。

虎是猛獸，人都怕，自然也可以驅邪，而柏樹可以避邪，源於民間的古樹崇拜心理。古人覺得，自然界中有許多動植物，都比人生命長久，就像老人，活得久就見得多，自然有識別怪異的能力，壽數高，也才鎮得住邪祟。《紅樓夢》裏，鳳姐請劉姥姥給自己的女兒起名字，其中一個原因也是説要「借」她的壽數。所以，古柏、古松等在民間觀念裏，都是神秘的力量，作為墳前樹，是極妥當的。

不過，自古就有些人並不理會這些個講究，比如梁代陶弘景。他是個醫家，也是道學家，據《梁書》記載，此人「特愛松風，庭院皆植松。每聞其響，欣然為樂」。因為喜歡聽風吹松林的音聲，而打破傳統習慣，在自家院子裏大種特種松樹。他的行為在當時一定引起很大反響，沒少挨人們指點評説，也入了史傳。不過，魏晉六朝時期，很多文人有識者都很有個性，崇尚特立獨行，以突破常俗為傲，陶弘景對此也一定是甚為得意的。

關於「松柏」，還有些拆字、解字的遊戲，也頗為有趣。

宋代王安石曾撰《字説》一書，依據字形解釋文字由來。他釋「松柏」云：「松柏為百木之長。松猶公也，柏猶伯也。故松從公，柏從白。」王安石這麼解釋，大概是認為古代爵位有公、侯、伯、子、男五等，「公」居首；家族兄弟排序，為伯、仲、叔、季，「伯」為老大，而松柏為百木之長，

明代文徵明《松柏圖》

轉自 [美] 伊佩霞（Patricia Buckley Ebrey）著《劍橋插圖中國史》147 頁，山東畫報出版社，2001。圖中左上角題曰：「雪厲霜凌歲月更，枝蚪蓋偃勢峥嶸。老夫記得杜陵語，未露文章世已驚。徵明寫寄伯起茂才。」

故松猶公，柏猶伯，進而從造字上推，松從公，柏從白。這些解釋多妄為比附，沒有甚麼文字學的根據，屬於望文生義，反貽人笑柄，所以，宋人筆記裏對他就多有嘲弄。

如徐健《漫笑錄》稱，東坡聞荊公《字説》新成，戲曰：「以竹鞭馬為『篤』，以竹鞭犬，有何可『笑』？」蘇東坡嘲笑王安石，今天的讀者並不能很好地理解，因為這個「梗」裏，有一些文字學知識。「笑」字最早的寫法為上從「艸」下從「犬」，後來小篆訛為上從「竹」下從「犬」，到唐代李陽冰刊定《説文解字》，方改為從「竹」從「夭」，才有了我們現在寫的「笑」字。蘇東坡按照王安石望文生義的釋字邏輯來推「篤」和「笑」字的來源。意思是，「篤」本義是馬行走緩慢，所以「以竹鞭馬為篤」尚説得過去，但「以竹鞭犬」即和「笑」的本義就沒甚麼關係了，所以，蘇東坡才説「有何可『笑』」。不僅如此，蘇東坡按着王安石的邏輯進一步發揮：「鳩字從『九』從鳥，亦有證據。《詩》曰：『鳲鳩在桑，其子七兮。』和爹和娘，恰是九個。」這就是用算數來解釋「鳩」字的來源，就極為可笑了。蘇東坡和王安石政治上不和，這部《字説》讓蘇東坡逮住機會，損了王安石一頓。

同樣，宋代曾敏行著有《獨醒雜誌》，是一部史料筆記，也記載了有關王安石編寫字書的糗事。卷五説道：王荊公作《字説》，一日，躊躇徘徊，若有所思而不得。其兒媳侍見，因問其故。公曰：「解『飛』字未得。」婦曰：「鳥爪反面升也。」公以為然。王安石要解釋「飛」字的由來，兒媳婦幫他出主意，説鳥飛翔的時候，爪子反過來向上，自然就是「飛」字嘍。「公深以為然」，這些

記載大概屬於引申發揮，編排故事，拿王安石打趣的。

王安石是政治家、文學家，但他大概在文字訓詁方面並不精通，即便很認真編字書，終究還是缺乏專門研究，反倒成了語言學的「野狐禪」了。不過，古代本來就沒有嚴格的專業劃分，所以，很多人都是雜家，王安石編字書也無可厚非，今人大概就不敢輕舉妄動了。

古代文人喜歡文字遊戲，許多玩笑都和文字相關。拿「松柏」等形聲字來調笑的，還有一個。據《藝文類聚》載，唐代有神童賈嘉隱，年方七歲，受到朝廷召見。太尉長孫無忌、司空李勣立於朝堂上，與之戲言。

李勣問：「吾所倚者何樹？」

嘉隱對曰：「松樹。」

李勣道：「不對呀，這明明是槐樹，怎麼是松樹呢？」

嘉隱應道：「以『公』配『木』，則為松樹。」

長孫無忌覺得有趣，也逗問道：「吾所倚何樹？」

嘉隱對曰：「槐樹。」

無忌曰：「咦，我倆倚的都是同一種樹，你剛說是松樹的，不能隨便改呀？」

嘉隱應聲曰：「何須更正，但取其以『鬼』配『木』耳。」

長孫無忌平白成了「鬼」，無言以對。我想，只能自我解嘲，仰天大笑吧。

毒草為藥

大黃，《神農本草經》入下品，《植物名實圖考》歸入毒草類，是使用非常廣泛的一種藥用植物。一般在秋末莖葉枯萎或來年春天發芽前採挖，除去細根，刮去外皮，切瓣成段，串起晾乾待用。此藥可攻積滯、清濕熱、瀉火祛瘀、涼血解毒。

古人對植物的毒性有一套獨特的理解。認為，凡物之所生，就是「有粹有駁」。「粹」即完美純全，「駁」即雜而不純。純粹和不純粹的，雖有差別，但也都各有其用，《荀子·賦篇》云：「粹而王，駁而霸。」意思是修煉到德行純全者即可稱王，雜而不純者也可做一方之霸主。如此看植物的品性，芳草、毒草就各有其用，醫者用毒草，正是以毒攻毒。

比如蕁麻，多毛刺，過去醫書記載，蓋草螫人手足，腫痛至不可忍，不知者往往為其所中，厲害的甚至上吐下瀉，故人們比其毒於蜂蠍，也因此蕁麻稱之為螫人草、咬人草、蠍子草、防盜草、無情草。但蕁麻全草可入藥，採摘後用開水煮過，可以祛風去濕；葉子和嫩莖煮過後還可以當飼料餵豬，故吳其濬《植物名實圖考》云：「然土人採之，沃以沸湯，則可已瘋（風），亦可肥豕，世固無棄物哉！」

由此，古人還將醫道和治理天下之術並論，認為古之禦災害患者，多出於惡人，惡人有狠傲強

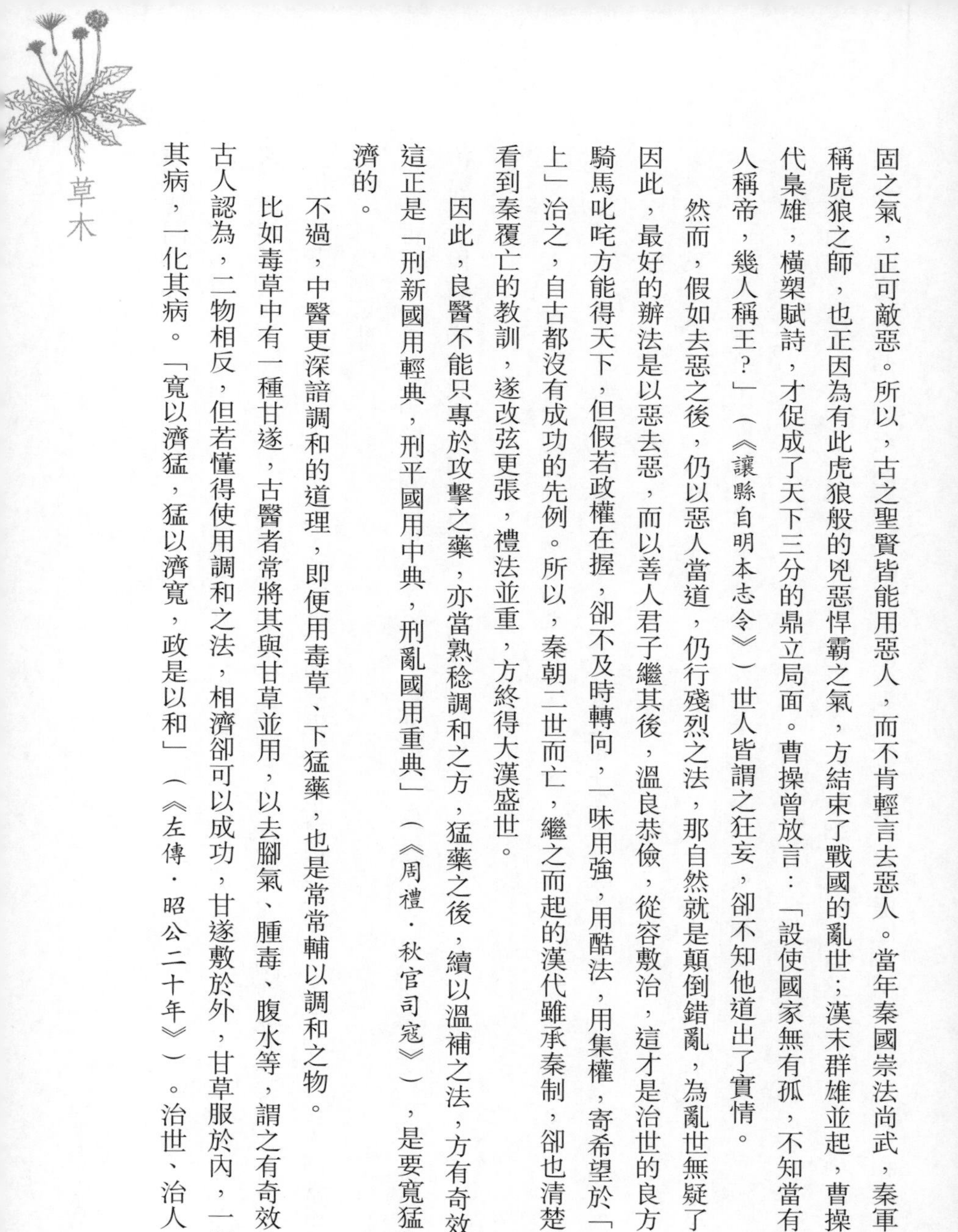

固之氣，正可敵惡。所以，古之聖賢皆能用惡人，而不肯輕言去惡人。當年秦國崇法尚武，秦軍號稱虎狼之師，也正因為有此虎狼般的兇惡悍霸之氣，方結束了戰國的亂世；漢末群雄並起，曹操一代梟雄，橫槊賦詩，才促成了天下三分的鼎立局面。曹操曾放言：「設使國家無有孤，不知當有幾人稱帝，幾人稱王？」（《讓縣自明本志令》）世人皆謂之狂妄，卻不知他道出了實情。

然而，假如去惡之後，仍以惡人當道，仍行殘烈之法，那自然就是顛倒錯亂，為亂世無疑了。因此，最好的辦法是以惡去惡，而以善人君子繼其後，溫良恭儉，從容敷治，這才是治世的良方。騎馬叱咤方能得天下，但假若政權在握，卻不及時轉向，一味用強，用酷法，用集權，寄希望於「馬上」治之，自古都沒有成功的先例。所以，秦朝二世而亡，繼之而起的漢代雖承秦制，卻也清楚地看到秦覆亡的教訓，遂改弦更張，禮法並重，方終得大漢盛世。

因此，良醫不能只專於攻擊之藥，亦當熟稔調和之方，猛藥之後，續以溫補之法，方有奇效。這正是「刑新國用輕典，刑平國用中典，刑亂國用重典」（《周禮·秋官司寇》），是要寬猛相濟的。

不過，中醫更深諳調和的道理，即便用毒草、下猛藥，也是常常輔以調和之物。

比如毒草中有一種甘遂，古醫者常將其與甘草並用，以去腳氣、腫毒、腹水等，謂之有奇效。古人認為，二物相反，但若懂得使用調和之法，相濟卻可以成功，甘遂敷於外，甘草服於內，一逐其病，一化其病。「寬以濟猛，猛以濟寬，政是以和」（《左傳·昭公二十年》）。治世、治人，道理皆同。

假如不懂上述道理，那自然是庸醫無疑。如大黃，歷來被醫者認為是蕩滌之要藥。然而，若庸醫，僅知其然而不知其所以然，無論是痁癘之疫、鬱結之疾、伏熱之病，抑或飲食之毒、浮游之火，一併以大黃為秘妙丹藥，灌之服之，那病者不即登鬼簿，也會損耗十之二三。如此，病人卻常不能自知，可嘆亦可悲。

讀古醫方，可了解中醫調和使用毒草之法。比如清代《銀海指南》有「清寧丸」，以大黃為主，治療飲食停滯，胸脘脹痛，頭暈口乾，二便秘結。

大黃十斤，用泔水浸透，以側柏葉鋪甑，入大黃，蒸過曬乾。以好酒十斤浸之，再蒸曬收乾。另用桑葉、桃葉、槐葉、大麥、黑豆、綠豆各一斤，每味煎汁蒸收，每蒸一次，仍用側柏葉鋪甑，蒸過曬乾，再蒸再曬。

製後，再用半夏、厚朴、陳皮、白朮、香附、車前各一斤，每味煎汁蒸收如上法，蒸過曬乾。再用好酒十斤，製透，煉蜜丸如梧子大，每服一二錢，或為散亦可。

再如宋《婦人良方》治奶癰：川大黃、粉草各一兩，為細末，以好酒熬成膏，傾在盞中放冷，攤紙上。貼痛處，仰面臥至五更。貼時先用溫酒調服一大匙，就患處臥，明日取下惡物，相度強弱

用藥，羸弱不宜服。

又《昔濟方》治大人小兒脾胃虛弱：錦紋大黃三両，為極細末，陳醋兩大碗，砂鍋內文武火熬成膏，傾在新磚瓦上，日曬夜露三朝夜，將上藥起下，再研為細末；後用硫黃一両，官粉一両，將前項大黃末一両，三味再研為細末。十歲以下小兒，每服可重半錢，食後臨臥米飲湯調服。此藥忌生硬冷葷、魚雞鵝一切發物。服藥之後，服半月白米軟粥。

中醫講因人因地因時而用藥，古方於今人未必適用，然而卻可依理研究精進的。

梅的形神

梅花，又名春梅，早春二月，萬物肅殺，梅卻能凌寒傲放，確實是十分惹眼的。宋人王安石有詩云：「牆角數枝梅，凌寒獨自開。遙知不是雪，為有暗香來。」頗能道出梅花的精神氣質。

在中國傳統詩歌的植物意象裏，梅花有很多經常並提的「伴侶」。如「梅柳」，梅與柳，生物種屬上相去較遠，形象上一花一木，把它們並置，主要作為春景的鋪陳與點綴。「倏看媚白破梅枝，更喜嬌黃着柳絲」，這是表達欣喜之情。「看梅復看柳，淚滿春衫中。」「梅花開後無消息，更待明年柳絮飛。」這是表達相思之苦。梅謝柳生，構成時間尺度的延伸、轉折，感時傷春的情愫也就顯得深長悠婉、悱惻纏綿了。此外，梅、蘭、竹、菊並稱「四君子」，因這四種植物的傲、幽、堅、淡，遂成為中國人感物喻志的象徵。其他如松、竹、梅為「歲寒三友」，也與此類似，都是文人詩畫中最常見的題材。

不過，早期的詠梅賦梅之作中，梅花意象大都和女性相關，詩人詠梅是含着艷情的。「花色持相比，恆愁恐失時」，以梅花之香麗，擬佳人之嬌美，因春花之零落，感韶華之流逝。在此類閨怨詩中，梅花多是佳人自憐的形象。而到了唐宋，文人對梅花「冷美人」形象讚美、欣賞的同時，開始不滿於此前的哀怨。梅花寂寞野處，經歷風欺雪壓，早開早落，自然傷感，但此間詩人看來，這

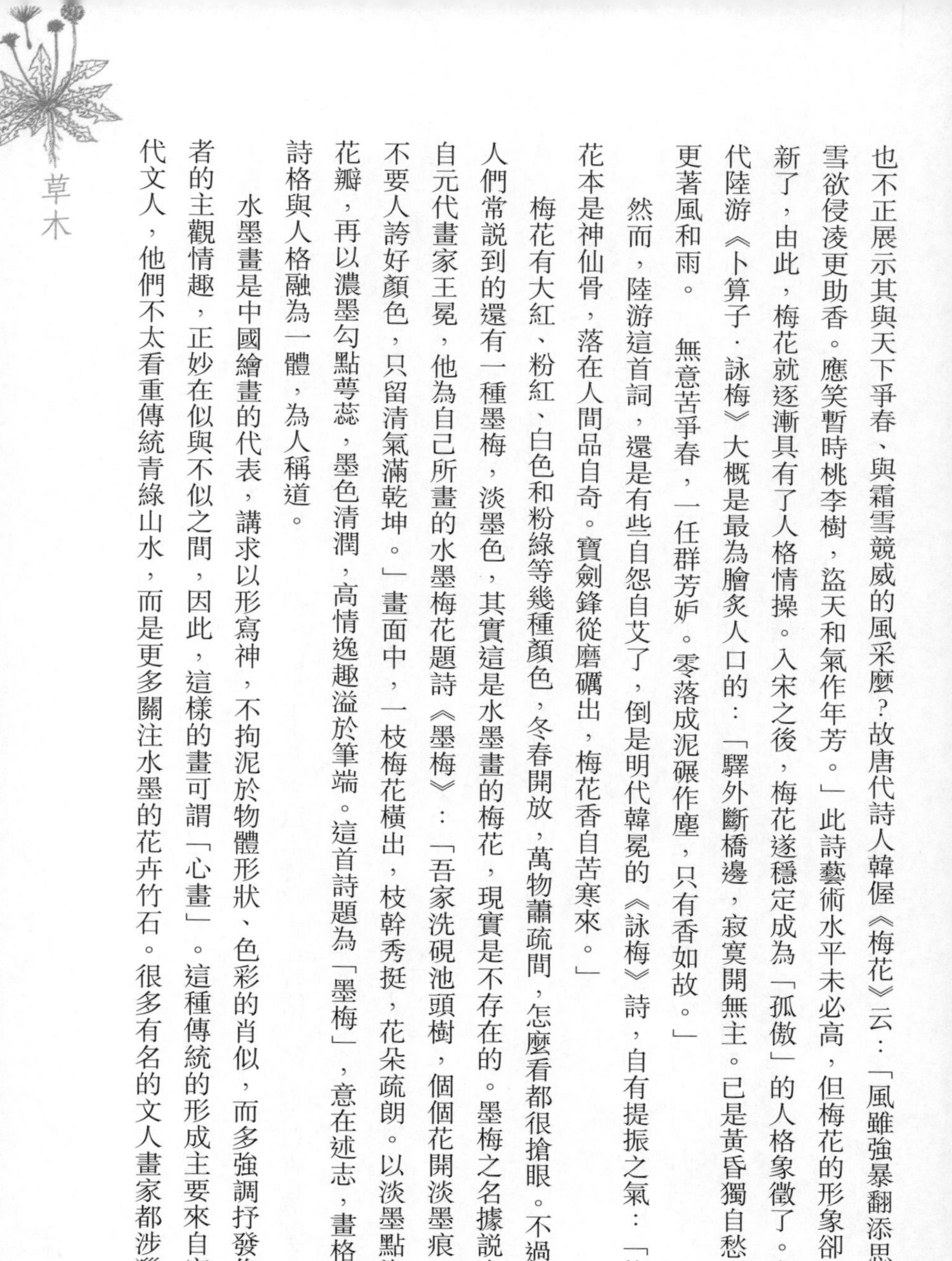

也不正展示其與天下爭春、與霜雪競威的風采麼？故唐代詩人韓偓《梅花》云：「風雖強暴翻添思，雪欲侵淩更助香。應笑暫時桃李樹，盜天和氣作年芳。」此詩藝術水平未必高，但梅花的形象卻翻新了，由此，梅花就逐漸具有了人格情操。入宋之後，梅花遂穩定成為「孤傲」的人格象徵了。宋代陸游《卜算子．詠梅》大概是最為膾炙人口的：「驛外斷橋邊，寂寞開無主。已是黃昏獨自愁，更著風和雨。 無意苦爭春，一任群芳妒。零落成泥碾作塵，只有香如故。」

然而，陸游這首詞，還是有些自怨自艾了，倒是明代韓冕的《詠梅》詩，自有提振之氣：「梅花本是神仙骨，落在人間品自奇。寶劍鋒從磨礪出，梅花香自苦寒來。」

梅花有大紅、粉紅、白色和粉綠等幾種顏色，冬春開放，萬物蕭疏間，怎麼看都很搶眼。不過，人們常說到的還有一種墨梅，淡墨色，其實這是水墨畫的梅花，現實是不存在的。墨梅之名據說出自元代畫家王冕，他為自己所畫的水墨梅花題詩《墨梅》：「吾家洗硯池頭樹，個個花開淡墨痕。不要人誇好顏色，只留清氣滿乾坤。」畫面中，一枝梅花橫出，枝幹秀挺，花朵疏朗。以淡墨點染花瓣，再以濃墨勾點萼蕊，墨色清潤，高情逸趣溢於筆端。這首詩題為「墨梅」，意在述志，畫格、詩格與人格融為一體，為人稱道。

水墨畫是中國繪畫的代表，講求以形寫神，不拘泥於物體形狀、色彩的肖似，而多強調抒發作者的主觀情趣，正妙在似與不似之間，因此，這樣的畫可謂「心畫」。這種傳統的形成主要來自宋代文人，他們不太看重傳統青綠山水，而是更多關注水墨的花卉竹石。很多有名的文人畫家都涉獵過此類主題，比如北宋畫家劉夢松和閻士安，主要畫墨竹和水墨花鳥，後者甚至還畫水墨的草樹、荊棘、土石、螃蟹、燕子以及一些水生花卉。還有一位文人畫家趙孟堅，是以白描墨水仙而聞名的。而蘇軾則喜歡畫老樹怪石，常常即興在紙上或牆上自由揮灑。

不過，從繪畫史看，在蘇軾那個時期，似乎水墨花卉還未普及，他曾給一幅水墨花卉寫題跋，說道：「世多以墨畫山水、竹石、人物者，未有以畫花者也。」（《集注分類東坡先生詩》，第五冊，卷十一）真正着力描繪水墨花卉的是南宋文人，並逐漸形成典型的文人畫法，尤其更青睞有關松竹蘭梅的主題。這種繪畫主題的轉換，如果要深究，大概還是要源於這些花草樹石身上歷代累積下來的文化意義，比如蘇軾就曾說：「竹寒而秀，木瘠而壽，石醜而文，是為三益之友。」（《東坡全集》卷二十一）而梅蘭竹菊這四種花卉當時雖尚未組合成「四君子」，但也大都是宋代文人喜愛的描繪對象，認為它們身上都有一種高潔品格，是高人逸士的象徵。

因此，墨梅、墨竹、墨蘭之類，都強調「寫意」，不求形似。「寫意」，即「揮灑心意」，或者「寫出心意」，講的是傾吐、發抒，因此，這個術語還是強調繪畫的表現性的。而「四君子」之類自帶「清氣」，與眾不同，僅僅以水墨暈染和勾勒，反倒更容易把它們的精神表現出來，最適合表現「心意」，故元代湯垕《畫論》就總結道：

畫梅謂之寫梅，畫竹謂之寫竹，畫蘭謂之寫蘭，何哉？蓋花之至清，畫者當以意寫之，不

在形似耳。

不過，水墨花卉的流行大概也和作畫方式的便宜有關，因為只要有水、有墨、有毛筆，就可以隨意揮灑。而對於毛筆的控制，是文人的優勢，甚至興致來了，也可以不用毛筆，不論甚麼，抄起來，蘸上水墨，就可以任性發揮。南宋趙希鵠《洞天清錄集》就記載北宋書畫家米芾學畫作畫的細節，稱米芾遊歷江浙，每次都要選擇山水明秀之處住下。原本他並不會作畫，但流連山水間，耳濡目染，竟有了感覺，日漸模仿，遂得天趣。「其作墨戲，不專用筆，或以紙筯，或以蔗滓，或以蓮房梗，皆可為畫。」「墨戲」，意味着一種自由的作畫風格，這對於文人，對於文藝創作者，就有着極大的吸引力。

在所有墨戲花卉中，梅是最特殊的，吳太素《松齋梅譜》云：「畫有十三科，獨梅不在其列，為其有出塵之標格，非庸俗所能知也。」宋元以後有個很流行的表現主題，就是「月下梅花」，無論是繪畫史、陶瓷史、文學史，很多作品都開始描繪這種景象。典型的，北宋詩人林逋就有「疏影橫斜水清淺，暗香浮動月黃昏」的名句。「疏影」狀其輕盈，翩若驚鴻；「橫斜」寫其嫵媚，迎風而立；「水清淺」則映襯梅的冰清玉潔。「暗香浮動」一句也極為傳神，描畫其不事張揚的清骨，冬寒月夜中，暗香款款而來，飄然而去，有着特殊的韻致。而在元明以後的瓷器上則更多出現殘月梅花的圖案，稱為「月影梅」，但也有人認為更準確的名稱大概當作「梅梢月」，因為儷松居藏宋宣和式琴一張，上面就有「梅梢月」款。在冬季清洌的夜風中，梅花在寂靜中綻放，梅梢處，一輪殘月，令人遐想無限。元代馬致遠《落梅風》云：「菊花霜冷香庭戶，梅梢月斜人影孤。」挺拔、冷峻，孤傲、淩寒飄香，這時的梅花是最清雅的，是藝術中的藝術，文學中的文學。

蒿子的文藝範兒

科學家屠呦呦從黃花蒿裏提煉出青蒿素，讓蒿這類極為普通的植物一下子變得聲名遠播。「呦呦」名出《詩經．小雅．鹿鳴》：「呦呦鹿鳴，食野之苹。」「呦呦鹿鳴，食野之蒿。」幾千年前的韻語好像神秘的預言，預示着屠呦呦和蒿草的聯繫，如此，野蒿子竟一時高冷、文藝起來。

說蒿草「文藝」，倒也不假，因為古老的「詩三百」裏多次提及它。能入詩，自然就變身文藝植物了。只不過，詩裏變換了很多名稱，如蒿、菣（kin^{3}）、艾、苹、蕭、蘋（laai^{6}）、萩（cau^{1}）、蘩（faan^{4}）、蔏（soeng^{1}）、蔞、蔚等，着實有些迷惑人。之所以有這麼多名稱，就是因為蒿草品類實在太多，多達幾百種，本就是大家族。像上面說到的蒿、菣，指的是葉子背面白色絨毛不那麼多的種類，即所謂「青蒿」，典型代表如黃花蒿，就是提煉出青蒿素的那種；而絨毛比較多的，一般統稱「白蒿」，以艾為代表，其他如苹、蕭、蘋、萩、蘩、蔏都屬於此類。《詩經．小雅．蓼蕭》：「蓼彼蕭斯，零露湑兮。既見君子，我心寫兮。」《詩經．召南．采蘩》：「於以采蘩，於沼於沚。於以用之，公侯之事。」而蔞主指蔞蒿，如《詩經．周南．漢廣》：「翹翹錯薪，言刈其蔞。之子於歸，言秣其駒。」我們大概更熟悉蘇軾《惠崇春江晚景》中「蔞蒿滿地蘆芽短，正是河豚欲上時」的「蔞蒿」。上述這些蒿草的名稱，現在還在用的大概只有蒿、艾、蔞三種，而且前兩種合併叫「艾蒿」，蔞也只保留在蔞蒿這個複合詞裏。至於它們長相的差別，除了植物學家，大概一般人都難以說出一二。

某種事物，無論是自然界的花鳥草蟲，還是日常工具器物，名稱越多，越表明人們對此認識越細緻，也說明這個事物在人們生活中有相當重要的位置。

比如馬在古代是重要交通工具，名目就多。根據優劣，有駘、駑（劣馬）、驍（良馬）、駔（良馬、壯馬）、騖（快馬）等概稱。而根據皮毛顏色不同，更有多個專字專名。如駰，淺黑帶白色的雜毛馬；驊騮，赤色的駿馬；驪，純黑色的馬；駹，毛色黑白相間的馬；騧，黑嘴的黃馬；騂，赤色的馬；騏，有青黑色紋理的馬；騅，青白雜色的馬；驃，黃毛夾雜白點的馬；驄，青白色的馬，等等。有些名馬還都有專名，如《拾遺記》記載周穆王馭八龍之駿：一名絕地，足不踐土；二名翻羽，行越飛禽；三名奔宵，夜行萬里；四名超影，逐日而行；五名逾輝，毛色炳耀；六名超光，一形十影；七名騰霧，乘雲而奔；八名挾翼，身有肉翅。

如果說，周穆王的八駿還有些傳說的成份，那唐太宗李世民打江山時馳騁疆場所馭六駿就實有其「馬」了，依次為「特勒驃」「青騅」「什伐赤」「颯露紫」「拳毛騧」「白蹄烏」，都各有故事。當年，唐太宗昭令畫家閻立本先畫出六駿的圖形，再由刻工閻立德依形複刻於石上。唐太宗親自書寫四言讚語，由書法家撰寫一併鐫刻在原石上角，放在昭陵北闕，是為「昭陵六駿」。六駿中「颯露紫」「拳毛騧」二駿於一九一四流失國外，現存美國費城賓夕法尼亞大學博物館，其餘四塊現存

唐代三彩騎俑隊列
秦安縣葉家堡出土，甘肅省博物館藏。
女騎俑頭飾高髻，身穿窄袖圓領或「V」型領緊身衣。男騎俑頭戴軟襆頭，身着圓領窄袖緊身衣。其中一俑深目高鼻，長着旋頰及耳的大鬍鬚，身穿翻領胡氏大衣，足着長靴，為典型胡人形象。

西安碑林博物館。

在馬匹擔綱的年代，人們對各種名駒寶馬寵愛有加，如數家珍，大概相當於今天愛車一族對於名牌轎車的迷戀，只是，這些寶駒大概都屬於限量唯一版吧。

《詩經》裏屢屢提及蒿草，將其作為起興的物象，也是因為先民對自然草木的熟稔。蒿草是俗常植物，房前屋後，山野路旁，隨處可見。先民認識辨析它們，給它們命名，也是出於實際需要，採摘來，或食用，或藥用，或做飼料，都是可以的。

說起來，蒿草也實在是極為皮實的「賤」草，缺水少肥的瘠坡荒地，很多植物無法生存，蒿子卻大剌剌地分枝散葉，擴展領土，並且漸漸生出些對付的機能。比如葉子後面那厚厚的絨毛，不僅保暖，還防止水份散失，這在幼苗期最明顯。還有就是長宿根，方便越冬，待春暖後便發芽生長。此外，蒿草還有一個獨特的生存武器，就是氣味。摘一片蒿葉揉搓，幾乎馬上就能聞到一股強烈的奇特味道，既不是典型的香味，比如烤肉、水果，也不是典型的臭味。就是這味道，令許多食草動物望而卻步，只有實在沒別的草可吃的情況下，才會啃食蒿草。不過春天新生的嫩葉味道清淡些，適口性好，民間也多在此時採集作野菜食用。所以，《詩經》裏說「呦呦鹿鳴，食野之蒿」，也許描述的就是春天的情形。

屠呦呦提煉出青蒿素獲了大獎，有人便馬上看到商機，網上就有賣一種艾餅的，號稱「富含青蒿素」，這其實好笑得很。首先，青蒿素主要從蒿類植物黃花蒿莖葉裏提煉出來，需要一套複雜工

序，屠呦呦採用乙醇冷浸法將溫度控制在攝氏六十度，所得青蒿提取物才有了較高療效；接着，又用低沸點溶劑提取，藥效方趨於穩定。艾餅不管怎麼做，都需高溫，青蒿素也就損失殆盡了。更何況，青蒿素是為了治療瘧疾，沒有得病，也就沒有必要吃這個。

當然，如果想吃蒿，可在清明時節採食，此時蒿子們已返青，但氣味還不是太濃，其中以蔞蒿（蘆蒿）氣味最清淡，也是蒿屬成員裏最美味的一種，難怪蘇軾將其入詩。採摘幼嫩莖稈，清炒或辣炒，或炒肉絲，或炒香乾，味道都不錯。在南方，用艾草為原料製作的食品就多了，如艾草與糯米做「艾糍粑」「艾餅」，形似餃子但色澤墨綠的「艾米果」，油炸的「艾蒿饃饃」，還有「艾葉茶」「艾葉粥」等。大人孩子呼朋引伴地到地頭山坡摘了嫩葉，洗淨濾乾焯水，清水漂洗後入石臼搗爛，摻入糯米粉團成球狀上鍋蒸熟，整個過程熱熱鬧鬧的。

現在每到端午，市面上都有各種綠綠的艾蒿食物售賣，但有時人們擔心不良商家以色素代替草汁，買不買就有些遲疑。

本來草木和人之間有親密的關係，是沒必要這樣設防的。

節令，說的是古人對時間的態度。
二十四節氣是古老的時間標誌，
了解二十四節氣，
就好像觸摸到了大自然的脈搏。
而與時令相匹配，也衍化出各種傳統節俗。

節氣：大自然的脈搏

二十四節氣是古老的時間標誌，中國古代利用土圭實測日影，將每年日影最長的那一天定為「日長至」（又稱長至、冬至），日影最短為「日短至」（又稱短至、夏至）。在春秋兩季各有一天的晝夜時長相等，便定為「春分」和「秋分」。這樣，到商朝時就有了四個節氣，周時發展到八個，秦漢年間，二十四節氣已完全確立。至今上歲數的人都能信口唱出二十四節氣歌：「春雨驚春清穀天，夏滿芒夏暑相連，秋處露秋寒霜降，冬雪雪冬小大寒。每月兩節不變更，最多相差一兩天。」

中國古代是一個農業社會，農事完全根據太陽進行，因此需要嚴格了解太陽運行情況。從現在的天文學技術看，二十四節氣已經相當精密了。比如立春，固定在公曆每年二月四至五日間，太陽到達黃經三百一十五度，天氣變暖，萬物始生；立夏，每年五月五至六日，太陽到達黃經四十五度，萬物至此皆長大；立秋，每年八月七至八日，太陽到達黃經一百三十五度時，暑熱將消，萬物於此而收斂，禾穀成熟，故秋從「禾」；立冬，每年十一月七至八日之間，太陽位於黃經二百二十五度，遂進入寒冷的季節。小篆「冬」字，從仌（冰），夂聲，夂，古文「終」字，又加「仌（冰）」，表示一年之終，歲末寒冷。

但在中國傳統的表述中，這些時間座標都不是形而上的、數字的，而是和播種、勞動、繁衍聯繫在一起，可觀可感，有溫度，可觸摸，是很細膩的。比如小暑、大暑、處暑、小寒、大寒，反映的是溫度的變化；雨水、白露、寒露、霜降、小雪、大雪，反映的是雨雪寒涼的天氣現象。清明，是來自東南的暖風，《淮南子．天文訓》：「春分後十五日……則清明風至。」穀雨、小滿、芒種，反映的是穀物播種、籽粒漸見飽滿以及搶收歸倉的進程。最生動的就是驚蟄，這時天氣轉暖，漸有春雷。動物入冬藏伏土中，不飲不食，稱為「蟄」，而「驚蟄」即上天以打雷驚醒蟄居動物的日子，這時中國大部份地區進入春耕季節。

作家葦岸曾為二十四節氣驚嘆叫絕，感慨它們與物候時令的奇異吻合，更讚嘆這一個個東方田園風景與中國古典詩歌般的名稱，認為這些語詞簡約美好，表意形象，是漢語瑰麗的精華，短短兩字，就能神奇地構成生動的畫面和無窮的故事。他分析「驚蟄」：

在遠方一聲初始的雷鳴中，萬千沉睡的幽暗生靈被喚醒了，它們睜開惺忪的雙眼，不約而同，向聖賢一樣的太陽敞開了各自的門户。這是一個帶有「推進」和「改革」色彩的節氣，它反映了對象的被動、消極、依賴和等候狀態，顯現出一絲善意的冒犯和介入，就像一個鄉村客店老闆凌晨輕搖他的諸事在身的客人：「客官，醒醒，天亮了，該上路了。」（葦岸《太陽升起以後》）

一九九八年，葦岸決定在北京郊區的一處田野完整觀察二十四節氣的變化並記錄拍照：三月六日，驚蟄，早晨九點。時天況晴朗，風力二三級，氣溫攝氏二至十四度。他看到，整面天空像一個深隱林中的藍色湖泊，從中央到岸邊，依其深淺，水體色彩逐漸減淡。小麥返青，滿眼清晰伸展的絨絨新綠；青草破土而出，連片的草色似報紙頭條一樣醒目；柳樹伸出鳥舌狀的葉芽，楊樹拱出的花蕾似幼鹿初萌的角。田裏疾飛鳴叫的小鳥若精靈，敏感多動，忽上忽下，羽色似泥土，落下便無影無蹤，整個田野像一座太陽照看下的幼兒園。他想起兒時童謠：「驚蟄過，暖和和。」明白到了驚蟄，春天總算坐穩了它的江山。

憑藉着敏感、耐心和愛，葦岸觸到了自然的靈魂和生命，也獲得了大地的精神饋贈。所以，二十四節氣的內核是齊物論式的，淳樸的，也是有品質的。了解二十四節氣，就好像摸到了天地的脈搏，只有敏感心靈，謙卑姿態，駐足土地，耐心聆聽，才能與自然共時存在，心靈溝通。

二十四節氣本來是根據黃河流域的氣候、物候確立的，但它的影響卻是廣泛的，其他地區氣候雖有差異，但也可以此為時間節點，做靈活的調整。比如東北地區民間流傳的節氣順口溜：

打春陽氣轉，雨水沿河邊。驚蟄烏鴉叫，春分地皮乾。
清明忙種麥，穀雨種大田。立夏鵝毛住，小滿雀來全。

芒種開了鏟，夏至不納棉。小暑不算熱，大暑三伏天。
立秋忙打靛，處暑動刀鐮。白露煙上架，秋分無生田。
寒露不算冷，霜降變了天。立冬交十月，小雪河碴上。
大雪地封嚴，冬至不行船。小寒進臘月，大寒又一年。

這裏的「清明忙種麥」就是調整。東北農事一年一季，節氣變化都比中原地區要遲一些。中原地區種冬小麥，頭年秋後播種，麥苗長出尺把長，正好入冬，下雪又保暖，來年雪水溶化正好補給水份，故有俗話「今冬麥蓋三層被，來年枕着饅頭睡」。而東北清明後，地溫方上升，此時才可種麥，到穀雨後各種農作物就都可種植了。又如「小滿雀來全」，小滿本指夏熟作物的籽粒開始灌漿，但還未成熟，只是小滿，還未大滿，這也是黃河流域的特點。東北物候特徵卻是，所有去年飛走的候鳥此時都回來了。

東北天暖得晚，冷得卻早，所以「立秋忙打靛，處暑動刀鐮。白露煙上架，秋分無生田」。打靛是打草料的意思。立秋過後天氣轉冷，人們要忙着打草料，留着給牲口過冬。處暑每年八月二十三日左右，大概半個月後就是白露，陰氣漸重，露凝而白，古人以四時配五行，秋屬金，金色白，故以白形容秋露，稱白露。這幾個時段，各處的莊稼都要收割、晾曬、歸倉了。此後氣溫進一步走低，露水凝結，似乎成霜，此後，小雪、大雪，小寒、大寒，冰封的冬季就徹底降臨。

如今，很多人已全然改變了傳統生活的習慣和節奏，一生遠離泥土，遠離寒涼變化，二十四節氣更似屬於往昔，面孔日漸陌生。可無論怎樣，四季風霜仍年年被節氣們如期領來。在驚蟄這一天，讓我們聽一聽由遠及近的春雷，提醒自己：在背離自然、追求繁榮的路上，或許可以多想想自己的來歷和出世的故鄉。

立春物候

立春和春節，是一年開端的兩個節令，立春固定，二月四日左右，春節則年有變動，兩者最長相隔半月，這是由於所屬曆法不同的緣故。春節屬陰曆，以月為參照；立春屬陽曆，以日為參照。中國舊時用陰曆記時，用陽曆指導農事，可以說用的是陰陽合曆。陽曆以五天為一候，三候為一氣，將全年分出春夏秋冬、七十二候、二十四節氣，以便按自然規律捕捉農時，立春即為二十四節氣之首。

「立，始建也，春氣始而建立也。」（《群芳譜》）甲骨文「春」作[illegible]，從林、從草、從日，是個會意字，意思是太陽從草木中升起，萬物復甦，是很形象的。自然界的花草樹木、飛禽走獸，均按一定的季節時令活動，這種活動又與氣候變化息息相關，古人發現了這些規律，將其看作季節標誌，遂形成所謂物候學。中國正統的二十四節氣以河南氣候為本，如立春三候：「一候東風解凍，二候蟄蟲始振，三候魚陟負冰。」意思是此日東風送暖，大地解凍，五日後蟄蟲甦醒，再過五日，則河冰溶化，魚兒在碎冰間游動，彷彿背負浮冰一般。以自然界花鳥蟲魚的活動變化作參照，觀察植物的萌芽發葉、開花結果、葉黃葉落，感受動物的蟄眠復甦、始鳴求偶、繁育遷徙，一個有經驗的農夫便可敏銳洞察自然節奏，適時而動，因此，古老的太陽曆體現的是農夫的智慧。

在古代物候學中，鳥是一種最重要的參照，早期還有根據候鳥遷飛來確定季節的鳥曆。《隋書・經籍志》卷三十四「五行」類就記載了相關圖書，如《黃帝飛鳥曆》一卷、《太一飛鳥曆》一卷、《太一十精飛鳥曆》一卷等。古代不講究發明專利，不講著作權，很多創造發明都假託上古帝王或古代名人，以言其古老，也表示信而有徵。技術類圖書更喜歡託古，稱「黃帝飛鳥曆」就是言其古老，倒未必真是黃帝創造的。可惜，這些書的內容具體都是些甚麼，今人已不甚了了。

鳥曆反映了古人對太陽的崇拜以及相關季節規律的認識。古人認為，鳥會飛翔，太陽也在空中運轉，所以，太陽和飛鳥間就有着神秘的聯繫，如很早就流傳的金鳥負日神話，日中有金黃色的三足烏，每日負載太陽東升西降，人間方有日出日落，用以確立時間的移轉，因此日神即鳥神，金烏、赤烏也成為太陽的別名。

鳥曆或者物候曆，都是根據花草蟲鳥等動植物的生長伏藏來確定時間，說白了就是根據氣溫的變化。但影響氣溫變化的因素很多，這些曆法終究有些粗疏。古人後來遂用更精確的立表測影來明曆治時，對於鳥曆這類知識反而不是很了解了。春秋時，魯昭公就曾問有學問的郯子：上古帝王少皞氏為何以鳥名官呢？郯子回答道：因為當他即位之時，鳳鳥適至，故以鳥名為官名。鳳鳥知天時，故以名曆正（主治曆數正天時）之官。玄鳥（燕）春分來秋分去，故以玄鳥氏名司分之官；伯趙，即伯勞鳥，夏至鳴，冬至止，故以伯趙氏名司至之官；青鳥，即鶬鴳，立春鳴，立夏止，故以青鳥氏名司啟之官；丹鳥，即鷩雉，立秋來，立冬去，故以丹鳥氏名司閉之官。這裏除鳳鳥可作祥瑞看，

唐代青瓷鳥塤

安徽繁昌出土，安徽博物院藏。塤原是先民狩獵工具，有吹孔，可模擬禽鳥鳴聲以誘捕，塤有陶製、石製、骨製等，青瓷製較少見。

其餘四鳥都是候鳥，一年中有規律地在某地出現，與當地氣候密切相關，故可作農事參照，古人遂以此命官。在春秋時，大概也只有少數博學之人才懂得這些由來。

其實，從古到今，鳥曆，或者物候曆都是滲透在農事生活中的，只是我們不太注意罷了。比如《詩經．豳風．七月》以時令為線索綰合人事，講述了周代社會一年的農事生活，其中就多有鳥曆的影子。「春日載陽，有鳴倉庚。」倉庚，即黃鸝，鄭玄註云：「倉庚仲春而鳴，嫁娶之候也。」春天來了，黃鸝鳥鳴叫求偶，與自然相呼應，這也是適齡青年談婚論嫁的好時節。又云：「七月鳴鵙，八月載績。」鵙，類似伯勞鳥，夏至開始鳴叫求偶，冬至後就飛走了，也可以看作時令的標誌。此外還有昆蟲的活動，姑且稱作「蟲曆」：「四月秀葽，五月鳴蜩。」蜩，即蟬，初夏季節，蟬的若蟲從地下鑽洞出來，爬至樹上蛻殼為蟬，遂開始夏日蟬鳴。「五月斯螽動股，六月莎雞振羽。七月在野，八月在宇，九月在戶，十月蟋蟀入我床下。」斯螽，是一種尖頭蚱蜢，也有人說是蟈蟈；莎雞，俗名紡織娘娘，一說是蟈蟈或蟋蟀。詩中談時令的推移轉換，讓自然蟲鳥代言，都是極妙的句子。

這種表達我們看着很有詩意，但其實就是古人的生活白描，在一些少數民族流傳的古老史詩中也都很常見，比如彝族史詩《梅葛》劃分季節：河邊楊柳發芽了，大山梁子松樹上，布穀鳥兒聲聲叫……春天就要到。河邊水田裏，蛤蟆叫三聲，大山水菁裏，青蛙叫三聲，夏季就要到。天上雁鵝飛，飛飛地上歇，雁鵝叫三聲，冬季就要到。北方民間至今還流傳「九九歌」，也包含着物候曆、鳥曆：「一九二九不出手，三九四九冰上走，五九六九沿河看柳，七九河開八九雁來，九九加一九，耕牛遍地走。」

鳥曆、物候曆包含着樸素的科學，也有神秘的操作，這些當是極普遍的民間知識，所以，深諳大自然語言，通曉農事節奏，不僅是農夫，也成為農耕社會文人的特徵。如陸游《鳥啼》：「野人無曆日，鳥啼知四時。二月聞子規，春耕不可遲。三月聞黃鸝，幼婦憫蠶飢。四月鳴布穀，家家蠶上簇。五月鳴鴉舅，苗稚憂草茂。」這首詩似亦不妨看作物候詩。翁卷《鄉村四月》：「綠遍山原白滿州，子規聲裏雨如煙。鄉村四月閒人少，才了蠶桑又插田。」畫意詩情又何嘗離得開農事知識？

而對於民氓百姓，則更喜歡以時令小吃和各類祈祝活動來強調節令的到來。東漢農書《四民月令》說立春要「日食生菜……取迎新之意」。東漢應劭《風俗通義》也記載當日吃「五辛菜」，大約就是葱、薑、蒜、韭、芥等五種帶有辛辣味兒的蔬菜。古人講五行，人體五臟經過一個冬天，積儲了很多陳舊穢氣，春天到來，就要藉自然之新鮮生氣將其洩發出去，而且「五辛」諧音「五新」，亦可討個好彩頭。現在南北方流行的春卷、春餅都是其流波餘韻。此外，立春這天很多地方還要「打春」，又叫「鞭春（土）牛」，以泥土做土牛，腹內塞滿五穀，捶打破爛之後，五穀流淌出來，是極好的兆頭。把這些五穀撿拾回去，放在自家穀倉內，則新年倉滿糧足就指日可待了。

假如我們把一年比作一場馬拉松，一個個節氣就是兩旁不時出現的路標，這樣，長途截短，每個點都是新的起點，日子就變得新鮮有趣多了。唐代盧仝有詩《人日立春》：「春度春歸無限春，今朝方始覺成人。從今克己應猶及，顏與梅花俱自新。」頗能道出人們的情感和祈願吧。

寒食與改火

清明前一兩日被稱作「寒食」，傳統上這天不點火燒飯，僅吃冷食，所以又稱冷節、禁煙節，相傳是為紀念春秋忠臣介子推而確立的。不過，和眾多節日傳說一樣，此說亦多屬附會。

介子推即介之推，史上確有其人。《左傳．僖公二十四年》載，晉獻公寵妃驪姬，欲改立自己的兒子奚齊為太子，設計陷害太子申生，迫其自殺，而公子夷吾和重耳也只得逃亡。重耳，即後來的春秋五霸之一晉文公。他流亡十九年後，在老丈人秦穆公的武力干涉下，才回國即晉侯之位。當年追隨他流亡的賢士多人，其中有五位最重要，介子推即是其中之一。即位後，這些年來跟隨他流亡的屬下大臣，均獲得不菲的賞賜，或得重金，或領封地，可不知怎的，獨獨介子推未獲任何封賞。他本人亦不願主動邀功爭祿，遂偕母隱居山林而死。晉侯事後有所醒悟，遍尋介子推而不得，遂賜予綿上之地作為其祭田，以示悔意和表彰。這綿上，就在今天山西介休市南、沁源縣西北的介山之下。

這介子推到底有何功勞，值得人們這麼紀念他？《左傳》記載很簡單，沒有提供甚麼線索。倒是民間有很多傳聞，細節也補充得愈來愈豐富，《莊子．盜跖》《說苑．復恩》等典籍都有一些記載。據說，重耳流亡時曾一度絕糧，眾臣皆採野菜為食，可重耳哪裏受過這種苦，根本嚥不下去。

介子推遂悄悄把腿上肉割下一塊，與野菜一同煮成羹湯，遂救了重耳一命。重耳大受感動，允諾有朝一日復國，定要好好報答介子推。然而歸國後卻忘了此事，封賞功臣獨獨沒有介子推，介子推遂怒而離去，歸隱綿山。其從人憐之，為之報不平，乃懸書宮門曰：

> 有龍矯矯，頃失其所。五蛇從之，周遍天下。龍飢無食，一蛇割股。龍返其淵，安其壤土。四蛇入穴，皆有處所。一蛇無穴，號於中野。

這是一首隱詩，龍，即指晉文公重耳，五蛇，即指追隨他流亡的包括介子推在內的五位功臣。不過，在後世轉述中，更多的說法是介子推見眾人爭功，恥與之為伍，遂大隱山林。而晉文公悔過，焚山逼其現身，無奈介子推不為所動，遂抱木而焚。

後來，寒食節紀念介子推就是從他的封地綿山一帶興起的。到漢末，山西民間甚至要禁火一個月表示紀念。此時天氣還挺冷，甚至時有倒春寒，長達一月的寒食是不小的考驗，為此曹操曾下令取消這個習俗，令云：「聞太原、上黨、雁門冬至後百五日皆絕火寒食，云為子推。」「令到，人不得寒食。犯者，家長半歲刑，主吏百日刑，令長奪一月俸。」

「割股為食」與「抱木焚死」都行為極端，有違情理，但在後人眼裏卻見出忠義恩情，也見出鄙棄功名利祿的氣節，便樂得渲染這些故事，於是，「百姓哀之，忌日為之斷火，煮醴而食之，名曰寒食，蓋清明節前一日是也」（北魏賈思勰《齊民要術・卷九・煮醴酪第八十五》）。

寒食之託始於介子（介子推尊稱）焚死，跟五月端午之託始於屈子（屈原尊稱）沉江思路是一樣的，不同的是，屈子沉江確有其事，而介子焚死則更像是渲染編造的產物。民俗學家討論寒食節的來歷，更願意將其溯源於傳統的「改火」習俗。

在古代，取火比現代困難得多，家中一般均保留火種。但古人認為燒得太久的火會引發疾病，因此，要定期滅舊火，鑽燧取新火。據說，鑽木取火，四季換用不同木材，春取榆柳之火，夏取棗杏之火，季夏取桑柘之火，秋取柞楢之火，冬取槐檀之火。一年之中，鑽火各異木，故「改火」又有「改木」的説法。不過後來，僅在春季，也就是寒食節後兩日行改火儀式。《周禮・司烜氏》載：「仲春，以木鐸修火禁於國中。」司烜氏即司火官，他搖着木鈴宣佈全國禁火，之後再舉行儀式，鑽木取得新火。清明前後還需再「出火」，即取用新火燒山焚田，以此祛除邪辟之氣，救時疾、去茲毒。

今天看來，燒山焚田可燒死蟲卵草籽，草木灰又是上好的鉀肥，改火儀式中所謂驅邪的內容也並不單純屬於迷信，而是和傳統的農事活動息息相關。因為從時間上看，出火之時正是我國古代北方主要作物播種的時間，農諺曰：「清明前後，種瓜點豆。」改火是保證豐收不可或缺的。古代各種宗教和民間信仰儀式最初都有比較明確的目的，也大都有些實際的作用，只是古人未必能夠理解這麼多，遂把它們神秘化了。

改火風俗源於對火神的崇拜，先民在與大自然的抗爭中，正是因為有了火，才退避猛獸，免於寒冷，走出茹毛飲血的荒蠻，獲得更好的生存條件，因此，改火並非中國獨有，古希臘、古羅馬乃至近代歐洲都有傳説和遺存（篝火節即為一例）。至今，東北的鄂倫春人對火都有一系列嚴格的禁忌：比如不許隨意向火堆潑水、扔髒物、吐痰，或用刀、棍等鋭物向火中亂捅，以免觸怒和傷害火神。每當人們搬遷時，不許以水滅火，而是要將火種一併帶走。每年春季，鄂倫春人仍進行古老的生火儀式：晚八點左右，巫師燃起火把，用古老的語言對火神行拜頌祝辭，然後將火把交與族長手中，點燃篝火，之後共同歡慶。

從各地情況看，早期改火儀式是要焚死人牲作為獻祭的，據説這也同時象徵植物神的死亡和新生。改火首先要停火，因此，滅火後只能吃冷食，寒食不僅是不得已，更有哀悼犧牲者的意義。當祭祀用人牲的方式遭到摒棄，改火習俗漸趨衰微，人們對改火和寒食的原本意義不很理解時，自然就會希望對其起因，特別是對其何以產生哀悼性質做出合理解釋，於是，介子推抱木焚死的故事就和寒食節發生了密切的關聯。

小滿苦菜秀

小滿是夏季的第二個節氣，在每年五月二十日到二十二日之間。從氣候特徵來看，小滿到下一個芒種節氣期間，全國各地漸次進入夏季。《月令》七十二候集解：「小滿者，物至於此，小得盈滿。」意謂麥類等夏熟作物的籽粒開始灌漿，進入乳熟飽滿階段，但尚未真正成熟，只是小滿，還未大滿，故黃河中下游一帶有民諺云：「小滿不滿，麥有一險。」意思是小麥正值灌漿，需要較為充足的水份，假如此時遭受乾熱風的侵害，灌漿不足，就會粒籽乾癟而減產，傳統的防禦方式是營造防風林帶。

不過，南方地區不種麥，關於小滿節氣的農諺大都反映此時降雨多、雨量大的氣候特徵，如「小滿大滿江河滿」「小滿不滿，無水洗碗」。假如氣候反常，雨水不足，就有一連串問題：「小滿不滿，乾斷田坎」「小滿不滿，芒種不管」「小滿不下，犁耙高掛」。意思是小滿時田地若蓄水不足，就可能造成田坎乾裂，甚至芒種時也無法栽插水稻。

假如老天爺給力，雨水恰到好處，那就有得忙了。江南農諺云：「小滿動三車，忙得不知他。」三車，指水車、油車和絲車。此時，莊稼需要充裕的水份，農人便忙着踏水車翻水；此時油菜籽成熟收穫，也要趕緊春打晾曬，做成菜籽油；而小滿前後，蠶開始結繭，養蠶人家遂忙着搖動絲車繅

漢代木牛拉犁
武威市磨嘴子漢墓出土，甘肅省博物館藏。

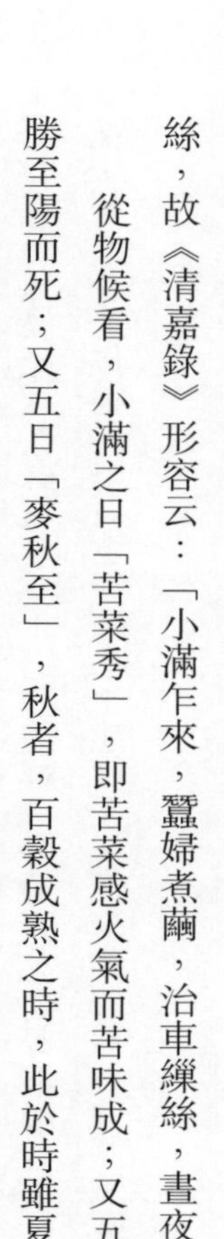

絲，故《清嘉錄》形容云：「小滿乍來，蠶婦煮繭，治車繅絲，晝夜操作。」

從物候看，小滿之日「苦菜秀」，即苦菜感火氣而苦味成；又五日「靡草死」，即喜陰植物不勝至陽而死；又五日「麥秋至」，秋者，百穀成熟之時，此於時雖夏，於麥則秋，故云麥秋也。古人日常蔬食部份來自種植，部份則來自野外採摘，故對各類植物如數家珍，小滿三候即體現了這一點。為了獲得自然的饋贈，人們踩着時間的腳步採集、撿拾、挖掘、種植，古老的物候學飽含着人們對自然的敬意。

小滿之後，夏糧漸漸成熟，而野外田頭各種野菜也過了最佳採摘期，莖葉纖維增多，口感偏老，也更苦，但仍可補充餐桌。中國傳統飲食中對苦味情有獨鍾，大概很大程度上來源於對苦味野菜的情感。我們讀《詩經》，會發現裏面談及野生草木有百餘種，大都和吃食有關，很多詩篇即以採摘野菜作為詩意的起興和過渡，如上面所說苦菜（苦蕒菜），又稱「苦」「荼」，《詩經．唐風．采苓》：「采苦采苦，首陽之下。」《詩經．豳風．七月》：「采荼薪樗，食我農夫。」其他如採蘩、採薇、採苓、採葛、採蕨、採蘋、採葑、採菲、採芑、採荇菜、採卷耳、採芣苢等等不一而足。古老的詩篇透露了各種獲取食物的故事，展現大自然以何種方式賦予先民食物，先民又是如何與自然和諧相處。透過這些舌尖上的味道，人們了解了世代相傳的傳統生活方式，而這種方式又漸漸形成東方人獨特的味覺審美，以及特有的生存智慧和價值觀念。

苦味，在口感上其實等同於藥味，傳統中醫就認為許多苦味食物都具有清熱、涼血和解毒的功能。《本草綱目》云：（苦菜）久服，安心益氣，輕身耐老。因此，醫學上多用苦菜來治療熱症。古人還用它醒酒，民間飲食稱為「解毒敗火」。不過，苦味終究是人本能排斥的一種口感，為了讓苦菜更好地被人們接受，中國人也想盡了法子，比如把苦菜水焯冷淘後涼拌，調以鹽、醋、辣油或蒜泥，清涼辣香，配饅頭、米飯，可增食慾。或焯水後，擠出苦汁，做湯、熱炒、煮麵，也別具風味。再奢侈一些，還可配肉餡，做包子、餛飩、水餃。苦菜焯水，既去除部份苦味，又保留了野菜的清香，經水火的洗禮，涅槃而生，幻化出別樣的美食。

酸甜苦辣鹹，煎炒烹炸煮，鹽漬、糖漬、油浸、晾曬、風乾、冷凍，在幾千年的漫長歲月中，食物的獲取和製作逐漸發酵成文化，為中國人品味各自人生況味，找到一種特殊的表達語境。《詩經．小雅．穀風》云：「誰謂荼苦，其甘如薺。」誰說苦菜味最苦，在我看來甜如薺。苦與甜既是舌尖的味覺體會，也是心裏的體察感知。蘇軾一生四次被貶，發配蠻荒，常常「食無肉，病無藥，居無室，出無友，冬無炭」，日常以根莖野菜為食。曾作《菜羹賦》，細述菜羹製作過程：以山泉洗濯，取其葉根，點火上灶，放入膏油。待鍋內熱氣香津騰騰，加入豆米攪勻，不放醋醬、椒桂之類調料。用武火燒開後，續以文火煨燉。看菜蔬隨水翻滾，終成酥爛濃湯，遂盛入盤碗慢慢享用，消磨暮靄和晨光。在蘇軾筆下，這些溪畔澤旁的野菜何等清醇甘美，烹調食用的過程又何等閒適風雅。若無以苦作樂、堅毅達觀的人生態度，又何來如此詩意的體驗呢？

端午人物

若對傳統歲時節俗追本溯源，大多都能歸結為兩個基本動因，即祈福和禳災。古人應對外界事物的知識和能力有限，為趨利避害，在特定時日藉助巫術和宗教信仰，以及各種儀式獲得心理安慰，是最為現實的舉動。而隨着人們能力、心智的提高，節俗遂漸漸被賦予更多的社會、倫理意義，許多歷史人物因之成為節日主角，寒食節和端午節都很有代表性。

端午是為紀念屈子投江，這一影響最大的說法早在戰國時就在楚地流傳了。然而與此同時，吳國流行的說法是為紀念伍子胥。想當年吳越爭霸，越王勾踐兵敗投降被俘。伍子胥屢屢勸諫吳王夫差要徹底消滅越國以免後患，奈何吳王不聽，反而聽信讒言，認定伍子胥謀反，派人賜屬鏤之劍，令其自絕。伍子胥憤恨不已，自盡前囑咐家人，死後要將自己的雙目挖出，掛在東城門。他要親眼看着吳國怎樣被越國所滅。吳王夫差聞聽大怒，將其屍體拋入江中。百姓愛其忠貞，哀其不幸，划龍舟救撈其屍身，又在江邊立祠紀念，遂成端午風俗。

而越國流行的看法卻是為紀念越王勾踐的，稱勾踐被夫差所俘，臥薪嚐膽，放回後拚命訓練水師，最終一舉消滅吳國，故有龍舟競渡，以示對當年水戰成功的紀念。

漢代推崇孝道，關於端午節，又有為紀念孝女曹娥的說法。曹娥年十四，東漢會稽上虞人。其父溺死後日夜痛哭，端午日竟投江，三日抱其父屍浮出水面。又有說曹娥是伍子胥之女，投江為救父親，等等。

可見，上述諸多傳說不僅有時代特色，也有「地方主義」色彩，還彼此交雜。民國時期，江紹原等民俗學家認真分析了這些說法，認為大都為後人附會，因為早在屈原前，端午節已在各地廣為流行了，其最初的目的只是為了「禳災」而已。

古人認為五月是「惡月」，為陰氣始盛之月，初五則為陰氣始盛之惡日，故這天當祛邪避惡。五月初五何來「惡」？蓋早期曆法運算不甚精密，農曆端午和陽曆夏至日接近，如西晉周處《風土記》就稱時俗重視端午，因其「與夏至同」（《太平御覽》卷三十一），而夏至這天，太陽移至最高點，此時「陰陽爭，死生分」（《禮記・月令》），惡毒凶邪之氣尚盛，故疾疫易流行，百事多禁忌，如不可剃頭曬被、糊窗蓋屋、遷居流徙等。更有甚者，此日亦不可生子。據《史記・孟嘗君列傳》載，戰國時田嬰之妾恰逢此日生育一子，不忍扼殺，遂偷偷撫養成人，後田嬰得知，大為光火，斥責曰：「五月子者，長與戶齊，將不利其父母。」意思是，端午所生子女，身上邪氣過多，長大後會「妨」父母，男害父，女害母。因此，為避此惡氣，民間也想出許多辦法，如浴蘭湯，飲雄黃，懸朱索、桃符、艾草於門戶之上，以五彩絲繫臂等，食粽也是祭神祖以求福祉的遺存而已。

不過，時俗節令一代代傳下來，不斷往裏面加作料，這就是文化的延續，它可以讓節日更有意味，也更能滿足人們的精神需求。從上述分析看，先後有四位歷史人物入圍「端午人物」，他們的

人生故事也都令人感動，但何以屈原最終勝出呢？

民俗學家們又好好分析了一下，覺得屈原是憂國憂民悲憤而死，伍子胥是被迫無奈而死，曹娥是為父親盡孝而死，勾踐只是為了慶賀成功。相比之下，大概人們更推崇屈原的愛國情操。屈子不忍看到國破家亡、百姓流離顛沛，雖有心報國，卻無力回天，於是選擇以死明志，這種對家國的愛是一種「大愛」，相比之下，伍子胥個人的恩怨情仇和曹娥對父親的「小愛」等均不能比擬。更何況，屈原才華橫溢，是位大詩人，社會影響力巨大。屈原留下諸多膾炙人口的名句：「長太息以掩涕兮，哀民生之多艱。」「路漫漫其修遠兮，吾將上下而求索。」「亦余心之所善兮，雖九死其猶未悔。」因此，從屈原身上，人們能看到諸多美好品格：正直峻潔、剛正不阿、超凡脱俗、寧死不污、殉身理想、九死不悔，等等。諸位歷史人物中，屈原人氣最旺，有良好公眾形象，最終入選「端午人物」理所當然。

聞一多在《端午的歷史教育》中曾談及上述現象，認為節俗的產生根源於民眾生活的某些實際需求，而後世的附會，只不過是姑妄言之的「謊」而已。不過，在兒童教育上，這些聰明睿智的「謊」卻可發揮不小的積極作用。這也就難怪，迄今為止，在民眾婦孺眼裏，忠貞愛國的屈原仍然是端午來源的正解。

夏至消暑

《詩經．豳風．七月》描寫全年歲時活動，其中一段文字頗俏皮：「七月在野，八月在宇，九月在戶，十月蟋蟀入我床下。」時令的變化依蟋蟀的活動而展開，彷彿時令的推移遊走就是昆蟲蟋蟀牽引而來，又銜引而去。「八月在宇」後來被化用到小暑節氣，用以描述小暑第二候，即「蟋蟀居宇」。

夏至、小暑、大暑，這三個節氣相繼而來，標誌着天氣漸漸濕悶燥熱。夏至，白晝最長，卻非最熱。古人認為，此時熱氣尚潛伏在土，十餘日後，暑熱方漸次發散，此即小暑；再十餘日，則達到極致，為大暑。這段時間也是人們常說的「伏日」，體現的是陰陽五行思想：「伏者謂陰氣將起，迫於殘陽而未得升，故謂藏伏，因名伏日也。」（《漢書．郊祀志》顏師古註）不過，按照民間的說法，「伏」就是天氣太熱了，宜伏不宜動，所謂心靜自然涼。

俗言道：「寒有三九，熱有三伏。」三伏是一年中最熱的三四十天，這個時令是按照古代「干支紀日法」確定的。每年夏至後第三個庚日（指干支紀日中帶有「庚」字的日子）為頭伏，第四個庚日為中伏，立秋後第一個庚日為末伏。每伏十天，共三十天，有的年份，「中伏」為二十天，則共有四十天。

伏日酷熱難挨，舊時沒有空調，卻也有各自的清涼法子。達官貴胄可移至清涼別館，或取窖藏冰塊納涼，故自西周時就有凌人負責為周王室冬日取冰藏冰。隆冬時節，從江河湖泊鑿取一尺見方的冰塊，納於山陰處冰窖裏，冰塊間以稻草相隔，堆滿後封住窖口，再用泥巴稻草交錯覆蓋成丘，或上面再搭涼棚以蔽日。如此保存到夏日，就有寒冰可取了。

不過，即便這樣小心保藏，夏季開窖取冰時，冰塊也常常僅存三分之一，故古時納涼對象中，冰實在是極端的奢侈品，不是一般人能消受得起的。唐宋時，到了伏日，皇帝會賜冰或冰鎮食物給大臣們，當然得到的也是少數。據宋代《歲時雜記》載：「京師三伏，唯史官賜冰麨，百司休務而已。自初伏日為始，每日賜近臣冰，人四匣，凡六次。」可見，除了近臣與史官，其他官員只是多放幾天「消暑」假而已。近臣與皇帝關係密切，獲得格外恩賞倒不奇怪，史官何以得此特殊待遇？大概是因史官伏日也不放假。古代史官有兩項重要職責：一是隨時記錄君王言行，所謂「君舉必書」，以此方式警戒君王，防止其任性而為，近可避免過失，遠可垂範後王。所以，從漢代以後，幾乎歷代帝王都有起居注，記錄君王每日每時的活動。二是古代史官因為熟知歷代典籍，具備天文曆法、典章制度等多方面知識，皇帝有不明白的，可隨時諮詢，因此，史官又可謂貼身機要秘書和智囊團，由此才沒有放假一說。

不過到了清代，宮廷三伏天賜冰就已普及每一位官吏了。據清代《燕京歲時記》載：京師自暑伏日起，至立秋日止，各衙門例有賜冰。屆時由工部製作冰票，自行領取，多寡不同，各有等差。

發冰票領冰，大概還是歷史上頭一回，算得上一次物資分配方式的創新了。憑票供應，說白了還是因為冰純屬緊俏物資，我國二十世紀有一段時期，幾乎所有涉及民生的物資商品都是計劃使用和憑票供應的，究其原因，還是物資匱乏的緣故。

清代民間商業比較發達，稍微富裕一點的地方，只要捨得花錢，普通百姓也能享受到伏日涼冰的舒適。據《清嘉錄》記載，江浙一帶三伏天常有農人擔賣涼冰，也就是冰鎮水果，碎冰中雜以楊梅、桃子、花紅之類，俗呼冰楊梅、冰桃子。又據《清稗類鈔》記載，北京夏日還有用「冰果」宴客的風俗：「京師夏日之宴客，飣盤既設，先進冰果。冰果者，為鮮核桃、鮮藕、鮮菱、鮮蓮子之類，雜置小冰塊於中，其涼徹齒而沁心也。此後，則繼以熱葷四盤。」三伏天用這樣的酒宴待客大概是很排場體面的。不過，俗話說：人比人得死，貨比貨得扔。據《天寶遺事》記載，楊貴妃得寵之時，楊家每至伏中，「取大冰，使匠琢成山，周圍於宴席間」。赴宴者個個都冷得面露寒色。和這個待客排場比起來，《清稗類鈔》所記簡直就是小巫見大巫。

寒冰消暑終究奢侈昂貴，舊時民間也有很多便宜的消夏法子，比如飲用涼茶。從宋代記錄看，彼時已有綠豆冰、梨汁、木瓜汁、酸梅湯、紅茶水、椰子酒、薑蜜水、紫蘇飲等十餘種飲品。或者更簡單些，將時令瓜果浸在清涼井水中，待浸透後取出食用也同樣沁人心脾，這種辦法現在鄉間還能看到。正午時分，蟬鳴聒噪，瓜棚樹下，或飲茶，或食清涼瓜果，或打打盹兒，也是頗為愜意的。

舊時睡覺納涼的對象中，有一種叫「竹夫人」的，很有趣。所謂「竹夫人」，其實是一種竹籠，

用光滑精細的竹皮縱橫交織編結而成，渾身孔隙，一端有底，一端開口。睡覺時將此玲瓏多孔的竹籠抱在懷中，既免除肌膚緊挨的黏熱，還便於空氣流通。伏日過後不用，還可將涼席捲起塞入其中一起收藏，如此看，的確是聰明的發明。竹夫人類似今天的抱枕，肌膚相親，卻不解風情，此夫人非彼夫人也，故民間有謎面云：「有眼無眉腹內空，雖是夫妻不相同。梧桐落葉分開去，桃花結子再相逢。」

中秋：嫦娥與蟾蜍

中秋節源自古老的祭月拜月儀式，唐代方定為節日，嫦娥奔月、吳剛伐桂、玉兔搗藥等一系神話故事也漸漸融合進來，使得節日充滿浪漫色彩。最流行的說法是嫦娥因偷食夫君后羿從西王母處尋來的不死之藥，飛入月宮，化為仙子。為了自己不老、成仙而不顧夫妻情義，違背道義行偷竊之實，人們還是頗有責備的。但看嫦娥獨處月宮，身清影冷，覺得也算是得了懲罰，便又生出些同情來。李商隱有《嫦娥》詩云：「雲母屏風燭影深，長河漸落曉星沉。嫦娥應悔偷靈藥，碧海青天夜夜心。」對這位起舞弄清影的美貌仙子也是頗為憐惜。

然而又有傳說，后羿的徒弟逢蒙欲竊仙藥，趁着后羿同眾人外出狩獵，執劍闖入內宅，逼迫嫦娥交出仙藥。嫦娥自覺無力阻止逢蒙，為免仙藥落於其手，不得已吞食下去。誰承想，吞藥之後，嫦娥竟飄飄悠悠飛升起來，她不忍離后羿而去，遂飄至月宮，滯留於此。廣寒寂寥，悵然有喪，故事就更為淒美了。

然而，更早期的傳說卻並無這些令人唏噓感嘆的故事，嫦娥也非化作風姿綽約的仙子，而是因偷藥變作月精蟾蜍。漢代很多畫像石上都有月精蟾蜍的圖像，或被鎖鏈牽引束縛，或罰做搗藥苦工。如四川新津出土一畫像磚，月輪中桂樹下，有一側身匍匐的蟾蜍，其頸項即被鐵鏈鎖於樹幹上。而

山東嘉祥一畫像石則有蟾蜍屈腿而立，雙手托舉大石臼懸於頭頂，其左右各有一更為高大的玉兔，扶臼持杵用力搗藥。從畫面觀感來看，蟾蜍似不堪重負，甚是辛苦。從這些圖像中，我們都可以看出蟾蜍受到貶斥和懲罰的意味。李商隱《寄遠》詩云：「嫦娥搗藥無窮已，玉女投壺未肯休。」這表明，嫦娥因行為不軌被罰做搗藥苦工的說法在唐代仍未絕跡。

同樣接受懲罰的還有吳剛。相傳吳剛曾離家學仙道，而炎帝之孫伯陵竟趁此機會與吳剛之妻私通，還誕下孩子。一怒之下，吳剛殺了伯陵，惹怒炎帝，遂被發配月中砍伐月桂。月桂高達五百丈，為不死之樹，隨砍隨合，故此勞作永無休止，陰冷的月宮成為流放貶謫之地。

在浩瀚廣袤的宇宙中，月球是離我們最近的星球，它的圓缺變化牽動着地球海洋的潮汐起伏，在古人眼裏，這真是一處神秘的所在。人們好奇、觀察，試圖對其神秘做出更合理的解釋。傳說月中有蟾蜍，大約最初是因為憑藉肉眼觀瞧，月中陰影部份隱約呈現出蟾蜍的形狀，所以屈原在《天問》中就發問：「夜光何德，死則又育？厥利維何，而顧菟在腹？」意思是：月亮有甚麼樣的德行，缺了又圓？月亮有甚麼好處，竟然讓蟾蜍常居其腹？根據聞一多先生的論證，此「顧菟」即蟾蜍，即俗稱的癩蛤蟆。人們相信月中有蟾，所以又將月宮俗稱為「蟾宮」。唐代許晝《中秋月》詩云：「應是蟾宮別有情，每逢秋半倍澄清。」又因月圓如盤而明亮，故又稱「蟾盤」或「蟾光」。曹松《中秋對月》：「無雲世界秋三五，共看蟾盤上海涯。」明代童軒《中秋對月》：「吟倚南樓思爽然，蟾光飛上一輪圓。」等等。又因月亮陰影有似桂樹，故傳蟾宮中有桂。唐代科舉之後，即把科舉及第稱為「蟾宮折桂」，稱考中新進士為「蟾宮客」。

其實，蟾蜍，俗稱癩蛤蟆、癩刺、癩疙寶，其體表有許多疙瘩，打眼一看，心裏已經不適，更何況疙瘩裏還有毒腺。《本草綱目》釋蟾蜍：「此是腹大、皮上多痱磊者。其皮汁甚有毒，犬齧之，口皆腫。」因此，民間對牠還是頗為厭畏的。但人有個有趣的特點，令人畏懼的事物，反而愈容易引起崇拜之心，所以舊時認為，蟾蜍有一種特殊的神秘力量，可避兵避邪，如《太平御覽》引《抱朴子》云：「肉芝者，謂萬歲蟾蜍……以五月五日中時取之，陰乾百日，以其左足畫地，即為流水，帶其左手於身，辟五兵，若敵人射己者，弓、弩、矢皆反還自向也。」大意是，端午節將蟾蜍曬乾戴在胸前做盾牌，可令射向自己的箭矢反向而行。假如再特別一些，五月端午這天，選五隻向東而行的蟾蜍，將其四肢倒背捆縛，關進密室，次日清晨觀察，哪一只能自行解開，哪一隻就可用來作自我逃脱繩索的法器，如《本草綱目》又云：「五月五日，取東行者五枚，反縛着密室中閉之。明旦視自解者，取為術用，能使人縛亦自解。」

除此以外，民間還認為蟾蜍是長壽靈物，故有「千歲蟾蜍」之説，如早期道教典籍《抱朴子》云：「蟾蜍三千歲。」晉郭璞《玄中記》亦云：「千歲蟾蜍，頭生角，得而食之，壽千歲。」大概是因為蟾蜍為嫦娥所化，嫦娥又是服了長生不老仙丹的，故蟾蜍能聚陰精，必帶有仙氣，具有靈性。自古及今，人們都期望長生不老，既然蟾蜍長壽，那自然是祥瑞，所以，金蟾今天還是中秋吉祥之寶。

漢畫像石「嫦娥奔月」，南陽漢畫館藏。

山東嘉祥宋山漢畫像石
《玉兔搗藥圖》

四川新津漢畫像磚女媧圖（局部）

以金烏作日神象徵、以蟾蜍作月神象徵，都是先秦時就有的觀念，然而被縛或被罰苦役的蟾蜍形象卻多出現在漢代。這或許都是嫦娥偷食仙藥故事而造成的負面影響，也體現出早期人們對於月亮圓缺神秘現象的猜疑和敬畏。比如漢代有「蟾蜍去月，天下大亂」（《河圖稽耀鈎》）的說法，「去」即離開，意思是，假如蟾蜍離開了月亮，那就會引發天下大亂。又稱「月照天下，蝕于蟾蜍」（《淮南子・說林訓》），意思是月亮光照天下，但月中有蟾蜍，牠偷食成性，假如某天又貪嘴將月亮吞食，就會引發月虧。所以，既然月中蟾蜍有如此干擾和影響，那加以懲戒或約束就是最好的法子了。

如果嫦娥知道竊藥會引來如此後果，後悔是一定的。

重陽與長壽

農曆九月初九是重陽節，又稱老人節，這天除登高的習俗外，還要祭祖以及舉行各種敬老活動。這個習俗可追溯到漢代，《西京雜記》載：「九月九日，佩茱萸，食蓬餌，飲菊花酒，云令人長壽。」「九」是大數，又與「久」諧音，這恐怕是其成為老人節的原因。茱萸，又名越椒、艾子，是一種常綠帶香的植物，中醫認為能殺蟲消毒、逐寒袪風。木本茱萸有吳茱萸、山茱萸和食茱萸之分，都是著名的中藥。九月九日爬山登高，臂上佩戴插着茱萸的布袋（舊稱「茱萸囊」），可以驅邪避晦。「蓬餌」據說是用黍蓬以及黍米製作的糕點，餌就是糕點、米果的意思。後來，「蓬餌」逐漸演變為今日的「重陽糕」，多用米粉、豆粉製作，再點綴些棗、栗、杏仁等乾果，加糖蒸製或烙製而成。當然，各地物產有差異，重陽糕也沒有定例，有的地方在糕上插五色小彩旗，以示五行，夾餡並印上雙羊圖案，取「重陽（羊）」之義。

重陽節氛圍是非常喜慶的。人們對年長者表達孝敬和祝福，也願沾沾長壽的福氣，這是重陽節的文化和心理基礎，故有詩云：「重九江村午宴開，奉觴祝壽菊花醅。明年更比今年健，共把青春倒挽回。」

從古至今，人們都在努力追求長壽，對不同年齡生理特徵也有清晰的認識，比如《周禮》認為人到五十歲開始衰老，六十歲非肉不飽，七十歲非帛不暖，八十歲非人不暖（單憑自己已經無法保持體溫），九十歲陽氣衰微，有人幫助也無法暖身了。這種按照年齡劃定生命週期的做法，大約奠基於古代的經驗醫學，關注的是年齡的自然屬性以及相應帶來的身體上的變化。

還有一種對年齡的認識帶有社會屬性，比如關於「壽坎」之説，認為某些年齡是生命的「坎兒」，會有性命之憂，如民諺説「七十三，八十四，閻王不叫自己去」。這大約源於人們對聖人壽命的癡迷，因為七十三、八十四分別是孔子和孟子的壽祿。這兩個「壽坎」對國人影響最深。人們覺得，即便如孔孟這樣的聖人，都沒有度過這個「坎兒」，那常人更是無可奈何吧。有些農村老人，對此數字很警覺，竟有點草木皆兵的意思。假如自己正值這個歲數生病，心裏壓力就很大，覺得過不去了。而一旦過了這個坎兒，心情則大好，身體有時也竟然更加硬朗起來。

中原一帶一度還忌諱「四十五」歲，認為這也是個坎兒，假如到了這個歲數，旁人問起來，就要説：「去年四十四。」或者説：「明年四十六。」總之要避諱。據説，這風習和北宋名臣包拯有關。據《汴梁瑣記》解釋，河南一帶有傳説，當年包拯曾奉命到陳州放糧，突遇強盜，情急之下，喬裝成下人方逃出險地，幸免於難。其時，包拯恰好四十五歲，可見此年會有厄運。包拯是歷史上有名的清官，民間頗為崇拜，故民眾諱言這一數字。

對年齡數字的避諱五花八門，比如有些地方還避諱一些滿數、整數，如六十六，北方民間有個説法：「人活六十六，閻王要吃肉。」意思是，六十六也是老年人的一個坎兒，閻王爺想吃肉，正掰着指頭算呢，好到時把人拿了去。所以，又有地方說：「六月六，要吃閨女一刀肉。」意思是，父母若六十六歲，做女兒的要在六月六這一天，到肉舖割一刀肉回來送給父母，以此來跟閻王爺交換，好免了父母的災。這一刀肉很有講究，在農村，屠夫大都懂這個規矩，只需說一聲：「一刀肉。」他就會問：「大概多少？」買家報個錢數，屠夫就刷拉一刀下去，一整塊肉就落到秤盤上了。只要錢數相差不太大，這一刀，割多少，算多少，多了也不能再切下一塊來。自然，少了買家也不高興。

此外，逢九的歲數，比如六十九、七十九、八十九、九十九，也是人們避諱的，認為活到這些歲數，都會有些災禍，大概因為這些數字都是大數，至於一百歲，更是如此。人生難滿百，百歲是圓滿，所以，小孩子可以過「百歲」，卻很少有大張旗鼓給老人過百歲壽誕的。這種忌諱，源於樸素而古老的民間智慧：水滿則溢，月滿則虧；謙受益，滿招損。所以，最好低調，韜光養晦，別太扎眼了，萬一引來閻王爺多看一眼呢。因此，這些歲數的當年，很多老人是不說也不過生日的。而一旦瞞過不能說的百歲，一切就都好說了。

古今中外，各個民族都有各自的文化禁忌，它使得人們對自然和自身保持一定的敬畏，其中也包含着一些古老的智慧。但若放大了，動輒得咎，也會令人畏手畏腳，無形中增加很多不必要的心理壓力，所以，傳統還有一種影響更為深遠的通達說法，那就是「仁和者壽」——具有仁愛之心、人際和睦，就是長壽增歲的秘訣。仁者何以增壽？漢代董仲舒這樣解釋：所謂仁者，外無貪，內清淨，整個心態中正平和，自然延年益壽。這又何嘗不是現代人的健康長壽密碼呢？仁、和、德、壽，這些彼此關聯緊密的價值觀念，至今仍廣泛作用於人們的日常心理、生活習俗中。

中國傳統以年齡為標尺設計了很多人生模板，比如按照周禮，六歲當識數辨形，八歲學習禮讓，十歲拜師，十三習樂，十五學習射御，二十加冠可以婚配等。其中最繁瑣的就是對老齡者的關照，以六十歲為例，傳統禮儀規定要國家供養，常吃肉食，置辦一年才能齊備的喪具，在鄉拄杖，鄉飲時就座，用三個豆器，不服兵役，不親往學校授課，守喪不必形神損傷，等等。有了這些禮數，人們就可根據年齡對號入座，約束自己或評價別人。孔子回顧人生，稱自己十五志於學，四十不惑，五十知天命，六十耳順，七十從心所欲不逾矩，這些年齡界分也是與周禮一脈相承的，只是他調換了制度與人的主客體位置，更強調個人的努力和發展。

有了模板，自然方便規劃人生，但和年齡禁忌一樣，也會令人畏手畏腳。其實年齡，終究是個數字吧。有句話最近常被人們提及：「有人二十五歲已死，只是七十五歲才被埋葬。」一說出自富蘭克林，又說出自羅曼．羅蘭，還說出自某沙漠中神秘的墓碑。不管怎樣，這句話講的其實是年齡的另一種屬性——心理屬性。「死」，是個比喻，意思是，我們很多人過早地將自己安排進一個靜止的生活模式，沒有好奇心，沒有自我更新的慾望，一天天活着，更像是重複自己的影子。而反過來，假如永葆探究的慾望，不斷開掘自己的潛力，即便八十歲，也仍然是個少年。

十月一，送寒衣

農曆十月初一是傳統的「寒衣節」，此日正值秋冬交接，寒意襲人，人們添衣禦寒的同時，也擔心冥間的親人缺衣少穿，遂糊製各色衣褲帽鞋，逐一焚化以供鬼魂禦寒。「十月一，送寒衣」，故寒衣節也被俗稱為燒衣節、鬼節。

鬼者，歸也。人死為鬼，即歸去。可到底奔向何方？在佛教傳入之前，古人觀念裏有天（仙）界和冥世兩個去處。成仙意味着不死，生命向前無限延伸，這是很多人都嚮往的結果，但那需要更高的技術含量。戰國以來多有關於神仙所居崑崙山和蓬萊島以及不死之藥的傳說，這些玄虛恍惚卻又神奇美妙，是古人心目中神仙世界的象徵。不過，相比崑崙山的高遠縹緲，海上仙島更可見，似乎也更容易到達，所以戰國時臨海的諸侯，如齊威王、齊宣王、燕昭王等都曾派人入海求仙。據說渤海之中有蓬萊、方丈、瀛洲三座仙島，去大陸不遠，島上有諸仙人，有不死之藥，那裏禽獸盡白，以黃金白銀造為宮闕。然而，仙島雖美妙，卻可望不可即，古人描述道：「未至，望之如雲；及到，三神山反居水下。臨之，風輒引去，終莫能至云。」（《史記．封禪書》）這真是海市蜃樓一樣縹緲了。然而，不可至似乎並未阻礙後世對神仙世界的熱情和嚮往。秦始皇登會稽至海上，亦欲求仙，唯恐不及，再派童男童女入海搜求。漢武帝步其後塵，更是興師動眾，史書曾多次記載漢武帝對神仙世界的嚮往。有一次，大臣公孫卿給他講了黃帝升天的故事，他感嘆道：「嗟呼！吾誠得如黃帝，吾視去妻子如脱屣（鞋）耳。」（《史記·孝武本紀》）

秦皇漢武當然最終都沒能成仙，可見成仙難度之大。皇帝如此，一般人更是渴望而不可得，死後只好乖乖地去閻王爺那裏報到。古人想像，地下世界是人間翻版，有官府衙門，有街市交流，有人際往來，有吃喝拉撒，如此，死後生活所需與生前應當並無兩樣，也就去吧。

基於這種觀念，中國傳統喪葬習俗中，在瘞埋隨葬品時，對死者生前的嗜好或身份、職業特點都有相當程度的關照。比如湖南長沙馬王堆一號漢墓墓主軑侯夫人辛追是一位貴族女性，也是家庭最高地位的女性，其隨葬品就多為生活用品和食物。再比如陝西咸陽楊家灣四號墓和五號墓年代約在文景時期，墓主為當時的重要將領，隨葬品中就有手持武器的步兵俑一千八百餘件，騎兵俑五百八十餘件。而中山靖王嗜酒成性，在其與妻子竇綰的滿城漢墓中就有三十餘個盛酒的大陶缸，估計盛酒達一噸以上。甘肅武威出土的東漢墓，墓主生前長期從事醫業，墓中就隨葬治療疾病的藥方。如今，這些觀念在民間喪葬儀式中還能有很鮮明的表現。

不過，人們雖然想像地下世界一如人間，但就根本而言，它還是一個令人感到擔心的未知世界。既如此，多備些錢糧物品，帶些喜歡、習慣的物品，或許就可以在這陌生的世界高枕無憂了吧。更何況，人們設想生死雖有分界，卻可以溝通，生者的思念與問候能夠經由神秘途徑傳遞到那裏，但面對這個模糊的通道，人們心裏卻很矛盾：既然陰陽可溝通，那「死」鬼亦可隨時拜擾

漢代 T 型帛畫（局部）

長沙馬王堆漢墓出土，湖南省博物館藏。T型帛畫出土時覆蓋在墓主棺蓋上，帛畫內容分上、中、下三部份，分別代表天界、人間和黃泉地府。此地府圖中繪有赤身裸體的男子——鯀，他正托舉着大地，腳踩兩隻鼇魚，傳説中只有鯀才能穩住興風作浪的鼇魚，防止山崩地裂。

生人，這種交往既是福之源，但似乎更是禍之根。因為神相對公正，鬼卻似乎更為難纏，從古到今，在人們津津樂道的各種鬼故事裏，鬼魂對生人的影響很多都是負面的，輕者戲弄、干擾人們的正常生活，重者致人疾病，甚至危害生命。因此，人們對鬼魂頗有些恐懼，即便是親友的亡魂也以不見為妙。基於此，為死者穩妥安排陰間衣食住行，其實也是盡可能依據人間生活經驗對冥世進行干預。假如逝者在陰間活得安穩、舒坦，能樂不思蜀，那就再好不過了。

死後生命依然有知，這是人們的想像，可是這想像卻能帶來實實在在的安慰，令我們面對死亡少些恐懼。因此，傳統文化中複雜的喪葬禮俗，都包含着生死陡然轉換的人性化過渡設計。在中國很多地方，老人都希望在有生之年為自己準備好一口棺材以備不時之需。棺木停在那裏，時時觸摸一下，那個自己即將奔赴的陌生世界也就變得親切了，這是有準備的行程。

但人仍然是有感情的，陰陽兩隔，逝者去矣，「十年生死兩茫茫，不思量，自難忘」。經常性的祭奠活動就能慰藉生者的哀思。因此，從這個角度看，一系列針對死亡的節俗儀式雖嚴肅沉重，在維護心理健康方面卻發揮着重要作用。

比如死者去世後，設置靈堂，人們陸續來到死者家中弔唁，親屬迎接，哭訴去世的原委，回憶死者生前的一些生活細節和説過的話。來賓安慰親屬，也談及死者的過往言行和品德，表達惋惜之情。之後若干天，人們苦心經營一系列繁複的送喪和落葬儀式，藉助儀式，人們直面「亡故」這一事實，日常避諱的「死亡」話題可以大方地説出來，死亡的現實感遂一遍又一遍強化，終至被人們

接受。儀式給生者提供了比較充足的時間，慢慢接受親人死亡這一現實，親人離去所帶來的悲傷、失落、孤單甚至恐懼等諸多情緒，也一點一點被引發、釋放出來。

有時，面對死者，我們很多人常常茫然失措，甚至不知該怎樣認識和恰當表達自己的情緒，而這些約定俗成的程序、規定好的諸多儀節就是提前設置好的通道，沿着它走，情感就自然被塑形並引導出來了。

正式的葬儀過後，每隔一段時間，還要再去祭奠，再藉助儀式，慢慢接受親人亡故的事實，內心的悲傷、失落也一點點被導引出來，而終至平靜。日後，假如人們還會因想念親人而茫然、不快，年終祭奠、清明祭掃、鬼節送衣等儀式再次作為容器，承載和容納這些悲傷。

因此，中國古代喪祭儀式是傳統禮儀中最複雜的，形式的背後有着中國式的心理學意義。相比面對死亡的「勇敢」（所謂化悲痛為力量）或者迴避死亡，述說死亡、接受死亡更有利於心理健康。藉助儀式的展演，生者象徵性地看見亡魂的「歸程」，或許也可以幫助他們克服由於親歷死亡而產生的心理危機。

中國傳統講究「慎終追遠」，以各種節俗儀式傳達對先人的緬懷，種種儀節背後往往隱含着一些普遍的知識、思想和信仰。茶餘飯後，聊聊這些「無稽」之談，也算是節日文化的一部份吧。

大雪小雪

每年十一月二十二或二十三日、十二月七或八日為傳統節氣中的小雪、大雪。古籍《群芳譜》說：「小雪氣寒而將雪矣，地寒未甚而雪未大也。」意思是此時將雪未雪，但氣溫已經急劇下降，要趕緊做禦冬的最後準備了。經過一年的春種、夏長、秋收，到小雪，就進入冬藏。糧食歸倉，柴草歸垛，果樹修枝、包紮草秸防凍。此外，就是採用各種土法貯存冬日蔬菜。俗話說：「小雪鏟白菜，大雪鏟菠菜。」收穫之後，晾曬、窖藏、土埋、醃漬……用各種方法，好讓漫長嚴冬的餐桌不至於過於單調。此時，氣溫低，空氣乾燥，醃製鹹菜、泡製酸菜、熏醃臘肉，都是最好的時候。

醃菜，古代叫菹，製作歷史可以上推到西周。《詩經．小雅．信南山》云：「中田有廬，疆埸有瓜，是剝是菹，獻之皇祖。」詩中說，將摘下來的瓜果剝皮切塊，醃製起來，年終就可以敬獻給先祖了。周代「菹」菜很豐富，據《周禮》記載，當時有「七菹」，即韭、菁、茆（即蓴菜）、葵、芹、苔、筍。醃製方法和現在略有不同，大約是將各類蔬菜用刀粗切過後拿醬醋拌和，再裝壜裝罐保存，這有點類似今天的醬菜。長沙馬王堆漢墓是西漢初期長沙國丞相利蒼及其家人的墓葬，其夫人辛追墓中就曾出土一大口罐豆豉薑，大口罐出土時由草和泥填塞，罐內的豆豉薑和今天湖南鄉間製醬或做泡菜的方法十分相似，大概是辛追夫人生前最喜歡以此佐餐吧。

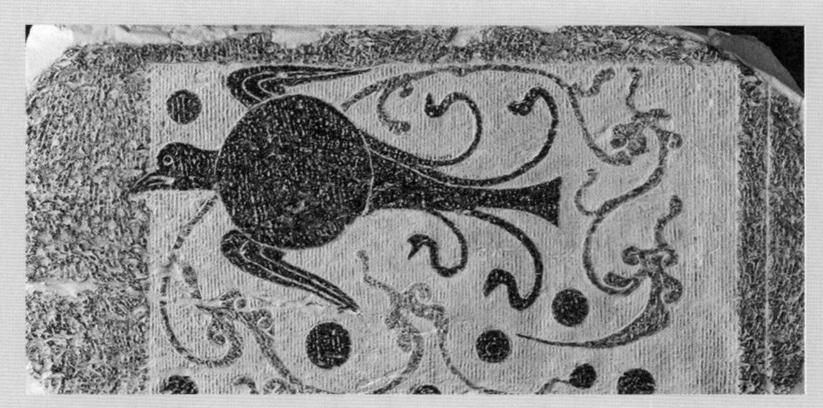

漢畫石圖「陽鳥」
南陽漢畫館藏

冬季醃菜歷史久遠，南朝梁代《荊楚歲時記》云：「仲冬之月，採擷霜蕪菁、葵等雜菜，乾之，並為乾鹽菹。」這種乾菜和鹽醃漬的，大概類似江浙一帶的梅乾菜。宋代《東京夢華錄》載：「薑辣蘿蔔，生醃木瓜。」蘿蔔是製作各種醃菜的主力菜，倒不稀奇；醃木瓜以前很少聽說，最近這些年來漸多，原以為是創新的醃菜，其實也是舊的。將木瓜切片切絲加鹽略醃令其出水，控水後加醋、檸檬汁、糖、鹽、辣椒拌勻即可，口感酸甜爽脆，不知和宋代的製法有無不同。

中國幅員廣闊，緯度跨越大，各地氣候、物產差異都很大，醃菜技法也各不同。但相同的是，只要是地裏長的，辣椒、茄子、蒜頭、蘿蔔、豆角、黃瓜、生薑、白菜……基本都被中國人醃了一遍。醃製後的食物有了和原料不一樣的味道，有的甚至更為醇厚鮮美。清代袁枚是美食家，他的《隨園食單》曾提及令其垂涎的醃黃芽菜。黃芽菜是白菜的一種，白皮包心，頂葉對抱，堅實的包心呈現舒適的淡黃色。這種白菜，烹煮則湯若奶汁，快炒則嫩脆鮮美，可袁枚獨愛醃漬。他說醃漬黃芽菜，「淡則味鮮，鹹則味惡。然欲久放，則非鹽不可」。他常秋冬醃一大壜，單等三伏時打開，「上半截雖臭爛，而下半截香美異常，色白如玉」。這種對某種醃菜的迷戀也是頗有代表性的。

小雪後氣溫急劇下降，天氣變得乾燥，除了醃菜，也是加工臘肉的好時候，故民間有「冬臘風醃，蓄以禦冬」的說法。臘肉、臘腸主產地大都在長江以南，湖北、湖南、江西、四川、雲貴等地最普遍。往北，冬天天寒地凍，肉食放置戶外，自然冷凍，也就不多考慮如何保存的問題。再往南，

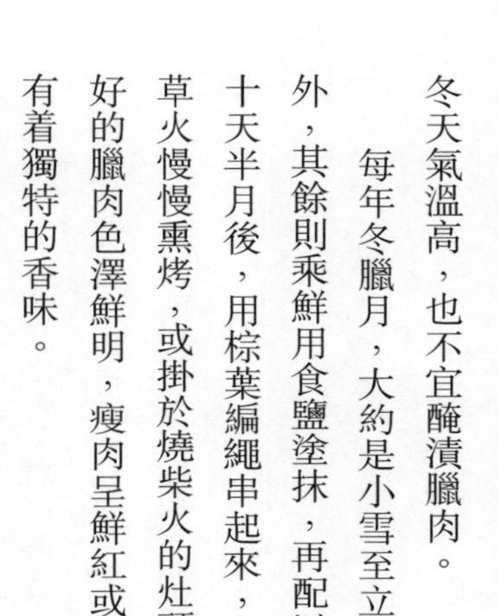

冬天氣溫高，也不宜醃漬臘肉。

每年冬臘月，大約是小雪至立春前，都是製作臘肉的時節。殺豬宰羊後，除留夠過年用的鮮肉外，其餘則乘鮮用食鹽塗抹，再配以一定比例的花椒、大茴、八角、桂皮、丁香等香料，醃入缸中。十天半月後，用棕葉編繩串起來，掛在陰涼處令其水份揮發。再選用柏樹枝、甘蔗皮、椿樹皮或柴草火慢慢熏烤，或掛於燒柴火的灶頭頂上慢慢熏乾，此後就可以掛到通風陰涼處，令其自然發酵了。好的臘肉色澤鮮明，瘦肉呈鮮紅或暗紅色，脂肪則透明或呈乳白色，肉身乾爽、結實、富有彈性，有着獨特的香味。

醃菜、臘肉，都標誌着時間的收尾，也是漫長冬日的開端。俗話說：家有餘糧，心裏不慌。為冬季生活提前做好準備，日子才能過得從容，製作醃菜、臘肉，不僅僅是製作越冬食物，也是醞釀、保存、傳承一種生活態度。

一切應時的活計忙完之後，就進入冬季農閒了。曬太陽，說閒話，打個牌，趕個集，聽聽戲，唱唱曲兒。雖然手頭也還有活計，但沒有節令緊着，終歸不再那麼忙碌，可以慢生活了。

慢生活方式多樣，但都因地制宜，比如老北京人喜歡在寒冬時節鬥蟈蟈，或是溜冰打雪仗，累了乏了，就約上仨親倆好，圍着銅火鍋，熱騰騰地吃頓涮羊肉。羊肉甘而不膩，性溫不燥，祛寒溫補最為適宜。而文雅一點的，還可以貓在家裏畫「九九消寒圖」。畫法也很多，比如將宣紙等分為九格，每格用筆帽蘸墨印上九個圓圈，每天填充一個圓圈，填充的方法根據天氣決定，上塗陰下塗晴，左風右雨雪當中。或者畫九枝寒梅，每枝九朵，一朵對應一天。再文雅些的，還可以雙鉤描紅書法，寫「亭前垂柳珍重待春風」九字。每字九畫，共九九八十一畫，從冬至開始，每天按照順序填充一個筆畫，每過一九填好一個字，直到九九之後春回大地。九九消寒圖算得上是古人熬冬的「桌遊」，要想玩好，還真得耐得住性子。

慢生活是一種休養生息，地要休耕，恢復地力，人也要休整，調節狀態、滋養身心，因此，傳統的農閒意義就不那麼簡單了。現代人被快節奏生活裹挾着，常常很焦慮，有時會大發感慨：「傳統中慢的樂趣怎麼失傳了呢？隨着鄉間小道、草原、林間空地和大自然一起消失了嗎？」其實，即便現代，也可以有很多方式讓自己慢下來，重回一種悠然愜意的生活姿態，比如參加慢運動，慢跑、太極、瑜伽、釣魚；比如慢食，以和緩的步調去培植、烹煮、品嘗和欣賞美食；比如慢讀慢寫，安靜地閱讀、品味和思考，寫寫言之有物的文字；再比如慢遊，隨心隨性地停停走走；或者還有慢愛，有惆悵和相思，也有寂寞和等待。

對於今人而言，慢生活不是磨蹭，不是懶惰，而是讓速度的指標「撤退」，重新找到生活的本味。

臘八食粥

以喝粥來慶賀節日，這種樸素的過節方法，恐怕是最具中國特色的。而一種食物因節日得名，亦頗為少見，足見古人對雜糧穀果，對尋常粥食，有着特殊情感。

農曆十二月為臘月，古又泛稱「臘（蠟）日」。年終歲末，各種祭祖祀神、逐疫驅儺活動由此展開。《禮記·郊特牲》說：「歲十二月，合聚萬物而索饗之。」索者，滙聚絞合也，饗者，敬獻也，即將多種雜糧乾果合聚在一起，煮熟之後敬饗先祖神靈，以望來年得到福佑，風調雨順，吉祥安康，這或許就是臘八粥的濫觴。漢時將臘日限為冬至後第三個戌日，南北朝時方確定在初八日。《荊楚歲時記》載：「十二月八日為臘日，諺語『臘鼓鳴，春草生』，村人並擊細腰鼓，戴胡頭，及作金剛力士，以逐疫。」胡頭，指的是打鬼驅疫時用的面具，又作胡公頭、魌頭，面具五官誇張，表情猙獰，令人望而生畏。戴上此面具，手執法器，扮作金剛大力士，敲鑼打鼓，威逼唬嚇，鬼怪邪祟就聞風而逃了。

不過，隨着佛教東傳，這種傳統形式又注入供佛內容。相傳釋迦牟尼於此日豁然開悟以成正覺。釋迦牟尼原名喬達摩·悉達多，本是古印度北部迦毗羅衛國（今尼泊爾境內）的王子，娶妻生子，養尊處優。然而有一天，他駕車出遊，路上先後遇着老人、病人和倒斃路旁的屍首，忽然有感，覺得人世間有太多生老病死的苦痛難以解脱，遂捨棄王族生活，出家修行，以便找到解脱苦難的法子。六年後，他身體消瘦，形同枯木，仍無所得，便打算放棄修行。就在飢困勞頓，幾欲昏厥之時，有牧羊女給他餵食了乳糜，方恢復了意志和體力。這乳糜，據説是用米粟等穀物摻入牛羊乳煮熟而成，也有人説是穀類磨成粉末加以乳汁或酥油調製的粥。不管怎樣，食用此粥後，王子精力恢復，遂渡河洗浴，至菩提樹下沉思默想七天七夜，終至大徹大悟，得道成佛。佛即佛陀，意為覺者、知者。這一年釋迦牟尼三十五歲，而他食用乳糜這一天，正是中國農曆臘月初八，後人遂將臘八看作「佛成道節」，並於此日煮雜粥供佛饗客，臘八粥也成了臘八節的時品。宋人周密《武林舊事》載：「八日，則寺院及人家用胡桃、松子、乳蕈、柿、栗之類做粥，謂之『臘八粥』。」

臘八做粥，其貴在「雜」，所謂「五味調和，百味香」。以各類穀物如黃米、白米、江米、小米、薏米，雜以各種豆類、乾果合水煮熟，外加紅、白糖增味調色。所用之物，在醫學本草中多屬性味平和的補益滋養物，至於具體所選、各用幾何，則因地制宜、豐儉由人了。《燕京歲時記》記清代燕京歲時風俗，臘八粥主料用黃米、白米、江米、小米、菱角米、栗子、紅豇豆、去皮棗泥，開水煮熟後，再用染紅桃仁、杏仁、瓜子、花生、榛仁、松子及白糖、紅糖、葡萄乾加以點染。但也有地方煮粥之前，先用熱油炒米，再倒進熱水鍋裏與花生等材料同煮，此外還添加油條、豆腐、胡蘿蔔、木耳、青江菜，黃、白、紅、黑、青，五色雜陳，色彩鮮明，這種臘八粥或可叫八寶菜粥吧。

中國以農業立國，食粥過節，亦有不忘根本之意。古人認為粥可解飢健身，消除病疫。李時珍

《本草綱目》稱晨起啖粥，「所補不細，又極柔膩，與腸胃相得，最為飲食之良」。舊時杭州名剎天甯寺僧人每日將剩飯曬乾，儲藏在棧飯樓上。積一年餘糧，至臘八日煮粥分贈信徒，稱「福壽粥」「福德粥」，亦見愛惜食糧、善待眾生之美德信仰。

熬粥要趁早，尤其耐不住匆忙和慌張。初七晚上，洗米泡果，剝皮去核，半夜時分以大火燒開，再用微火煮燉，至次日清晨，方成稀稠有度、軟糯宜當的臘八粥。可見提早準備，從容應對，方得真味。明人有《煮粥》詩，頗解粥中道理：「煮飯何如煮粥強，好同兒女細商量。一升可作三升用，兩日堪為六日糧。有客只須添水火，無錢不必做羹湯。莫嫌淡泊少滋味，淡泊之中滋味長。」

相比其他節俗，臘八節過得很平靜，沒有鑼鼓、鞭炮之類的聲響。作為過節的主打食物，八寶粥的原料也尋常得很。挑豆剝果，洗淘入鍋，添火熬煮，一如準備家常飯食，可這個節日卻十分暖心，大概尋常才是生活的本味吧。

《紅樓夢》裏有段和臘八相關的故事，說大年十五，寶玉不願看戲觀燈，來找黛玉消磨時光。見黛玉剛吃過午飯在床上歪着打盹兒，怕她睡出病來，就百般胡鬧逗趣，遂胡編亂謅了一段臘八香芋的故事：

（寶玉）哄她道：「噯喲！你們揚州衙門裏有一件大故事，你可知道？」黛玉見他說的鄭重，且又正言厲色，只當是真事，因問：「甚麼事？」寶玉見問，便忍着笑順口謅道：「揚州有一座黛山，山上有個林子洞。」黛玉笑道：「就是扯謊，自來也沒聽見這山。」寶玉道：「天下山水多着呢，你哪裏知道這些不成。等我說完了，你再批評。」黛玉道：「你且說。」

寶玉又謅道：「林子洞裏原來有群耗子精。那一年臘月初七日，老耗子升座議事，因說：『明日乃是臘八，世上人都熬臘八粥。如今我們洞中果品短少，須得趁此打劫些來方妙。』乃拔令箭一枝，遣一能幹的小耗前去打聽。一時小耗回報：『各處察訪打聽已畢，惟有山下廟裏果米最多。』老耗問：『米有幾樣？果有幾品？』小耗道：『米豆成倉，不可勝記。果品有五種：一紅棗，二栗子，三落花生，四菱角，五香芋。』老耗聽了大喜，即時點耗前去。乃拔令箭問：『誰去偷米？』一耗便接令去偷米。又拔令箭問：『誰去偷豆？』又一耗接令去偷豆。然後一一的都各領令去了。只剩了香芋一種，因又拔令箭問：『誰去偷香芋？』只見一個極小極弱的小耗應道：『我願去偷香芋。』老耗並眾耗見他這樣，恐不諳練，且怯懦無力，都不准他去。小耗道：『我雖年小身弱，卻是法術無邊，口齒伶俐，機謀深遠。此去管比他們偷的還巧呢。』眾耗忙問：『如何比他們巧呢？』小耗道：『我不學他們直偷，我只搖身一變，也變成個香芋，滾在香芋堆裏，使人看不出，聽不見，卻暗暗的用分身法搬運，漸漸的就搬運盡了。豈不比直偷硬取的巧些？』眾耗聽了，都道：『妙卻妙，只是不知怎麼個變法，你先變個我們瞧瞧。』小耗聽了，笑道：『這個不難，等我變來。』說畢，搖身說『變』，竟變了一個最標致美貌的一位小姐。眾耗忙笑道：『變錯了，變錯了。原說變果子的，如何變出小姐來？』小

耗現形笑道：『我説你們沒見世面，只認得這果子是香芋，卻不知鹽課林老爺的小姐才是真正的香玉呢。』」

黛玉聽了，翻身爬起來，按着寶玉笑道：「我把你爛了嘴的！我就知道你是編我呢。」説着，便擰的寶玉連連央告，説：「好妹妹，饒我罷，再不敢了！我因為聞你香，忽然想起這個故典來。」黛玉笑道：「饒罵了人，還説是故典呢。」

這是兩小無猜的寶黛間一次尋常的玩鬧，無甚稀奇，感情卻溫暖，其間情意的親切，日常生活的幽遠，令人百看不厭。

荷蘭學者約翰・赫伊津哈曾寫過一部《遊戲的人》，
認為人之所以為人，就是人天性好遊戲，
只有在遊戲中，人才最自由、最本真、最具有創造力，
所以，遊戲就是人類文化產生、發展的原動力，
甚至各類文化形式本質就是一種遊戲。

角抵為戲

荷蘭學者約翰·赫伊津哈曾寫過一部《遊戲的人》，認為人之所以為人，就是人天性好遊戲，只有在遊戲中，人才最自由、最本真、最具有創造力，所以，遊戲就是人類文化產生、發展的原動力，甚至各類文化形式本質就是一種遊戲。這本書成為西方休閒學研究的重要參考書目，啟發人們從一種更輕鬆，也更接近人性的角度重新審視各類文化，其中自然也包含狹義的娛樂遊戲。

中國古代對民間各種歌舞雜技有個泛稱，即百戲，後世諸多天橋把式、民間雜耍、歌舞滑稽、曲藝相聲等，都可包含在內。百戲再往前推，在秦漢時，是被稱為「角抵」的，西漢時還用「大角抵」來指稱大型的廣場雜藝表演。漢帝用這些表演來招待外國賓客，意在顯示大漢氣象，曾吸引成千上萬人聚集觀賞，有些人甚至不惜跋涉幾百里路，只為大開眼界。角抵花樣年年增變，內容日趨豐富，才又用百戲來代稱。

所謂「角抵」，顧名思義，就是「以角抵人」，類似現在摔跤、相撲一類的角力活動，這是早期文化中「尚武」的一種表現。比賽雙方頭戴牛角，時而雙臂較力，時而拉拽牽制，時而倒地翻滾，有成套的動作。但無論怎樣，基本動作都是「以角抵人」。

角抵實在有點兒像打架，最初絕不是出於玩戲。大概是早期處在狩獵階段時，不可避免要與猛

獸搏鬥，如何制服猛獸而不為其所傷，這種訓練就十分必要。冷兵器時代，作戰也免不了肉搏，作為一種作戰技能，角抵也成為訓練兵士的方法，此後才演變為民間競技，帶有娛樂性質了。

傅起鳳、傅騰龍姐弟倆是多年從事中國傳統雜技研究和表演的專家，他們著有《中國雜技史》，認為角抵「以頭牴觸」這個動作，最易引發「倒立」——頭與兩手觸地，呈三角形支點，兩足隨之騰空，這一動作古代稱之為「鼎」，即三足鼎立的意思。別小看這「鼎」，它是雜技基礎動作中最主要的部份。雜技界有個行話：「一把鼎，三把活兒。」意思是，只要練會倒立，就自然掌握了好幾個節目。所以，一些戲劇研究者不但把雜技起源歸於角抵，而且把表演爭鬥的戲劇、歌舞起源也歸之於角抵。

角抵如果僅僅停留在頭頂頭角力，觀賞性就有限，作為一種表演形式，一定要有一些附加的內容，所以自漢代起，角抵雙方就頭上戴角，身着獸衣，扮作猛獸。而且，角抵表演還將黃帝戰蚩尤的歷史傳說編進去，有了情節和故事，表演有了戲劇性，就好看多了。

蚩尤是傳說中的古代南方九黎族首領，炎帝曾與其大戰，反被打敗。後來，炎黃二帝聯合，與蚩尤及八十一兄弟戰於涿鹿之野。據傳，蚩尤人身牛蹄，四目六手，耳鬢如劍戟，頭有角，擅長製造金屬兵器，使用刀、斧、戈作戰。其率領的八十一兄弟也是人語獸身，銅頭鐵額，食沙石子，打起仗來，不死不休，勇猛無比。蚩尤又擅作大霧，霧氣瀰漫，不辨東西。黃帝與之殺得昏天暗地，九戰九不勝，遂仰天長嘆。天帝看不過眼，遂遣玄女下授兵信神符，助其破敵。又說黃帝藉助風后所造的指南車，方在大霧中辨明方向，獲得勝利。不管怎樣，最終，蚩尤被黃帝所殺。後來天下又亂，黃帝又畫蚩尤形象，以威懾天下，蚩尤遂終以戰神形象，載入史冊。

所以，南朝梁代任昉《述異記》就有了這樣的記載：

> 蚩尤氏頭有角，與軒轅（即黃帝）鬥，以角抵人，人不能向。今冀州有樂名《蚩尤戲》，其民兩兩三三，頭戴牛角而相抵。漢造角抵戲，蓋其遺制也。

角抵「戲」，蚩尤「戲」，說明角鬥已經變成一種觀賞性的節目和競技表演了。一九七五年，湖北江陵出土了一把秦代漆繪木梳，背面漆畫就有相持角力的角抵瞬間：帷幕下有二人相搏，其中一位跨大步出右拳，直指對方頭部。對方一低頭，順勢出拳掏向此人露出的腋下。畫面右側還有一人，略直立，平伸雙手，當是裁判無疑。畫面三人均赤裸上身，腰束長帶，身着短褲，似今天的相撲打扮。

角抵是古代一種綜合性的武術搏擊，對場地沒有甚麼特殊要求，一直以來都有很好的群眾基礎，宮廷、軍隊、官府、民間，隨時可以上演。唐代周繇還作《角抵賦》云：「前勁後敵，無非有力之人；左攫右拿，盡是用拳之手。」

由於角抵這項運動出現得最早，又最普及，所以，從周秦以來一千多年間，都是以角抵概括各

西漢銅博戲俑

靈台縣出土，甘肅省博物館藏。博戲是一種棋戲，博具包括棋盤、棋子和籌碼，參與者以此爭勝負，賭輸贏。後也以此為古代各類雜戲的總稱。

類百戲雜技。直到唐宋時期，角抵才開始僅指百戲中角力摔跤的部份，也有了個新名字——相撲。據唐代《因話錄》記載，唐文宗將到南郊舉行祭祀儀式，在等待儀式開始的當口，有司進「相撲人」。文宗正色曰：我這裏正要舉行嚴肅齋祭，豈能聚集圍觀這樣的遊戲！左右辯稱道：此事舊例皆有，並非違禮之舉。更何況，相撲人已在門外等候了。

到了宋代，角抵就更活躍了，作為介於體育競技和娛樂雜技之間的百戲項目，民間的普及自不必說，就連朝廷正式典儀，比如宮廷宴會、皇帝生日、郊祭儀式等集體活動，也都有大力士現身表演，相撲這個名稱也更普遍，甚至取代了角抵的古老名稱。南宋時很多人就不知相撲和角抵的關係，一些文人還得多解釋幾句，如《都城紀勝》載：「相撲爭交，謂之角抵之戲。」《夢粱錄》載：「角抵者，相撲之異名也，又謂之『爭交』。」

一些技術高超的相撲藝人也留下名姓，當然，大都是藝名，強調自己的卓爾不群，威猛勇武，比如撞倒山、鐵板踏、賽板踏、韓銅柱、倒提山等。有的還叫王急快、周急快、女急快，這些人應當是步法靈活，以巧取勝的。

值得注意的是，北宋時專門有女子相撲表演，堪稱開封一絕，《武林舊事》稱之為「女颭」。「颭」（zim²），意思是風吹物動，大概是說這些女子招式變幻多端，身手迅捷若風。前面那個「女急快」大概就是如此。不過，按照《夢粱錄．角抵》的說法，女子相撲大多只是為了暖場博眼球，先讓女子相撲手對打一番，吸引人眾聚集後，再令男子正兒八經表演。相撲運動要裸露上身，只着

短褲紮腰帶，女子相撲手也類似。可以想見，在女子普遍裹腳的宋代，有女子竟然在競技台上裸身扭打撕扯，這表演該有多火爆了。

嘉祐七年（一〇六二）上元日，宋仁宗到宣德門外廣場觀看百戲，與民同樂。「女颭」們的表演令他大開眼界，興奮得很，遂賞賜銀絹若干予以褒獎。對此，司馬光看不下去了，犯顏直書《論上元令婦人相撲狀》，奏狀中說：宣德門乃國家宣示教令之地，本當垂憲度，布號令，顯示禮儀威嚴。而如今，上有天子之尊，下有萬民之眾，還有眾多后妃侍坐在側，眾目睽睽，同看婦人裸戲，簡直不堪。如此，何談以身作則，教化天下百姓。當然，司馬光說得比較委婉：「殆非所以隆禮法，示四方也。」

據《武林舊事》，那時的女颭有韓春春、繡勒帛、錦勒帛等人，名字都比較香艷。又據《夢粱錄》，南宋臨安城女颭有賽關索、囂三娘、黑四姐等，這些名字傻大黑粗，也許名如其人。大概到了南宋，女颭不僅僅是暖場的相撲手，而且是真正的練家子。角抵相撲本來就是力技，強調選手體態身形要魁偉、厚重，然後才強調步伐、身形的靈活，這些女子估計已是真正的相撲選手了。

如今，日本相撲最為興盛，不過，《簡明不列顛百科全書》稱相撲始於日本，這一說法顯然並不正確。日本歷史考古學家池內宏和梅原末治合著《通溝》一書，稱日本的相撲同中國吉林省輯安縣（今集安市）出土的三至五世紀古墓壁上的角抵圖相仿，比賽形式和規則也與唐宋時近似，這些資料都表明中日之間相撲運動的密切關係。但是，角力、相撲之類，在蒙古、伊朗、土耳其等許多亞歐國家和民族中都有，只是規則有所差異。因為徒手相搏以決勝負，本就是男人們最本性也最通行的競技遊戲，日本的相撲是否由中國輸入，目前尚未見到明確記載，但「相撲」之名從中國引進應當是無異議的。

幻術西來

幻術，今天叫魔術，屬於雜技百戲裏最特殊的一類，並非出自本土，而是文化引進的產物。

蒲松齡兒時曾到濟南府參加童生考試，時逢立春，布政司衙門前搭了彩樓「演春」，即表演迎春節目，遊人如堵，衙門長官一行也坐在台下觀看。忽有一男子領着個披髮小童荷擔而上。官員問：「你擅長甚麼戲法？」男子答道：「能顛倒生物。」意思是能反季長出各種東西來。長官遂命男子「取桃子」。男子為難地說：「眼下春雪未化，上哪兒找桃子去？恐怕只有王母娘娘的蟠桃園才可能有吧，那得到天上去偷。」

於是打開竹箱，取出一團繩子，約有幾十丈。將繩頭向空中一拋，居然掛在半空，隨後繩子不斷上升，愈升愈高，隱隱約約升到雲端。又把小童叫過來，命他攀爬。小童也不情願：「這麼細的繩子，這麼高，中途斷了怎麼辦？」男子說：「沒法子，誰讓我答應了官爺們呢。」

小童果然像蜘蛛走絲網那樣攀緣而上，漸漸沒入雲端，看不見了。過了一會兒，從天上掉下一個碗大的桃子，男子將桃獻到堂上給官爺們看。

忽然，繩子掉下來，男子驚呼：「完了！有人把繩砍斷了，我兒怎麼下來啊？」少頃，又掉下個東西，一看，竟是那童子的頭顱。男子大慟，捧頭哭道：「一定是偷桃時被看守發覺，我兒完了。」正哭着，又掉下一隻腳來，不一會兒，嚓裏啪啦，肢體、軀幹都紛紛落下來。

男子痛苦不已，一件一件地撿起來裝箱，悽楚道：「老漢我只有這一兒，跟我走南闖北。如今遵官長嚴命，卻遭此橫禍。」便跪下哀求：「求長官們可憐賞幾個錢，讓我帶兒回鄉安葬吧。」台下官長們大為驚駭，各自拿出許多銀錢賞了。男子把錢纏到腰上，從堂上走下來，拍打着箱子說：「八八兒啊，還不趕快出來謝大人賞？」箱蓋竟然開了，一小兒披頭散髮從箱子裏走出來，朝堂上叩頭，正是那童子。

這個幻術給蒲松齡的印象極深，多年後他據此寫成〈偷桃〉一文，收入《聊齋志異》，成為膾炙人口的名篇。

蒲松齡看到的，是一種非常古老的幻術，包括繩技和肢解兩個核心環節，均來自古印度（天竺）。《吠檀多》經文和著名古印度詩人迦梨陀娑（Kālidāsa）都曾提到過這套幻術前半的通天繩索部份：魔術師將繩拋向天上，繩子掛在天上垂下，一小童便沿繩爬上，並在上端作平衡表演，隨後又消失，並出現在人群中。這個幻術在當今的國際魔術界也很有名，叫「印度神仙索」（Indian Rope Trick）。至於何時進入中國，文獻最早的記載見於《太平廣記》卷一九三引《原化記》，說是唐開元年間，嘉興縣衙監獄的一名囚犯在宴會上為官長表演繩技，借機逃脱：「此人隨繩手尋，身足離地。拋繩虛空，其勢如鳥，旁飛遠颺，望空而去，脱身行狴，在此日焉。」

而後半有關「肢解」的記錄，自魏晉六朝以來，也屢見史料，施演者大都是天竺僧人。他們能

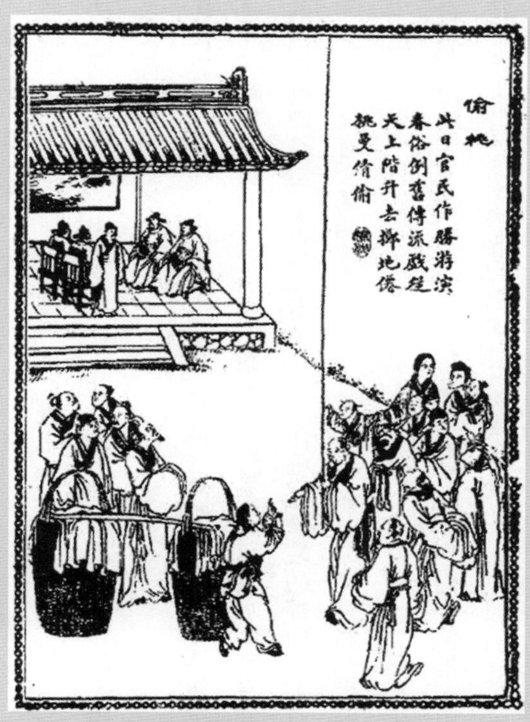

清《詳注聊齋志異圖詠》
之《偷桃》插圖

夠斷舌抽腸、自斷手足、剮剃腸胃，《高僧傳》裏記載很多東來弘法的高僧們大都會此類絕招。比如安世高就施展過斷頭術；另一位佛圖澄更神奇，據說他左乳旁有一小洞，直通腹內，平時用棉絮把小洞塞住，讀書時，就把棉絮拔掉，洞中遂發出光亮，一室通明。到了齋戒日，佛圖澄來到河邊，把腸子從洞口掏出來，用水洗淨，然後再塞進腹中。

這些戲法大都血腥殘忍，表演者從容自若，觀者卻看得呲牙咧嘴，瞠目結舌，不忍直視。唐高宗就看不下去，曾禁止天竺僧人入境。

除了上述內容外，古代幻術更多的就是各種「變幻」，典型代表是漢武帝時期興起的「魚龍蔓延」，這是西漢時就流行的大型廣場幻術。東漢張衡《西京賦》曾有詳細描繪：驚天響雷之後，一八十丈長的巨獸蜿蜒登場。突然，背上現出一座巍峨險峻的神山，上有熊虎相互搏持，猿猴在樹上攀援追逐。忽而，又有大鳥蹣跚而來，又有一頭垂鼻白象晃晃悠悠走過來，白象腹部膨大，像是懷孕馬上要生出小象來。忽然，又現出一條大魚，還沒等看清，大魚又化成龍，蜿蜒盤桓。此時，神奇的祥瑞舍利獸出現了。牠張口吐氣，待氣息消散，竟然化作仙車，由四鹿所駕，靈芝一樣的華蓋上佈滿鮮花。此外，又變出蟾蜍和烏龜，又有水人弄蛇，有人吞刀吐火；忽而又平地現出大水來，水流成川，一直通向涇渭之河。一時間，廣場上雲霧杳冥，易貌分形，奇幻倏忽，令人驚詫不已。

這個幻術表演，據學者考證，元素來自一個很有名的佛教降魔故事，最早見於北魏的佛教故事集《賢愚經》。故事中，佛陀釋迦牟尼有十大弟子，以舍利弗最有智慧。一次，佛教徒須達希望佛

去祖國佈道，佛就派舍利弗打前陣，選址建精舍（講學場所）。有位不服佛陀的外道名勞度差（又作勞度叉）聞聽，自恃長於魔法，要求建精舍前先與舍利弗鬥法。雙方輪番變化，一較高下，六輪爭鬥，舍利弗均戰勝勞度差，最終，故事以外道屈服皈依佛法收尾。

這場變幻鬥法共六個回合：勞度差變作大樹，舍利弗遂作旋風吹拔大樹；勞度差變作水池，舍利弗遂作大象吸乾水池；勞度差變作大山，舍利弗又作金剛力士以金剛杵碎壞大山；勞度差變作龍發出雷電震動大地，舍利弗乃作金翅鳥王撕裂食之；勞度差變作牛，舍利弗則作獅子王分裂食之；勞度差變作夜叉鬼，口目出火，周圍火燃，舍利弗竟化身毗沙門王，身邊清涼無火。最終，勞度差計無所出，只好受服。這個降魔故事，我國古代流傳的很多佛教經文、佛教壁畫以及各類民間俗講也都講過，類似情節後來基本上又搬進《西遊記》，成了孫悟空和二郎神的那場惡鬥。

從目前史料看，漢代以前我國雜技大多為展示氣力、形體技巧的項目，基本上沒有類似幻術的記載。但西漢張騫鑿空西域後，這類記載就多起來。史載當時安息等西方諸國使臣覲見漢武帝，多獻「幻人」，表演類似吞刀、吐火、殖瓜、種樹、屠人、截馬，口中吹火，自縛自解，易牛馬頭之類的技藝。漢武帝大悅，讓這些異域奇幻之術連同各國所獻奇珍異物加入到角抵百戲表演中，成為展示大漢富麗廣大的重要元素。這些幻人幻術基本上都來自佛教盛行的天竺國。

為甚麼古代印度多出幻人幻術呢？這當和佛教思想有關。東西各種宗教信仰，雖然都或多或少有法術變化（幻）等神異現象或傳說，但對於「幻」的意義從理論上加以闡述，以「幻術」「幻師」

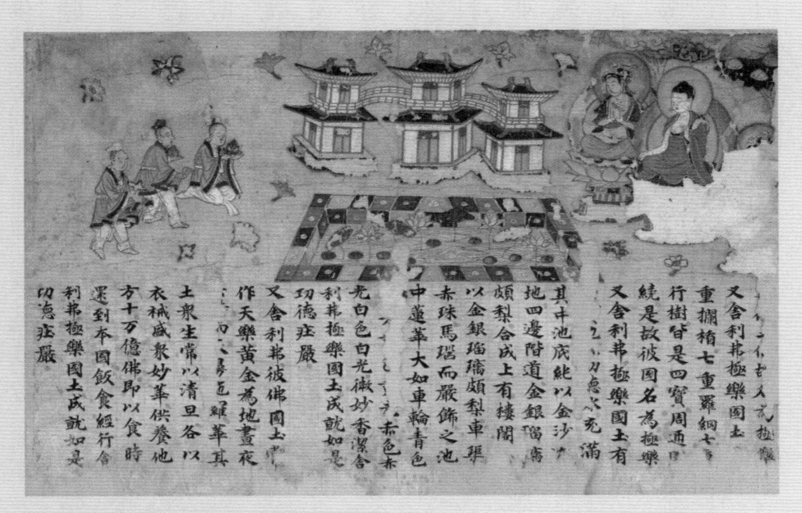

唐插圖本《佛説阿彌陀經》寫本殘卷

浙江龍泉崇因寺塔出土，浙江省博物館藏。此為目前唯一所見圖文兼具的《佛説阿彌陀經》寫本。

（幻術家）作為引證譬解的，在佛教經典中最為突出。

佛教哲學認為一切諸法，都空無實性，如幻如化。所謂幻即是幻現，所謂化即是變化，二者都是假而非真，空無自性，以「如幻」來解釋法空，才能徹底了解幻的意義，才是真正智慧的表現；而一個佈道者，也要能熟練運用幻化手段來比譬說法，以便讓信眾能更直觀地體驗佛教精髓。所以，佛教經典中有關「幻術」「幻事」的解說很多。而那些擅長用幻術佈道的，則稱為「幻師」，工力深厚，技法巧妙的，稱為「工幻師」「巧幻師」，水平更高的則稱為「大幻師」。《高僧傳》記載，高僧們會空瓶變舍利，「以麻油雜胭脂塗掌，千里外事，皆徹見掌中」。能咒石出水，咒下神龍，炎旱降雨；能活枯樹、醫死人。可以想見，這些奇幻着實吸引民眾的注意力。

佛教經傳種種有類「怪力亂神」的奇幻講述、傳聞和表演在當時都屬於令人驚異的新鮮話題，大大擴展了時人的知識和思想領域。

所以，也可以說，佛教孕育並促成了幻術的興盛，最終獨立出來，發展成為一門特殊的雜技藝術。也正因此，在一些幻術表演裏，常常含着很多佛教母體的印記，比如，佛教世界裏有地獄惡鬼之說，印度幻術就有很多酷刑術，以各種地獄變相恫嚇眾生，砍頭、截肢、挖腸剖心，血淋淋的。唐代以後，佛教已經中國化，宣傳多以極樂世界的安詳華美為誘餌，這些幻術就令人難以接受，也就難怪唐高宗一度禁止天竺僧人入境了。

至於蒲松齡的《偷桃》，則已經完全中國化了，它將古老的印度幻術和同樣古老的蟠桃神話結合在一起，設計了精巧卻極為合理的情節，輔之以驚心動魄又皆大歡喜的戲劇故事，天衣無縫。觀眾在整個過程中經歷了極為複雜的情緒體驗：輕鬆玩笑、將信將疑、期待盼望、莫名驚詫、驚恐萬分、悲傷同情、虛驚一場、皆大歡喜，情緒就像過山車，最終，自然被藝人的高妙所折服，心甘情願掏錢了。這是一場極為成功的商業表演。

偷桃大概屬於堂彩幻術，多在廳堂演出，這類幻術表演場地很有局限，前後左右甚至上面都有人圍觀，道具也要就地取材，所以，幻術師要有極高的技藝，捆、綁、裝、拆、揣、撕、擄、摘、解，節目設計也要極嚴謹。而像《偷桃》這樣精妙到出神入化的幻術表演，只怕也是絕無僅有的。

四方眾目睽睽，那偷桃的父子倆究竟怎樣讓繩索上了天？童子小兒如何碎屍之後又囫圇個兒地從箱子裏鑽出來的？對此，我略知一二，但還是不說吧。

鼠戲、蟻戲及其他

魏晉六朝時，南方漢族文化圈的社會風尚整體趨於文弱，雜技藝術雖然也還有雄健尚武的節目，但主流卻開始趨向纖細柔美了。比如「辟邪」（獅子舞）本來是雄健激烈的，南朝時就表現為「可愛風」，獅子變成萌寵，像老神仙的家狗。那時，還出現了訓練小動物的新節目，比如鼠子演戲、金魚排陣、七寶水戲等，都屬於萌寵戲。

鼠戲主角是南方田野竹林間的老鼠，名笮鼠，俗謂竹鼠。鼠戲是給小鼠穿上花衣，蕩鞦韆，爬梯子，推磨，紡棉花。老鼠本來體形纖巧，又在小巧可愛的道具上做纖巧的動作，整個彷彿小人國，着實吸引人。這類表演一直延續下來，愈來愈好看，蒲松齡《聊齋志異》裏有一篇〈鼠戲〉：

> 一人在長安市上賣鼠戲。背負一囊，中蓄小鼠十餘頭。每於稠人中，出小木架，置肩上，儼如戲樓狀。乃拍鼓板，唱古雜劇。歌聲甫動，則有鼠自囊中出，蒙假面，被小裝服，自背登樓，人立而舞。男女悲歡，悉合劇中關目。

小老鼠蒙假面，披掛戲妝，從口袋裏鑽出。馴鼠人打起鼓板，咿咿呀呀唱起來，小鼠就自己爬

清《點石齋畫報》之《鼠子演戲》插圖（局部）

到那小巧的木架戲樓上，和着鼓板，像人一樣站立着舞蹈，表演的內容竟跟賣藝人唱的戲文情節完全吻合。老鼠本是晝伏夜出的動物，現在卻扮相生動，眾目睽睽之下，做梨園弟子狀，實在可愛。

清末《點石齋畫報》文配圖，專有一幅《鼠子演戲》，說一山東人擅長戲法，有次在蘇州玄妙觀旁表演，把一形如雨蓋的木架插在地上，架子高約七尺，上有小戲台，略比人高。裏面懸掛着圓圈以及各種刀槍棍棒。那漢子敲響鑼聲，即有十餘隻碩大老鼠隨鑼鼓點兒進退，前爪抓住竹刀木槍，盤旋起舞。演出的劇目有《李三娘挑水》《孫悟空鬧天宮》，等等。

《李三娘挑水》取材於家喻戶曉的古老戲劇《白兔記》，講的是五代十國時期一對夫妻悲歡離合的俗套故事。戰亂歲月，牧馬人劉知遠入贅李家為婿，與妻子李三娘相愛。但這家老父去世後，劉知遠即遭李家兄嫂煎逼，被迫投軍出走。李三娘不願改嫁，孤身在磨房裏咬斷臍帶，產下愛子。昏迷之際，兄嫂竟將嬰兒扔進魚塘，幸被一老人暗中救起。三娘含淚給孩兒取名「咬臍郎」，又將丈夫留下的玉兔信物掛在孩兒身上，託老人千里送子，輾轉送到劉知遠手中。劉知遠聞訊返鄉尋妻，可兄嫂假稱已改嫁，自此兩相分離。十六年間，三娘在兄嫂監督下日擔水，夜推磨，受盡苦難。一天，偶然在井台邊發現一隻帶箭白兔，接着遇到一位圍獵的少年將軍劉承佑。劉承佑得知其遭遇，十分同情，願為她傳信尋夫。臨行解下身邊玉兔，命人送給三娘，以補無米之炊。三娘見到玉兔，方知這小將軍正是自己的孩兒「咬臍郎」。當然，此時，劉知遠已娶妻，但妻子深明大義，執意迎回李三娘，最終闊別的夫妻、母子大團圓。

這麼複雜的悲歡離合故事，一齣戲肯定講不完，就分了很多折，小老鼠表演的應當正是其中井台邊母子相認的一段。只是不知道這老鼠從上到下滑溜溜的皮毛，怎麼挑的水。小老鼠扮演「咬臍郎」倒容易些，反正也是個小少年，沐「鼠」而冠，扮相應該是很可愛的。只是要讓他按照劇情表演，也是着實不易呢。據說，即便是選出乖順聰明的老鼠，一個動作也要訓練半年。

宋代，小型動物戲蓬勃發展，城市裏有瓦舍勾欄，村落裏也流行百戲雜藝，給這些雜技提供了很好的文化市場。民間藝人往往沒啥本錢，小動物花費少，表演雖然利潤微薄，也能維持生計。據《東京夢華錄》記載，當時流行的除了大一點的猴戲外，還有魚跳刀門、使喚蜂蝶、追呼螻蟻等節目。有位藝人趙喜，擅長「水族戲」，曾在宋高宗面前表演「七寶水戲」。他在大方容器裏盛滿水，養着龜、鱉、鰍、魚等七種水族，表演時他敲着小銅鑼一個個喊名字，叫到的就浮出水面，戴着面具，旋轉遊舞一陣，舞完沉下去，下一個又聽命鑽出來，着實奇妙。宋人周密幼時曾在臨安看過，印象很深，遂記錄在《癸辛雜識》後集《故都戲事》中。這個節目設計和訓練都是高水平的。

元代陶宗儀在《輟耕錄》中還記錄了他在杭州看到的兩個稀奇節目。一個節目叫「烏龜迭塔」，演者打擊小鼓，七隻大小不等的烏龜依次爬到茶几上，大在下，小在上，依次伏在背上，如寶塔一般。另一個節目主角是九隻蛤蟆，最大的一隻先跳上一個小墩，其餘分列左右，大蛤蟆「咯咯」一叫，小蛤蟆即隨聲附和，聲聲相應，一聲不亂，最後，小蛤蟆一隻隻跳到大蛤蟆跟前，點頭作聲，行禮而退，據說這叫「蛤蟆教書」，我覺得應該叫「蛤蟆教唱」。

清代還有「金魚排陣」。將紅、白金魚貯於一缸。藝人搖動紅旗，紅魚隨旗往來遊溯，疾轉疾隨。迅速收旗，魚立即潛伏下來。接着，白魚也如此表演。再把兩種顏色的旗子分插兩處，則紅、白魚各自隨旗歸隊。此收在《清稗類鈔》中。

這類馴養小動物的雜技越玩越小，後來被統稱為「教蟲蟻」，也真有將蟲蟻之類馴順的。據《淵鑒類函》，唐代長慶年間有個民間藝人韓志和就會這招。他用柏木製成個小盒子，裏面養了二百來隻蠅虎子（一種捕捉蒼蠅的小蜘蛛），能聽令排成隊列，還能隨着樂工演奏的《涼州曲》節拍，急速地旋轉舞蹈。到了有唱詞的地方，就隱隱發出嚶嚶聲。曲終結束，魚貫而退，好似懂得禮儀尊卑一樣。韓志和又令牠們捕蠅，竟然如鷂鷹捕雀，罕有失手，真是神奇得很。據說清代還有一種「螞蟻排陣」，藝人在地上攤開一張白紙，紙上繪有山川城閣，再從兩隻竹筒中放出紅、黃兩色螞蟻，這些螞蟻沿着所繪的圖形而走，紅、黃隊伍分明，不相混雜。

一招先，吃遍天。過去藝人們闖蕩江湖，撂地表演，是必須有點絕技的。其中最重要的，就是要深諳這些小動物的特性，可謂生物專家，而且要超級有耐性。至於這些藝人如何操縱這些鼠輩蟲蟻聽命於他的？想來肯定用的是巴甫洛夫的條件反射原理，或者暗暗做了甚麼誘餌，我知道的也就這些了。

射者，男子之事

搭弓射箭是古代男子的本份，狩獵抑或征戰，都需要有精良的射箭本領。曹植《白馬篇》云：「控弦破左的，右發摧月支。仰手接飛猱，俯身散馬蹄。」詩中這位遊俠少年馳騁馬上，左右上下，箭不虛發，已經出神入化了。今人讀此詩，總覺是文學家在渲染誇張，其實這純屬古今隔膜。

冷兵器時代，射箭脱不開實用。古代箭術大概在春秋戰國時期，最為發達和普及，此時諸侯爭霸，兵戎之事此起彼伏，提高作戰技能就成了當務之急。那時流行車戰，戰車和隨行的若干徒兵，構成一個作戰單位。戰車標配是甲士三人，分居車左、中、右位置。左方甲士持弓，主射，為一車之首，稱「車左」，可遠距離攻擊；右方甲士執戈或矛，主近距離擊刺，並負責為戰車排障，稱「車右」，又稱「參乘」；居中為御者，佩帶護體短劍，通常不直接參與格鬥。長矛、寶劍擊刺、格殺縱然重要，然而均得待對方近身才能施展，相比，箭術可遠距離擊殺，就很有優勢。所以，當時各國諸侯為獲得優秀的射御賢才，也是絞盡腦汁。魏文侯曾請法家李悝作相，遂下「習射令」：「人之有狐疑之訟者，令之射的，中之者勝，不中者負。」意思是若有官司訴訟，不問是非曲直，只教雙方射箭比試，贏者則判官司勝。此令一下，人皆「疾習射」，與秦人戰，果然大勝。（《韓非子・

內儲說上》）

古之大事，在祀與戎，祭祀和兵戎都是促成百戲雜技繁榮的動因。前者與樂舞、戲劇等「文」藝密切相關，後者則是舉重、擊劍、箭技等「武」藝的溫床。射箭以中的為目的，強調精準，屬於純粹的「武藝」。射箭時全神貫注，精神和肌肉都處於緊張狀態，箭飛射中靶，即刻放鬆，這種靈與肉的一張一弛，超越常規的入定與釋然，交錯而至，給人帶來特殊的快感。若箭術甚佳，正中靶心，引來觀者驚呼，提弓四顧，不禁躊躇滿志，這或許都是箭技的魅力所在，也使得它終能脱開實用，成為一種競技表演。

假如不能理解箭技的微妙處，即便觀奧運高手射箭，也是極無聊的。

看那射者，手裏的弓箭，半持半握，斜奆拉着，遲遲不舉起。射手目光虛視，面無表情，神情呆滯，似乎正神遊於九天之外。觀眾等得不耐煩了，選手才把弓箭舉起，瞄準靶心。觀眾一見，打起精神，想像那箭嗖的一聲出弦，帶着風聲，呼呼向前衝，只聽得耳旁「嘭」的一聲，卻見那箭正中靶心。

然而，這一切慢動作終究是觀眾一廂情願的想像。事實上，我們好不容易看到選手終於昂頭抬手拉弓了，可似乎不到兩秒鐘，他又放下，還是呆若木雞的表情。正替他着急，熒幕上卻顯示出成績來，這才意識到瞬間箭已出弦中的了。

所以，射箭是有專門一套講究的。楚人陳音善射，就曾為越王講解了射箭之道，見於《吳越春秋》。他說，從準備動作看，射手要「身若戴板，頭若激卵。左蹉，右足橫；左手若附枝，右手若抱兒」。意思是，身體要像穿上木板一樣挺直，頭昂揚作激動狀。左腳豎直向前，右腳橫着在後；左手平伸像握樹枝，右手彎曲若環抱嬰兒。一旦舉弩望敵，就要屏心靜氣，令箭與氣息俱發，出弦之後也要溫和平靜，不偏不倚。整個過程，射手精神穩定，雜念去除，箭的去止分離均在掌控之中。而身體也要緊張適度，肢體既相互配合，又各司其職，不胡亂牽制，這就是「右手發機，左手不知」，此正射箭持弩之道也。

古人鑽研此道，整理了不少圖書，東漢班固着《漢書·藝文志》，把當時國家圖書館收藏的圖書做了分類整理，射箭的書就收在「兵家」裏，歸入技巧類，如《逢門射法》《陰通成射法》《李將軍射法》《魏氏射法》《強弩將軍王圍射法》《望遠連弩射法具》《護軍射師王賀射書》《蒲苴子弋法》。這些篇目大都沒保留下來，也不知講了些甚麼道道，彼此有甚麼區別。或許都是射箭高手們的心得體會吧。這裏面我們稍微熟悉的，可能只有《李將軍射法》，這李將軍不是別人，正是漢武帝時名揚天下令北匈奴膽寒的「漢將軍李廣」。史載李廣有次黑夜出獵，忽見草叢中有伏虎一隻，遂張弓射之。久不見動靜，走近一看，原來是塊大石，狀如猛虎。再看那箭簇，整個箭頭連同部份尾羽都沒入石中。李廣自己也很驚訝，真虎他倒是射殺過，這射殺石虎卻挺新鮮。於是再射，可最終也沒成功。

所以，《李將軍射法》裏，一定沒講這射石虎的技巧，射石虎也成了傳奇。幾百年後，唐代盧

綸作《塞下曲》追慕李將軍風采，詩云：「林暗草驚風，將軍夜引弓。平明尋白羽，沒在石棱中。」據史載，李廣時任右北平郡太守，郡治大約在平剛縣（今內蒙古寧城西南）。該郡範圍較大，大抵包括了內蒙古南部、遼寧西部、河北東北部。後世，這些地方多處都稱發現了李將軍的「射虎石」，至今訴訟未決。

射箭雖有臂力、視力的要求，但最根本還要講「心勁」，要有膽識。膽是勇氣膽量，識則是見識心理。人們常說「劍拔弩張」，用來形容事態緊急，高度緊張，其實，射箭時也只能是「箭」拔「弩」張，人不能像猛張飛，頭髮都要炸起來的。競技者個人情緒、心理、競技狀態等內在修養至關重要，好的射手是能進入到人箭合一的高境界的。

大概也正因此，周禮專門設置了「鄉射禮」，《禮記》專有《射義》講解這一禮儀背後的道理。

鄉也稱鄉黨、鄉里，是周代社會的基礎單位。鄉射禮是成年男子比賽箭技的典禮活動，有着和諧鄉里，凝聚人心的目的。它和鄉飲酒禮一樣，最能代表鄉黨禮俗風采。鄉射禮程序可分迎賓之禮、獻賓之禮、三番射、送賓之禮四部份，都有相應儀節形式。迎賓、送賓自不必說，獻賓即給嘉賓獻酒，這三者都不是儀式主角，核心是「三番射」，即三次射箭。

第一番射，側重於射的演練，屬於習射，不管射中與否，不計成績。

第二番射，是正式比賽，要根據射箭中靶程度分出勝負。

第三番射，是整個鄉射禮真正的高潮，其過程和第二番相同，但增加了音樂伴奏，帶有娛樂性質。對射者的要求是「中節中的」，也就是說，只有應着鼓樂的節拍而射中靶心者，才抽出算籌計數。樂工演奏的是《詩經．召南》中的《騶虞》，歌詞唱道：

彼茁者葭，一發五豝，于嗟乎，騶虞！

彼茁者蓬，一發五豵，于嗟乎，騶虞！

騶虞是射獵的官吏，詩中歌詠其射獵技藝的高超：看那蘆葦、蓬草長得多壯啊，一箭就射中五隻小（母）豬，哎呀呀，騶虞射箭頂呱呱！這個歌詞用在鄉射禮中，實在是很應景的。比賽要和着鼓樂的節拍，那這音樂一定是《運動員進行曲》之類節拍穩定、和緩的曲子，而不能是好似過山車的《忐忑》。

音樂伴奏下展演射技，選手不僅要射技精湛，更要有良好的音樂感受力。而且，禮儀之中，眾目睽睽，儀態自然也要從容得體，這就要有相當的自信和良好心態。所以，《射義》篇才說射箭，「所以觀盛德也」。不僅檢驗了射箭技能，也測試出射箭者的文化修養和德行品質。因此，「古者天子以射選諸侯、卿大夫、士。射者，男子之事也，因而飾之以禮樂也」。

把歌詩引入射獵活動，禮儀過程充滿了儀式感，也富於觀賞性。相當於花樣滑冰、水中芭蕾、自由體操，不僅強健體魄，還文明精神、愉悦情志，就很藝術化了。

口技與隔壁戲

口技又稱口戲，表演者以口腔發音，藉助小量道具，模擬各種音響或數人聲口，以及獸叫蟲鳴，所以又稱作肖聲、相聲、象（像）聲。傳統表演是擺一張八仙桌，圍以布幔或屏風，一人藏於其中，輔助工具惟有扇子一把，木板一塊。表演者作多人嘈雜，或象百物聲，無不逼真。觀眾初不知帷幔內情，表演結束，掀開帷幔，見只一人，又零星道具，才驚嘆愉悅，所以，口技俗謂隔壁戲。雖稱隔壁戲，但口技表演要想精彩，觀眾卻不能作壁上觀，而是要格外配合的。

中國百戲，包括很多在廳堂戲園裏表演的戲曲節目，是非常強調觀看時的閒散舒適的，觀眾沒有多少禮儀約束。演員在台上使出渾身解數，吹拉彈唱，舞槍弄棒，咿咿呀呀，想着法子吸引觀眾，台下則想看就看，想聽就聽，嗑瓜子的、吃點心的、閒聊逗趣的、喝茶弄水的，堂倌商販在人群間躥來躥去，遞茶送水拋手巾，一片嘈雜。但口技表演卻有所不同，觀眾需盡力配合，創造安靜的環境，如此，口技藝人才有可能發揮。清代康熙年間張潮輯《虞初新志》卷一引林嗣環的《秋聲詩自序》，就對當時的口技表演，及觀眾反應做了細緻的描繪。後來這篇文章入選中學語文教材，名曰《口技》。原文云：

> 京中有善口技者。會賓客大宴，於廳事之東北角，施八尺屏障，口技人坐屏障中，一桌、一椅、一扇、一撫尺而已。眾賓團坐。少頃，但聞屏障中撫尺二下，滿坐寂然，無敢嘩者。

從這段描寫看，觀眾是很懂得怎樣欣賞口技表演的，「撫尺二下，滿坐寂然，無敢嘩者」，這就相當於聽西洋古典音樂會不能打拍子，不能跟着哼哼，更不能咔咔拍照、交頭接耳之類，都可以算作觀眾禮儀。全場寂然，口技遂展露精彩：

> 遙聞深巷犬吠聲，便有婦人驚覺欠伸，搖其夫語猥褻事。夫囈語，初不甚應，婦搖之不止，則二人語漸間雜，床又從中戛戛。既而兒醒大啼，夫令婦撫兒乳，兒含乳啼，婦拍而嗚之。夫起溺，婦亦抱兒起溺。床上又一大兒醒，狺狺不止。當是時，婦手拍兒聲，口中嗚聲，兒含乳啼聲，大兒初醒聲，床聲，夫叱大兒聲，溺瓶中聲，溺桶中聲，一齊湊發，眾妙畢備。

這段內容，中學選本做了比較大的改編，其中「猥褻事」和溺尿的內容都盡數刪去，大概終覺低俗不雅，怕把孩子引導壞了。其實這段表演，大概比學孩子哭難度更高呢。否則，光是餵奶哄孩子，總有些單調，也太常見了。所以，聽完這段，「滿座賓客無不伸頸側目，微笑默嘆，以為妙絕也」。

本以為表演就到此為止了，哪知這只是鋪墊和序曲，接着還有內容：

> 既而夫上床寢，婦又呼大兒溺，畢，都上床寢。小兒亦漸欲睡。夫齁聲起，婦拍兒亦漸拍漸止。微聞有鼠作作索索，盆器傾側，婦夢中咳嗽之聲。

夜深人靜，這家人大大小小一陣騷動之後，又復歸寂靜，所以，聽眾也放鬆下來，「賓客意少舒，稍稍正坐」。

口技演員是非常善於控制聽眾情緒節奏的，這時，各種聲音突然又大發作：

> 忽一人大呼「火起」，夫起大呼，婦亦起大呼，兩兒齊哭。俄而百千人大呼，百千兒哭，百千狗吠。中間力拉崩倒之聲，火爆聲，呼呼風聲，百千齊作。又夾百千求救聲，曳屋許許聲，搶奪聲，潑水聲。凡所應有，無所不有。

因為惟妙惟肖，觀眾已經開始懷疑這是不是表演了。明明只有一人，怎麼可能出了這麼多聲音：「雖人有百手，手有百指，不能指其一端；人有百口，口有百舌，不能名其一處也。」至此，觀眾完全被現場的聲音所迷惑，徹底被帶入火災現場，面臨生死了，以下反應即順理成章：

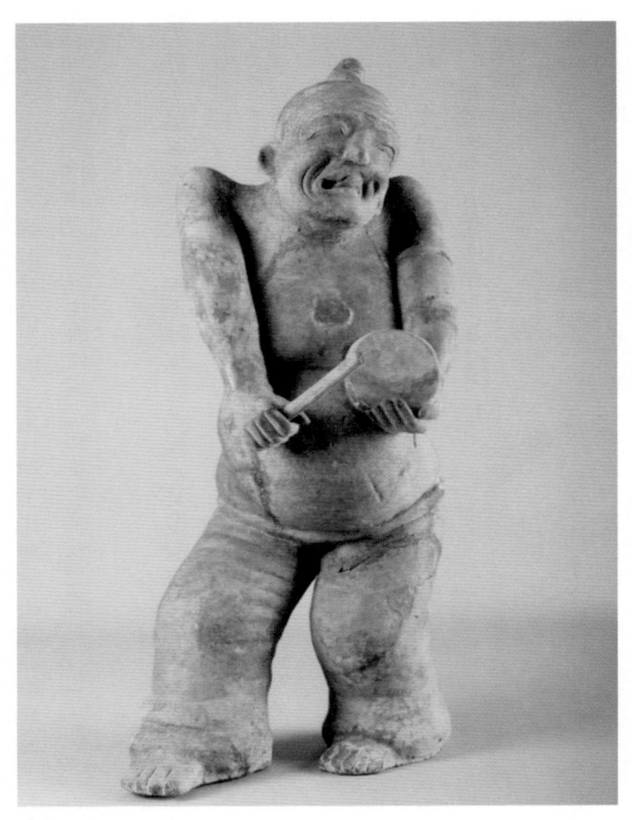

東漢陶説唱俑
四川省郫縣宋家林磚室墓出土。四川省博物院藏。

於是賓客無不變色離席，奮袖出臂，兩股戰戰，幾欲先走。

屏風後的藝人大概是極為得意的，他要的就是這個效果。「忽然撫尺一下，群響畢絕。撤屏視之，一人、一桌、一椅、一扇、一撫尺而已。」

作者林嗣環大概當時就在這觀眾席間，故文章最後他感嘆道：「嘻！若而人者，可謂善畫聲矣，遂錄其語，以為《秋聲序》。」當然，這篇實錄文筆也不賴，故文後引張山來語曰：「絕世奇技，復得此奇文以傳之，讀竟，輒浮大白。」「浮大白」，是指讀完拍案叫絕，可以乘興飲一大杯酒。

在相聲表演中，有「抖包袱」之說，指的是把之前設置的懸念揭出來，或者把之前鋪墊醞釀好的笑料關鍵部份說出來。「包袱」能否抖響，靈活運用語言的技巧很重要。藝諺中素有「鋪平墊穩」之說，即要悉心揣摩觀眾的心理狀況，適時適地耐心巧妙地一層層繫好「包袱兒」。包袱繫得好，驀地抖開，才能取得滿堂皆響的效果。上述這段口技之所以精彩，也就在於會設「包袱」，而且把所有觀眾全都裝了進來，一旦抖開，目瞪口呆，大驚，復而大笑，自然贏得滿堂彩。

有時，口技藝人還有個助手，站立在帷幔外，負責收錢。但這錢何時收是有訣竅的，要在口技戲演到最關鍵處，吊足了聽眾胃口，卻戛然而止，聽眾急於了解下情，便忙不迭撒錢，屏後這才接着表演。清代中葉，蔣士銓《忠雅堂詩集》卷八《京師樂府詞十六首》中有一首《象聲》就說到這個情景。先說開場前準備，招呼觀眾落座：

帷五尺廣七尺長，其高六尺角四方。
植竿為柱布作牆，周遭着地無隙窗。
一人外立一中藏，藏者屏息立者神揚揚。
呼客圍坐錢入囊，各各側耳頭低昂。

接着就是口技藝人開始表演：

帷中隱隱發虛籟，正如萍末風起才悠颺。
須臾音響遞變滅，人物鳥獸之聲一一來相將。
兒女喁喁昵衾枕，主客刺刺喧壺觴。
鄉鄰詬詈雜雞狗，市肆嘲謔兼馳驤。
方言競作各問答，眾口嘈聒無礙妨。

觀眾正聽得妙處，突然就停了，真是吊足胃口：

語入妙時卻停止，事當急處偏回翔。

眾心未厭錢亂擲，殘局請終勢更張。

收了錢，再開張、收束：

雷轟炮擊陸渾火，萬人驚喊舉國皆奔狂。

此時聽者股栗欲伏地，

不知帷中一人搖唇鼓掌吐吞擊拍閒耶忙？

明清時期，口技藝術達到鼎盛，口技不再單純擬聲，而是有情節，有故事，接近戲劇藝術了，所以才有隔壁「戲」、相「書」的說法。

那時揚州有個叫郭貓兒的藝人，年少時即遊走於市肆，詼諧謔浪，最擅長此道。《虞初續志》詳細記錄了一次他的表演，其模擬市聲之複雜、情節之豐富，令人驚嘆。文章講到：正值宴席，賓客雲集。郭貓兒提出當場獻技，遂在席右設圍屏，不置燈燭。郭貓兒坐屏後，主客靜聽，久之無聲：

俄聞二人途中相遇，揖敍寒暄。其聲一老一少，老者拉少者至家飲酒，投瓊藏鉤，備極款洽。少者以醉辭，老者復力勸數甌，遂踉蹌出門，彼此謝別，主人閉門。少者履聲蹣跚，約可二里許，醉仆於途。

忽有一人過而蹴（踢）之，扶起，乃其相識也，遂掖之至家。而街柵已閉，遂呼司柵者。一犬迎吠，頃之，數犬群吠，又頃益多。犬之老者、少者、遠者、近者、狺者、狠者，同聲而吠，一一可辨。久之，司柵者出，啟柵。

無何，至醉者之家，則又誤叩江西人之門，驚起，知其誤也，則江西鄉音詈（罵）之，群犬又數吠。比至，則其妻應聲出，送者鄭重而別。

妻扶之登床，醉者索茶。妻烹茶至，則已大鼾，鼻息如雷矣。妻遂詈其夫，唧唧不休。頃之，妻亦熟寢，兩人鼾聲如出一口。忽聞夜半牛鳴矣，夫起大吐，呼妻索茶，妻作囈語，夫復睡。妻起便旋納履，則夫已吐穢其中。妻怒罵久之，遂易履而起。此時群雞亂鳴，其聲之種種各別，亦如犬吠也。

少選，其父來，呼其子曰：「天將明，可以宰豬矣！」始知其為屠門也。其子起，至豬圈中飼豬，則聞群豬爭食聲，嚃食聲，其父燒湯聲，進火，傾水聲。其子遂縛一豬，豬被縛聲，磨刀聲，殺豬聲，豬被殺聲，出血聲，燖剝聲，歷歷不爽也。

父謂子曰：「天已明，可賣矣。」少選，聞肉上案聲，即聞有賣買數錢聲。有買豬首者，有買腹臟者，有買肉者。

正在紛紛爭鬧不已，砉然一聲，四座俱寂。

僅憑一張嘴，竟模擬出如此繁複的音聲和情節，觀眾像聽了一齣廣播劇。口技藝人究竟如何擬聲？屏風所掩，沒人得見，多少有些神秘。好在《聊齋志異》裏也有一篇《口技》，說一少年口技演奏樂曲，觀者如堵。少年「惟以一指捺頰際，且捺且謳，聽之鏗鏗，與弦索無異」。這讓我們大概了解了口技表演的門道。前些年有個叫洛桑的藏族演員，也是善於模仿各種器樂，可惜英年早逝，近些年，這樣的人才卻不多見了。

郭貓兒這個「隔壁戲」，躲在屏風後面，這在口技裏叫「暗口」。口技還有「明口」，就是在觀眾面前表演，大都模仿鳥獸鳴蟲。上面這口戲裏面有很多動物聲音，狗吠、牛叫、雞鳴等，就屬於這類技巧。郭貓兒這名稱得來，也是因為他最擅長模仿貓叫。除了郭貓兒，明清還有「百鳥張」「畫眉楊」，聽名字就知道都是仿鳥鳴的。有《畫眉楊》詩云：「小楊口技以藝名，喉中能學百鳥聲。畫眉黃雀與白翎，啁啾求友分重輕。魚鷹掠水吹水鳴，鸚鵡嫌籠嗔索鈴。雞雛入甕乳狗爭，母狗受撻母雞驚。」模擬的鳥鳴聲是很多的。

模擬動物聲音是口技正宗，最早大概可追溯到戰國。據《史記．孟嘗君列傳》記載，齊國孟嘗君被秦王扣留，苦求擺脫之法。手下門客出主意，說秦王有位愛姬，大概能說進話去，便着人上門央告。那女子提了條件，要孟嘗君以齊國寶物白狐裘做禮物才肯幫忙。孟嘗君極為難，因為此白狐裘已送給秦王了。這時，孟嘗君手下有善偷盜的門客便潛入秦王府中，盜得白狐裘獻給女子，女子遂在秦王面前說情放了孟嘗君。孟嘗君和門客們怕秦王發現後反悔，連夜出奔。可城門未開，情急之下，一門客模仿雞叫，守城門將以為天亮，把城門打開，一行人才得以逃脫，這就是「雞鳴狗盜」的故事。

近讀王世襄《錦灰堆》，有一篇《百靈》，講八旗子弟馴養百靈擬聲的舊事。其中講到馴養「淨口」百靈，模仿的聲音有「十三套」，從「家雀鬧林」開始，然後是「胡伯喇（伯勞鳥）攪尾兒」，還要學山喜鵲、學貓、學鷹，高低緊慢，大小雌雄，蒼老嬌媚，等等。最有趣的是要學「水車子軋狗子」。北京人過去沒自來水，早上獨輪車給家家戶戶送水。送水都在拂曉，大街小巷，一片吱吱扭扭的水車聲。狗臥道中，最容易被水車子軋到，故不時有狗號叫幾聲，一瘸一拐地跑了。淨口百靈最好能學到水車聲自遠而近，軋狗之後又由近及遠。如果學不到這個火候，也必須車聲、狗聲俱備，二者缺一，便是「髒口」，百靈鳥就一文不值了。「十三套」要連串起來，不快不慢，順順溜溜，穩穩當當，一氣呵成，真可謂洋洋灑灑，斐然成章了。

善口技的郭貓兒們，會「十三套」的百靈鳥們，都是突破自然肌體限制，達到了出神入化的境界。口技發聲要用到口、齒、唇、舌、喉、前腭、後腭、軟腭、小舌，缺一不可。一般人不用來發音的器官都要用來發音，還要有特殊的用氣法。這除了天賦，還要經過刻苦訓練。二〇一一年，口技被列入國家非遺名錄，傳承人是北京的牛玉亮，現如今已經八十歲了。據他介紹，一九五八年，他到蕪湖演出，出早功時發現山上有座廟，廟頂上有隻黃鶯的叫聲特別好聽，就跟着這隻黃鶯學鳥

鳴。剛開始，黃鶯因為害怕而不發聲，一來二去，隨着模仿的聲音愈來愈像，黃鶯也和他對鳴起來。

牛玉亮説：「這隻黃鶯是我的『鳥老師』，整整教了我八天，每天早上牠都會準時地落在廟前的樹上等我。第九天我離開時，看見牠還在那裏等我，心裏特別難受。」

手技：弄丸與跳劍

人類的發展，其實就是不斷開發自身各種潛能的過程。雙手達不到，就發明各種工具機械；雙足達不到，就開發畜力車船。從目前狀況看，我們愈來愈不需要動手動腳，一根手指，點兩下，就可以解決生活中的絕大部份事情。所以，現代人大都顯得「笨手笨腳」，手腳可以別名為「五指叉」吧。有人曾想像未來科幻世界：人類移民到不知哪個星球，躺在自由移動的舒適床上，終身不必起床，機器僕人和機器狗隨時聽從召喚，人只需要動動嘴發個口令就可以了，所以，個個都是大胖子。但有趣的是，科幻家又說，人們躺在那裏，手裏都拿着個平板——在玩遊戲。

細節未必盡如此，但大意不差。

遊戲追求的是身體功能的極限。中國古代百戲中，有一類遊戲就是追求手、眼、身的靈活以及高度配合，姑且稱之為「手技」，即用雙手熟練而巧妙地要弄、拋接各種對象的技巧表演。道具是日常生活中的球、棒、盤、刀、圈等。中國手技表演可追溯到春秋時期，那時，「弄丸」「跳劍」都達到極高水平。

弄丸，亦稱「跳丸」「拋丸」，表演者兩手快速連續拋接若干彈丸，一個在手，數個滯空，遞拋遞接，往復不絕，類似現代雜技中的拋球。《莊子．徐無鬼》曾提及一個叫宜僚的楚人，善弄丸，

常八個在空中，一個在手，循環往復，從不失手。一次，楚與宋戰，宜僚於軍前弄丸，宋軍看得目瞪口呆，竟忘了打仗，楚方遂趁機大敗宋軍。

據説，宜僚弄丸，是帶響動的，耍的是「丸鈴」，大概是在球丸之上鑿出小孔，拋接當中，由於氣流振動，彈丸會發出悅耳的哨音，難怪宋軍都看傻了眼。山東沂南漢墓出土的石刻百戲圖中，有一位藝人，裸露上身，雙腿微蹲，雙手做拋接狀，三劍在空中，一劍在手，身邊還有五隻帶斑點的小球，可能就是剛剛拋弄過的丸鈴，斑點就是球上的孔洞。不過，此為五丸，和宜僚耍弄九丸相比，就是小巫見大巫了。關於宜僚的記載很少，但有過這一次弄丸退敵，就足以名傳青史。清代龔自珍就感嘆：「庖丁之解牛，伯牙之操琴，（后）羿之發羽，（宜）僚之弄丸，古之所謂神技也。」（《明良論四》）不過，山東漢代畫像石裏有弄丸者，兩手並用，同時耍弄十一丸。《後漢書·西域傳》註引魚豢《魏略》的説法，從西域過來的大秦藝人還有能弄十二丸的，真是強中更有強中手。

以遊戲的方式矇騙敵人，趁機取勝，這在古代似乎並不罕見。《左傳》曾記載齊國內部的一次卿大夫間的政治鬥爭。當時陳氏和鮑氏聯合攻打慶氏，慶氏家族排列全副武裝的甲士，嚴陣以待，引而不發。陳、鮑見找不到突破口，遂讓自己這邊的養馬人表演優戲。慶氏這邊的甲士們都很感興趣，但馬善驚，於是就把馬拴起來，解開盔甲，邊飲酒邊看戲，不知不覺就離開守防的太廟，跟到了魚裏。大概這是個偏僻的地方，遂被對方控制。養馬人表演優戲，誘導對方一路相隨，大概裏面有些就是馬戲吧。

弄丸要求表演者動作敏捷準確、嫺熟利落、連續性強。如果演砸了，大珠小珠落地，噼裏啪啦，肯定會很狼狽，但觀眾很少見表演者失手，他們平日下的功夫可想而知。我少時吃花生米，曾試圖每一粒高拋之後，張大嘴接住。但試了多次，口張得腮幫子都木了，可花生米入嘴的概率卻極低，多數是噼裏啪啦砸中眼睛、鼻子、腦門、臉蛋子，可見弄丸並不容易。

比弄丸更不易的是「跳劍」。顧名思義，拋弄的是短劍，這就有危險性了。因為弄丸只需接住再拋出即可，無論接觸到彈丸的哪個面都無關緊要。而「跳劍」則須接住劍柄，這就要操縱短劍在空中的運動方向，使得短劍在下落過程中劍柄朝向表演者。這樣的表演勢必更為驚心動魄。李白《天長節使鄂州刺史韋公德政碑》曾有「蘭子跳劍，迭躍流星之輝」，誇讚跳劍者蘭子的精彩技藝。蘭子，是先秦時期對善雜技的江湖藝人的統稱。但李白所說的這個蘭子卻有特指，其事最早載於先秦典籍《列子．說符》。據說，當時宋國有蘭子拜見宋元君，為他表演「跳劍」。此人站在兩倍身高的高蹺之上，往來驅馳，進退自如，手中七把劍輪番飛騰跳躍，總有五把劍在空中翻轉閃耀。宋元君看後「大驚，立賜金帛」。可見，這蘭子的表演極為炫目驚艷的。

故事還有個尾聲很有趣。宋元君賞賜金帛的事情大概很快傳開了，不久就又有另外一個善雜技的蘭子請求拜見宋元君，稱善於燕戲輕功。手下通報上去，宋元君大怒，說：「昔有異技干寡人者，技無庸（用），適值寡人有歡心，故賜金帛。彼必聞此而進，復望吾賞。」意思是，上次耍劍的就不是甚麼實用技能，可巧兒碰到我高興，遂賜了金帛。你們這些人肯定是貪戀賞賜才又跑來蒙我。

遂命手下把此人抓住暴打一頓，關了一個月才放走。

這個故事有點像小品。同樣是江湖藝人，同樣善奇技，一個獲賜，一個差點丟了命。究其然，大概是前面「跳劍」者太精彩，驚得宋元君一時衝動大方賞賜，事後冷靜下來，就後悔了。

弄丸、跳劍這類表演，都是方尺之間的「手技」，少有其他輔助道具來烘托演出效果，因此，除了拋擲者手眼配合嫺熟，出神入化外，大概也要增加一點奪眼球的元素，所以，就改用丸鈴，弄出點響動；或者踩高蹺耍劍，增加些驚險，好令觀眾瞠目結舌。

日本現存一部《信西入道古樂圖》（簡稱《信西古樂圖》），是日本遣唐使當年從中國帶回的有關唐樂舞、散樂和雜戲的古圖錄。其中有兩幅「弄玉」圖，表演的也是「跳劍」類的手技。一幅畫中，一人短衣赤足，仰面向天，手裏拋擲短小的劍狀物，兩手向中間各拋擲三枚，鋭頭向上成弧線，弧線高點在表演者面部正上方。正中垂直排列有四枚，正依次向下墜落，鈍頭一概朝向表演者面部。另一幅叫《神娃登繩弄玉》，畫的是兩個女孩子在空中走繩，一面表演弄丸。明明畫的是跳劍、弄丸，為何叫「弄玉」？大概這劍、丸都是玉石所製，一旦失手玉碎，就無可挽回，如此，觀眾一邊看一邊揪着心，自然專注。

後來的手技，花樣繁多，典型的還有「轉碟」，現在還經常見到。演員雙手各執有彈性的細竿數根，細竿上端各頂一個碟子，借腕力使之飛快轉動。要求在做翻筋斗、背劍、叼花、單臂倒立等難度很高的動作時，碟子不停轉、不跌落。

可惜的是，這些手技，現在都有些日薄西山的意思。漢代賦家揚雄中年後決定不再寫賦，稱大賦乃「雕蟲小技，壯夫不為也」。難道人類也已進入中年，對身體技能的開發不再感興趣了？或者已經少有好奇之心了？如果是這樣，也挺遺憾的。

蹴鞠為歡

蹴鞠，就是踢足球。在古代諸多遊戲中，蹴鞠屬於對抗性比較強的競技遊戲，最早是用在軍事訓練中，是寓「訓」於樂。不過，最早記錄的蹴鞠卻事關黃帝和蚩尤大戰，是帶着血腥的。此事見於一九七三年湖南長沙馬王堆漢墓出土的帛書《經法》，該書專門記述了大戰始末。最終黃帝佔上風，擒殺蚩尤，剝其皮，做成箭靶使人射擊；剪其髮高掛，名為蚩尤之旌；又把蚩尤的胃用實物填滿了，做成球狀讓兵士們踢，「多中者賞」；還將其骨肉製成肉醬，混到苦菜醬裏，令天下人分吃。種種舉動都是為了慶祝勝利、發洩餘恨，同時也利用古老的巫術威懾不服從者。在現代人看來，是極為血腥殘忍的。至於蹴鞠「多中者賞」，這個「中」是指踢中鞠，還是把鞠踢到指定的地方，現在還搞不清楚。也有人說，這就是指顛球，顛球最久者有賞。不管怎樣，這已經具備遊戲或競技體育的規則和方法了。

到了漢代，蹴鞠已經成為專門的軍事訓練，所以，在我國現存最早的圖書目錄《漢書．藝文志》中，蹴鞠歸入兵書中的「兵技巧」類，有《蹴鞠》二十五篇。西漢劉向、劉歆父子倆最早整理這些圖書，認為蹴鞠「皆因嬉戲以講練士」，是在遊戲中訓練，參與者態度積極，這就對培養武才極有幫助。

漢代蹴鞠對抗性很強，三國時何晏《景福殿賦》曾談及蹴鞠比賽：「二六對陣，殿翼相當。僻脱承便，蓋象戎兵。」大概是說，對陣雙方各出六人，比賽過程中閃轉騰挪，衝撞對抗，就像打仗對陣一樣。相比現代足球，漢代蹴鞠衝撞程度更為激烈。為了阻止對手的攻擊，還允許用推、摔等「犯規」動作來對抗。因此，參與者要有身體的靈敏、力量，同時還要有機智和速度，這些身體素質正是對戰士的要求。因此，以蹴鞠活動來替代古老的軍事訓練，就能寓練於樂，起到事半功倍的效果。西漢名將霍去病曾六次出擊匈奴，遠征塞外，也因陋就簡，挖地修築蹴鞠場地訓練士兵的作戰素質。

蹴鞠是力的角逐，也是鬥智鬥勇的搏鬥。球員要長時間滿場跑，特別需要體能、耐力，還要有頑強不息、勇於拼搶的毅力。場上短兵相接，貼身肉搏，兇險無比，形勢瞬息萬變，勝負不可預料。而場下觀者也是群情振奮，為之傾倒，為之驚呼失色。場上場下全情投入，氣氛波瀾起伏，這大概就是蹴鞠，乃至當今足球的魅力所在。

也正因此，蹴鞠很早就成為一種迷人的娛樂活動。據《戰國策》記載，當時臨淄是齊國都城，經濟發達，為最富裕的城市之一，各種娛樂活動也極為興盛，「其民無不吹竽鼓瑟、彈琴擊筑、鬥雞走狗、六博蹋鞠者」。蹋鞠，就是蹴鞠，踢球。當地有個叫淳於意（曾任齊國太倉令，人稱倉公）的名醫，留下很多醫案病例，其中有一個就和蹴鞠有關：有位叫項處的地方官患了病症，倉公診斷他得的是「牡疝」，一種疝氣病，「在鬲下，上連肺」，還是比較嚴重的，遂囑咐他「慎毋為勞力事，為勞力事則必嘔血死」。可是，項處並未遵醫囑，仍去蹴鞠，踢球過程中大汗淋漓，遂嘔血，

次日乃亡。

除了山東，大概江蘇沛縣民間也流行蹴鞠。據史料記載，劉邦稱帝後，把老父親也接到長安享福，可劉老爺子每天吃香喝辣、觀賞歌舞卻悶悶不樂，吵着要回家，一問，原來是因為長安城沒有家鄉那些鬥雞、走狗、蹴鞠之類的遊戲。劉邦遂仿照原來沛縣豐邑的規模，造起一座新城，把原來豐邑的居民遷住到新城裏，劉老爺子也遷住到那裏，又開始「鬥雞、蹴鞠為歡」，這才心滿意足。大概從此，蹴鞠才在長安城流行開來吧。

漢武帝也喜好蹴鞠，還喜好鬥雞，常常舉辦「雞鞠之會」。外出巡遊，也要觀賞或參加蹴鞠比賽。臣子們覺得這太勞神，紛紛上書勸解。又據《西京雜記》，漢成帝時也同樣沉迷蹴鞠，群臣紛紛上書進諫勸阻。漢成帝說：「我就是喜歡，怎麼着吧！你們倒也給我找些不勞體傷神的！」臣子劉向聞聽，果然獻上一套「彈棋」。彈棋大概是蹴鞠的縮小版，用玉石或良木做一個正方形的棋局，中心高隆，四周平滑。兩人對局，黑白各六枚棋子，以自己的擊彈對方的，或許是擊出棋局即為勝吧。具體如何玩，文獻闕如，不知詳情。但大概還是很好玩的，應該類似如今的彈球，故成帝大悅，賜劉向青羔裘、紫絲履等物。

早期蹴鞠踢的是實心球，簡單一點的，就用毛髮纏裹而成，所以字書解釋「鞠」，即「毛丸」。漢代的鞠一般用皮革做外殼，裏面填充毛髮，結實耐用，一球可用數年，輕重也適宜，沒有漏氣之嫌，也無太輕之弊，起落靈敏易於控制。

宋代白釉黑彩蹴鞠圖瓷枕

但到了唐代，鞠變成了空心球，製作工藝也複雜起來：先選擇優質皮革，經過水揉、火烤等多道工藝，使之變軟，然後把皮革裁成八片，縫製出圓形的皮殼。皮殼中塞入動物膀胱，再用鼓風箱為球充氣，這樣的球更富有彈性。宋代改成十二塊皮子縫製，裁縫們還採用「內縫」法，球殼表面不露線腳，球面就更光滑了。《蹴鞠譜》規定，球的重量為十四両，約合今天的四百三十四克，甚至還要更輕，兒童也可以參與這項活動了。鞠的名目很多，《蹴鞠譜》計有四十種，虎掌、葵花、八月圓、天淨紗、十二梅、一對銀、滿園春、雙鴛鴦等，大約是根據皮子花色起的名字。

關於蹴鞠，唐代流傳一段文人趣話。一次，皮日休去謁見地位比他高的歸仁紹。碰巧歸仁紹不在家，皮日休認為對方有意冷落，不悅。回家後，便以「歸」的諧音，作了一首「烏龜詩」嘲諷歸仁紹。詩曰：「硬骨殘形知幾秋，屍骸終是不風流。頑皮死後鑽應遍，都為平生不出頭。」「鑽應遍」，指龜卜時將龜甲鑽孔後燒烤，看其紋路分析凶吉，暗指歸仁紹不喜出頭，性格沒甚麼好處。歸仁紹知道後也不客氣，回作一首「皮球詩」，嘲諷皮日休。詩云：「八片尖皮切作球，水中浸了火中揉。一團閒氣如常在，惹踢招拳卒未休。」詩句從姓氏入筆，借皮球製作和功用，勸皮日休不要強出頭，否則會招災惹禍。「一團閒氣」語帶雙關，既指球中之氣，也指人之「閒氣」。拿皮球開玩笑，可見是很流行的。

鞠變輕了，玩法也相應改變，原先的雙球門改為單球門，整體看，對抗性大大弱化，因為雙方隊員幾乎沒有身體接觸。比賽時，場地中央樹立兩根長數丈的竹竿，高處絡結絲網，中間留下直徑約一尺的孔洞，稱作風流眼。比賽時，雙方分置球門兩側，左隊球頭將球踢過球門，對方用身體接住，想法傳給己方球頭，再由球頭踢過風流眼。最終，穿過風流眼次數最多者即為勝家。

在我看來，這有似於今天的排球。排球有一傳、二傳、主攻、扣球、攔網等角色分工，蹴鞠隊員也各司其職，分別叫：球頭、蹺球、正挾、頭挾、左竿網、右竿網、散立。大約是分別負責射球、救球、調整位置方向等。散立，大概相當於排球裏的自由人，沒有固定職責位置，隨時替換本隊任何一位球員。單門蹴鞠，球頭負責射門，腳上功夫的好壞直接決定着本隊輸贏，故責任重大。贏了，觀眾賞賜的銀碗、錦緞等也能多得些。而輸了，球頭就被人在臉上抹白粉，或者挨麻鞭抽打。好的球頭，應該就是當時的「球星」。

蹴鞠還有一種不講射門的玩法，稱為「白打」。「白」就是沒有（球門）的意思，「打」指的是動作。「白打」不受場地限制，頭、肩、背、胸、膝、腿、腳等協調配合，以踢高、踢出花樣為能事，「腳頭十萬踢，解數百千般」，如此，球可以終日不墜。最初白打是兩人對踢，後來發展成可以一人獨踢，兩人對踢，三人角踢，四至十人輪踢，自由而靈活，這就由對抗性的射門轉型為靈巧控球術了，這種玩法後來在踢毽子上發揚光大。

《東京夢華錄》《武林舊事》等記載了當時汴梁、臨安城內很多技藝高超的球星。官家的有蘇述、孟宣、陸寶、李正、張俊等；民間的有黃如意、范老兒、小孫、張明、蔡潤等。他們的技藝如何高超，史料未詳，但觀《水滸傳》裏的高俅，大概能代表一二。

高俅看時，見端王頭戴軟紗唐巾，身穿紫繡龍袍，腰繫文武雙穗縧，把繡龍袍前襟拽紮起，揣在縧兒邊，足穿一雙嵌金線飛鳳靴。三五個小黃門，相伴着蹴氣毬。高俅不敢過去衝撞，立在從人背後伺候。也是高俅合當發跡，時運到來，那個氣毬騰地起來，端王接個不着，向人叢裏直滾到高俅身邊。那高俅見氣毬來，也是一時的膽量，使個鴛鴦拐，踢還端王。端王見了大喜，便問道：「你是甚人？」……端王定要他踢，高俅只得叩頭謝罪，解膝下場。才踢幾腳，端王喝彩。高俅只得把平生本領都使出來，奉承端王。那身份模樣，這氣毬一似鰾膠黏在身上的。端王大喜……

小說家就是小說家，如此描繪，宋代蹴鞠的氛圍一下子就撲在眼前了。假如現代足球還用這套規則，那大力神杯肯定是跑不出國門的，可惜規則變了，我們的足球卻沒跟上趟，徒留傷悲。

鬥雞

「鬥雞」是訓練公雞相互打鬥，「走狗」是縱狗行獵，這兩個詞很早就組合在一起，指人養尊處優，遊手好閒，都是紈絝子弟的惡習，最終不是禍國殃民，就是敗壞家風。《紅樓夢》第七十五回：「這些來的……都在少年，正是鬥雞走狗、問柳評花的一干遊蕩紈絝。」

可是，娛樂是人的天性，所以，這邊鬥着，那邊著書批着，幾千年來，就這麼互相較着勁，直到今天也沒論出高下來。「走狗」頂着個打獵的名頭，繼承老祖宗的狩獵本領，又能獲得些野味，所以，批判它的並不太多。相比而言，鬥雞純屬消遣，不僅慘烈，還和賭博傍着，就更沒啥正當理由了。

鬥雞最早見於《左傳．昭公二十五年》，據說當時魯國曲阜城內特別流行鬥雞，誰承想，本來就是一個賭博玩樂，卻惹出一場鬥雞風波，並最終引起國內政治大動盪。

當時，魯國最有權勢的是三大家族，號稱「三桓」，為魯桓公三子的後代孟孫氏、叔孫氏、季孫氏。這三家貴族在魯國世代相傳，歷任卿相。當時國君是魯昭公，可實際上國事都由這「三桓」把持着。季氏家族的季平子與魯國另一家貴族郈昭伯是鄰居，兩家常以鬥雞為樂。這一天，季氏放出公雞，在雞翅膀上偷偷撒了芥末粉，郈昭伯家的公雞從沒見過這種陰招，奮力打鬥，連蹬帶踹，

漢代彩繪木雞

武威市磨嘴子漢墓出土，甘肅省博物館藏。

可對方翅膀一撲棱，芥末粉就進了眼。芥末粉辛辣，雞眼瞎了，所以，連連敗退。當然還有一種說法，是說季平子給自家公雞穿戴上皮甲頭盔，對方就無可奈何了。

不管怎樣，總之郈昭伯落了下風，琢磨了一番，也給自家公雞添加輔助裝備。雞的兩足後端類似人腳脖子的地方，各有一個骨質凸起，表面包裹有厚厚的角質層，稱作雞距，郈昭伯就在此部位各紮上一把金屬刀子。打鬥中公雞飛起抬腳，一腳封喉，一刀見血。可以想見，對方的芥末公雞就落敗了。季平子平時佔慣上風，眼見吃了虧，大怒，就爭執起來，此後索性擴建住宅，侵佔郈昭伯家地盤，還把郈氏罵了一頓，兩家遂徹底結了仇怨。

曲阜城裏還有一家臧昭伯，與季平子原來就有矛盾，季平子還囚禁過臧氏的家臣。因此，郈氏與臧氏一起到魯昭公那裏訴冤告狀。魯昭公平時也有點恨季平子專權跋扈，自然支援郈氏、臧氏，遂出兵包圍了季平子。季平子求饒而不可得，眼見命就要沒了。危機關頭，另外兩個家族叔孫氏和孟孫氏出手了，畢竟都是親戚，如果季孫氏一倒，也會殃及自身，於是聯合營救季平子，還將魯昭公派來聯絡他們的郈昭伯殺了。最終，魯昭公被迫逃奔齊國，「三桓」勢力登峰造極。如今，山東省諸城市城北二十五公里、渠河和荊河匯流處，就有一都吉台村，據說是季氏與郈氏鬥雞處，後人因鬥雞台名稱不雅，遂取其諧音，改為都吉台。山東、河南一帶的中原鬥雞，現如今也是鬥雞四大品種之一。

《韓詩外傳》稱公雞為「五德之禽」：「頭戴冠者，文也；足傅距者，武也；敵在前敢鬥者，

勇也；見食相呼者，仁也；守夜不失時者，信也。」給公雞附加很多倫理道德，實際鬥雞的人，只看其是否好鬥、善鬥、敢鬥，可不管甚麼仁和信的問題。好鬥，是公雞的本性，與體內雄性激素分泌有關，優選後的鬥雞尤其如此。好的鬥雞講究骨骼勻稱，前胸壯而寬，體毛短而稀，頭小嘴尖，皮厚腳大，雞距發達。所以，舊時行家選雞時有句口頭禪：「小頭大身架，細腿線爬爪。」

優選之後，鬥雞上場廝殺前還需特種訓練，待沉着穩重，「呆若木雞」，上場方能陣腳不亂，攻擊直奔要害。古代有個馴雞高手，叫紀渻子，他給周宣王調教鬥雞。馴了十天，周宣王問：「可以了吧？」答曰：「不可，還顯得虛驕而恃氣。」十天後又問，回說：「不行，雞聽到聲音看到影像就有回應。」十天又問，回說：「不行，還是怒視而盛氣。」又十日，再問，回說：「差不多了，別的雞就算在旁側鳴叫，牠也不為所動，好似木雞一般。其精神凝聚，其他雞見了就掉頭而逃，不敢應戰。」這個故事就是「呆若木雞」典故的由來，《莊子·達生》篇裏講的。不過，莊子一向喜歡胡編亂造，這個故事也未必就是真的。莊子無非是想表達一種生命境界，人一旦精神凝聚，不為外物所感，也就不會被外物所動所傷，這是大智慧。

莊子心遊萬仞，眼界高遠，從鬥雞中看到人生智慧，追求一種靜定而安的生命態度。然而，參與鬥雞的人們卻更希望見到公雞們血脈賁張、激烈的啄咬，這就是哲學家和俗眾的不同。

經過嚴格訓練，兩隻鬥雞一但面對，就不管青紅皂白廝打起來。如果兩雞相鬥很久，勢均力敵，露出疲態，旁人就用水將牠們噴醒，使之振奮，重新投入戰鬥，直到其中一隻公雞敗下陣來。唐代文學家韓愈曾描寫鬥雞場面：「裂血失鳴聲，啄殷甚飢餒。對起何急驚，隨旋誠巧紿。」孟郊也寫過有關鬥雞的詩：「事爪深難解，嗔睛時未怠。一噴一醒然，再接再厲乃。」也有人看不了這種慘烈，如陳志歲主張和諧，其《鬥雞》詩批評道：「五畝田平踏跡新，噍群圍處起禽塵。常說和生猶未得，挑唆血鬥是何人？」

為了增加攻擊性和戰鬥力，除了前面所說的給公雞撒芥末、加刀子外，還有人以狸膏塗雞頭。狸膏是指狸貓、黃鼠狼、狐狸之類的動物油脂，這幾種動物都是禽類畏懼的天敵。將狸膏塗於雞頭，有特殊的腥味兒，對方聞到就膽戰心驚了。據說發明這秘術的是在一個叫羊溝的地方，那裏的公雞三年就長得極魁偉，可善於相雞的說，這些都不是甚麼好品種。但羊溝雞卻能屢戰屢勝，原因就是給雞頭塗抹狸膏。這個說法也是莊子講的，這個「羊溝」也不知道是哪裏，是不是莊子信口編的。不過，這狸膏塗雞頭的法子卻是不假。三國時曹植有《鬥雞篇》云：「願蒙狸膏助，常得擅此場。」北周庚信《鬥雞》說：「狸膏熏鬥敵。」清代吳偉業有《靈岩山放生雞》詩：「芥羽狸膏早擅場，爭雄身屬鬥雞坊。」說的都是這個手段。

在自然環境下，雄雞為爭地盤、爭交配權，雄性激素時刻保持在亢奮狀態，打鬥也在所難免。人們觀察到這一自然現象，覺得好玩刺激，漸漸主動選拔訓練鬥雞，將之改造為遊戲娛樂，本無可厚非，因為人類的生產、娛樂大都來自對自然的模仿。關鍵是，這個過程中，人愈來愈有機心，為獲勝，投機取巧，違背自然倫理，遊戲也就變了味道。鬥雞加芥末、加刀子、加狸膏，遊戲就只剩

下勝負，甚至成了殘殺，離遊戲的本旨就相去甚遠了。如今體育界各種黑哨、假球、興奮劑，同理。過度的機心非但不能讓一種遊戲保持長盛不衰的魅力，反而會令其走向衰亡。

時代在變，我們和動物的關係也在變化。西班牙傳統鬥牛活動，每年也都有人反對，主張取締，也漸漸失去了往年的盛況。眾目睽睽之下，眼見着鬥牛士生生將短矛刺到牛背上，牛頂着一背矛刺狀若刺蝟，血水順着牛背往下淌，鬥牛士還要做出勇武、得意的樣子，這場面也確實有些尷尬。但傳統，只能一點一點更替，老一代愛玩的沒了，新一代不感興趣或不能接受，這傳統也就沒了，沒了，也不錯。

走狗

「鬥雞走狗」一向帶有貶義，究其關鍵，是因為往往帶有賭博性質。前蜀貫休《輕薄篇》云：「鬥雞走狗夜不歸，一擲賭卻如花妾。」賭蟲一旦上癮，也就無所謂理智，所以，民間十大惡德「吃喝嫖賭抽，坑蒙拐騙偷」，賭，列於其中。其他一些傳統遊戲，如走馬（即賽馬）、養鴿子、逗蛐蛐兒等，也大都和賭博摻和着，影響着世風，也左右着人們的情緒。故而從前一些老玩兒家管蛐蛐兒、鴿子，以及馴養用來捉獾的狗統統叫「氣蟲兒」，說的就是遊戲中，玩兒家們彼此摽着心勁，你抓一個，我就要抓倆；你這回鬥贏了，我說甚麼也要再弄隻好的來，把面子、輸了的錢掙回來，心勁越摽越大，氣就招出來了。

其實，如果拋開這些個「鬥氣」「鬥錢」，或者適可而止，上述遊戲都是可以頤養身心的，「走狗」尤其如此。

走狗，本意就是指獵犬，又指縱狗行獵。一般認為，古代馴養的獵犬就是現如今的中華田園犬，俗稱土狗、柴狗、草狗、笨狗。土狗個頭不是很大，嘴短額平，與狼外形相似，皮毛土黃色為多，漢代畫像石以及出土的陶俑裏都能看到，可見千百年來血統的延續。這種狗對主人十分忠心，盡心竭力，但卻也有個性尊嚴，很少任性撒嬌、賤皮耍賴。對生活條件也不挑剔，有乾吃乾，沒乾喝稀，乾的稀的都沒有，餓幾頓也不要緊，可謂勇敢堅強、吃苦耐勞。土狗訓練得好，是行獵的好幫手，再不濟，也可看家護院，總之，挺省心。

土狗協同狩獵，最早的記載發生在戰國，那時，訓犬狩獵已很成氣候了，有些快犬還有名有姓。比如《戰國策．齊策三》裏談及一種叫韓子盧的快犬，對狡兔窮追不捨，終至力竭而死：「韓子盧者，天下之壯犬也；東郭逡者，海內之狡兔也。韓子盧逐東郭逡，環山者三，騰岡者五，兔極於前，犬疲於後，犬兔俱罷（疲），各死其處。」同書《齊策四》裏又談及一種叫盧氏之犬的，也是善於逐兔的名犬。

家有好犬，自然倍加愛惜，人犬之間有着深厚情感。據《晏子春秋》講，齊景公的一條「走狗」死去，極為難過，「令外共之棺，內給之祭」，意思是下令棺木斂葬，還設祭致奠。晏子聽說後趕緊跑去勸諫，認為鰥寡孤獨尚得不到撫恤，對一隻獵犬如此厚遇，老百姓要知道了，情何以堪？倒惹得議論紛紛，說君王愛狗勝過愛人。景公聽了點頭，忙命廚師烹製狗肉，用以招待群臣。不厚斂也就罷了，烹煮吃掉，如今可能有點不能接受。不過這結局也許是古人怕後人跟着學壞了，特意補充的「光明的尾巴」。

一種玩意兒流行，很多人參與其中、樂在其中，就定會有人專門琢磨裏面的道理，一些理論指導、技術法門之類的書籍也就應運而生。

怎樣的狗才能入選「走狗」，有沒有一些技術要領？這一點，傳世文獻很少談到，畢竟走狗、賽馬等都是有錢有閒階級的專利，正史不貶斥已經不錯了。不過，還是有些線索透露出來。現存最早的書目《漢書．藝文志》有相術類，就收錄《相六畜》三十八卷。六畜一般指馬、牛、羊、雞、犬、豕（豬），都是與人們生活關係最為密切的，可見早就有了成熟的飼養經驗。可惜，這些書早就失傳了。不過，最近陸續出土一些漢代竹簡，裏面就有《相狗方》《相狗經》，大概就是這類書。比如銀雀山漢墓出土的《相狗方》，內容涉及狗的頭、眼、喙（嘴）、頸、肩、脅、膝、腳、臀等諸部位以及筋肉、皮毛、起臥之姿、奔跑速度等，有一套鑒定規則，幼狗和成狗還各有標準，已經很系統了。

騎一匹健馬，帶幾隻訓練有素的快犬，與摯友親朋在曠野林間縱情馳騁田獵，不管獲多獲少，想想都覺得是件令人心馳神往的樂事。《史記》記載秦相李斯獲罪，被判腰斬、誅夷三族。他和兒子從咸陽監獄中被帶出來押赴刑場，途中，他回頭對兒子嘆息道：「唉！我還想和你一起，牽着黃犬，到上蔡的東門外去追獵狡兔，可惜呀！再也沒有機會了！」說罷，父子抱頭痛哭。後來「東門黃犬」就成了為官遭禍，抽身悔遲的典故。縱馬畋獵、趨犬圍捕，說到底都是和自然打交道，和動物打交道，是最能放逸身心的，也自有一套自然法則在，這當然是有別於官場的生活體驗，也就難怪李斯至死念念不忘。

老子曾告誡人們：「五色令人目盲，五音令人耳聾，五味令人口爽，馳騁畋獵令人心發狂，難得之貨令人行妨。」意思是世間繽紛的色彩、紛雜的音聲、繁複的美味、稀有的物品都會令人感官

東漢陶狗
成都市天迴鄉天迴山出土。四川省博物院藏。
此狗昂頭蹲坐，雙目炯炯，頸與前腹緊束套帶。

混亂、行為失據，而縱情遊獵更使人心思放蕩，幾欲發狂，所以一定要有所取捨節制。這多少像是老年人對年輕人的叮囑，更多來自歷經世事後的思考和反應。其實，年輕人精力旺盛，吃嘛嘛香，看啥啥好奇，五音、五色、五味才有很大的誘惑力，而馳騁畋獵更是青壯年才可以享受到的樂趣。蘇東坡有《江城子．密州出獵》就是很好的獨白：

> 老夫聊發少年狂。左牽黃，右擎蒼。錦帽貂裘，千騎卷平岡。為報傾城隨太守，親射虎，看孫郎。　酒酣胸膽尚開張。鬢微霜，又何妨。持節雲中，何日遣馮唐？會挽雕弓如滿月，西北望，射天狼。

這首詞描述了攜鷹犬出獵的壯闊場面，氣勢恢宏。狩獵者豪興勃發，姿態橫生，「狂」態畢露，充滿壯志躊躇的陽剛氣概，遂成為宋代豪放詞的標誌。想必蘇軾狩獵歸來，意興難平，手舞足蹈均不足以抒懷，遂歌以言志。

據說，蘇軾對這首詞作的整個過程頗為興奮自得，日後在給友人的信中再次談及：「近卻頗作小詞，雖無柳七郎風味，亦自是一家。呵呵，數日前，獵於郊外，所獲頗多，作得一闋，令東州壯士抵掌頓足而歌之，吹笛擊鼓以為節，頗壯觀也。」一次郊野圍獵帶給人多少興味和滋養啊。

人類整體是逐漸走向文明教化的，生活日漸便利輕鬆，更多正襟危坐，身體日漸靡弱，精神上

也就失去很多酣暢淋漓的樸野之氣。王世襄曾寫過一文曰〈獾狗篇〉，詳細講述老北京人訓狗捉獾的技法，以及一系列習俗樂趣。他引身邊玩兒家榮三的一段話：「想看咬獾這個樂兒，不能走不行，不能跑不行，怕受累不行，怕冷不行，怕老婆不行，怕鬼不行，膽小怕怕不行，不能挨渴挨餓不行，不能憋屎憋尿不行。不能熬夜不行，怕磕了碰了不行，沒有耐心煩兒不行，不會用心琢磨不行。」可見是要付出身體代價的，當然也能在此獲得精神上的自信。當時流傳有一部《獾狗譜》，就是相狗經，王世襄逐句記錄分析講解，狗譜末句云：「只要古譜背得熟，好狗牽來不用愁。春秋兩季把獾咬，掛在茶館齊叫好。裏外三層人圍觀，人又精神狗又歡。」王世襄寫完，一聲嘆息，覺得養獾狗和白雲觀廟會一樣，到了初八，已是殘燈末廟了。相比王世襄，我們可能更要嘆息，因為如今的犬大多只有成為寵物，才有存在的可能性，縱狗馳騁怕終究是個夢了。

「走狗」本指獵犬，與狩獵有密切關聯，舊時並未有貶義。據清代袁枚《隨園詩話》卷六云：「鄭板橋愛徐青藤詩，嘗刻一印云：『徐青藤門下走狗鄭燮。』」以走狗自稱，屬於自謙，也是忠實擁躉的典型口吻。後來，人們少有訓狗狩獵，「走狗」就成了受人豢養的幫兇的代名詞。

如果追本溯源，最初這個比方恰恰出在走狗狩獵極為盛行的先秦。《史記》記載越國范蠡幫助勾踐興越滅吳，功成名就之後急流勇退，歸隱江湖。走之前給朝中大夫文種留下書信云：「飛鳥盡，良弓藏；狡兔死，走狗烹。越王為人，長頸鳥喙，可與共患難，不可與共樂。子何不去？」提醒文種要識時務，趕緊離開。然而文種猶豫不決，最終被越王賜劍自殺。

後來，類似的劇情又在漢代上演，劉邦建國後將曾為自己建功立業的大將們悉數殺盡，典型如韓信。為削弱韓信勢力，先將其封為楚王，使其遠離自己的發跡之地，不久就有人適時告發韓信謀反，於是，劉邦又將他貶為淮陰侯。後來，皇后呂雉終以謀反之名將韓信誘至長樂宮殺死。《史記》載韓信生前也浩嘆：「狡兔死，走狗烹；飛鳥盡，良弓藏；敵國破，謀臣亡。」

本來豪氣勃發的縱犬出獵，竟轉變成政治漩渦中的無奈和嘆息，想想真是無趣呀。

傀儡戲，鬼也怕

傀儡戲，就是現在的木偶戲，也是很古老的藝術。木偶戲「以物象人」，由人操控表演各種戲劇角色，演繹故事。木偶在明處，唱唸做打，咿咿呀呀，吸引觀眾。它們表面是演員，其實就是道具，真正參與表演、掌控表演過程的卻是幕後的操控者，所以，木偶戲的演員是雙重的。古人何以想起創造這麼一種奇特的戲劇藝術形式？最早的木偶戲是甚麼？這些問題吸引了很多研究者，各種解釋說起來可能比講木偶戲演甚麼內容還有意思。

第一種說法可追溯到西周早期，說周穆王西巡崑崙，奇工偃師獻一倡優。一開始，周穆王還以為是常人，聽偃師說是自製偶人，大為驚訝。那偶人進退俯仰與真人無異，和着音樂，動動臉頰，就能曼聲而歌；搖擺手臂，即翩然起舞。周穆王大驚喜，忙喚出後宮寵姬一起觀看。誰知表演將畢，那偶人卻忽然向寵姬拋了個媚眼，頗有調戲之意。周穆王大怒，以為受騙上當，這個哪是木偶，純粹就是真人，便要誅殺偃師。偃師急忙當場剖解偶人。周穆王趨前細看，偶人筋骨、關節、皮毛、牙齒、頭髮一應俱全，但卻都是由皮革、木塊、膠漆、黑白紅藍顏料組成的假物。再組合，又變成活生生的偶人。可將心拆走，偶人便無法說話；拆走肝臟，則眼目盡盲；將腎拆除，則無法走路。最後，周穆王心悅誠服，大讚偃師技法高超，鬼斧神工。

這個故事見於《列子》，一向為人們津津樂道，以示傀儡戲之古老神奇。其實，《列子》一書成書較晚，這件事大概是後人比附的志怪故事。周穆王是周代最具傳奇色彩的君王，相傳他活到一百零五歲，其間曾東征西討，甚至一度西巡至崑崙山，在瑤池與西王母約會。活得長、在位久的帝王大都精力充沛，跑的地方多，傳說就多，清代乾隆皇帝下江南就留下若干傳奇故事，也都是小說家言，不可當真的。

第二種，是說木偶戲為西漢開國功臣陳平所創。西元前二〇〇年，漢高祖劉邦親率大軍迎擊匈奴冒頓，反被圍於平城（今山西大同東北）東邊的白登山，七日不得脱身，危在旦夕。陳平知冒頓好色，又知其妻閼氏好妒，便雕刻木偶扮作美女，在城頭翩翩起舞。冒頓果然目不轉睛，閼氏則醋意大發，擔心城破之後，丈夫必納此女，遂想方設法迫冒頓退兵，劉邦得以解圍。由於木偶退敵有功，漢高祖便將它珍藏宮中，此後「樂家翻為戲」。這個説法見於唐代段安節《樂府雜錄．傀儡子》。

高祖平城被圍確有其事，《史記》和《漢書》都有記載。前者説解圍的關鍵是給閼氏送了重禮，「高帝乃使使間厚遺閼氏」，後者則謂「高帝用（陳）平奇計」得以解圍，但「其計秘，世莫得聞」。陳平到底用了甚麼奇計，史家不講，遂成曠世之謎，引起很多人猜測和附會。《漢書》註引東漢人應劭解釋説，陳平讓畫工圖美女像一張，遣人送與閼氏，説漢有此美女欲獻單于，閼氏畏其爭寵，遂勸單于説：漢家有神靈相助，即便我們奪了土地，也無法真正擁有。於是單于網開一面，放劉邦逃脱。説陳平做了舞女木偶，是唐代開始有的説法，也是演繹瞎傳來的。

木偶戲圖

此圖為 14 世紀紙繪彩色水墨畫局部，轉自 [美] 伊佩霞（Patricia Buckley Ebrey）著《劍橋插圖中國史》138 頁，山東畫報出版社，2001。

以上都把傀儡戲歸到某人所創，今天的研究者也都不太認同，主要原因是任何藝術形式都有個從萌芽到成型的過程，不是石頭縫裏蹦出來的，所以還得從其他地方找線索。

有人就注意到木偶和隨葬器物「人俑」的關聯。人俑是專供陪葬用的人形明器，秦始皇兵馬俑就是典型。古人認為人死後一般要到地下世界繼續過活，也要有人陪，有人伺候，有人保衛，因此早期就用人殉。後來進步了，覺得不人道，就改用「俑」，即用草束、土製、陶製或木製的人形來代替。因為「俑」是人的模擬物，所以又叫「偶人」，對偶於人的意思。

早期用桐木做人偶的比較多，故《說文解字》說：「偶，桐人也。」段玉裁註：「偶者，寓也，寓於木之人也。」可見古人認為木偶雖為木製，但卻是有靈魄的，是寄寓在木製外殼裏的人。一九七九年春，在山東萊西縣一個稱為「總將台」的地方發掘了西漢墓，墓中有十三件木俑，其中一個木偶人身高一米九三，木線串聯十三段，構成一具木製骨架，全身機動靈活，可坐、立、跪，大概是典型的偶人。

但人俑歷來用途固定，它和喪家所用其他明器，如車馬、食器、樂器、軍器等一樣，皆為人鬼所用。雖然人俑形似生人，甚至偶有高仿真的，但其用意平凡，沒有任何戲劇因素。可傀儡戲很早就是歌舞戲，而凡是早期的歌舞戲，起源大都是模仿某件事，是有劇情的。比如木偶戲裏古老的「撥頭戲」，出自西域，演的是父親被老虎咬死，兒子上山尋屍後痛哭，打死老虎的故事。扮演兒子的伶人騎虎跳躍，頭入虎口，拳打虎頭，腳踢虎眼。又如「踏搖娘」，隋末出自黃河以北，說有男子

貌醜而嗜酒，醉歸必毆其妻。其妻貌美，善歌，怨苦悲訴，搖頓其身，故號「踏搖娘」。所以，說傀儡戲源自隨葬人俑，也有些牽強。不過，漢代時已經有木偶技術，這倒是毋庸置疑的。

破案破到這裏，好像山窮水盡了。但很快，有人又找到突破口。

他們就是致力於民間藝術研究的孫楷第以及和他同時代的民國學者。他們注意到，最早提及傀儡戲的漢人應劭在《風俗通義》裏說，「傀欙（儡）」為喪家樂，意思是說傀儡戲是在喪葬儀式中表演的，由此便想到古老而神秘的儺戲。

儺戲起源於商周時期的驅儺（驅除鬼怪疫病）活動。驅儺的主角是方相氏。據《周禮．夏官》記載，方相氏蒙熊皮，戴黃金鑄造的四眼面具，上穿玄衣，下着朱裳，揚戈舉盾，率領群隸四季行儺法，以搜索室中疫鬼並加以驅逐。現如今我國許多地區民間還有此活動，戴面具的演員有一系列反覆、大幅度的程式動作，表示驅逐和恐嚇。

特別引人注意的是，方相氏還要負責另一項任務，即為墓穴驅鬼。出葬時，方相氏走在柩車前，到達墓地，在棺柩下入墓穴前，用戈擊刺墓穴四角，以驅逐好食亡者肝腦的魑魅魍魎。這大概就是上面所說「喪家樂」最初表演的內容。

方相本是傳說中驅除惡凶的神靈，人們想像他們長得奇崛魁偉，面容奇醜，令人畏怖。最引人矚目的就是其碩大可怖的頭顱，遂又被稱作魌頭。魌，頭大貌，醜貌。宋代高承《事物紀原》說，方相和魌頭區別就是前者為四目，後者為兩目。又因其施展法力時用戈擊刺墓穴四角，故又被稱作

「觸壙」，壙即墓室的意思。

學者孫楷第辨析了諸多史料，意識到「傀儡」與「魌頭」都是奇崛壯盛醜陋可怖的意思，應該是各地方言的差異，而「方相」則是書面語，三者實際上是一回事。而且，漢代驅儺的方相不僅僅有人戴木質面具扮演，也有用雕繪的木製頭顱代替的，如此可以自由轉動，行動更靈活，這就已然是木偶做戲了。至此，傀儡戲的源頭大概就找到了，即源於方相在墓穴中刺鬼的儀式表演，所以才稱之為喪家樂。

本為莊重可怖的喪葬儀式，何以變成後世的娛樂戲劇？這個轉變發生在漢末。那時候有個特殊的娛樂方式，「京師中賓婚嘉會，皆作魁壘（傀儡），酒酣之後，繼以輓歌」（《後漢書・五行志》引《風俗通義》）。傀儡，前面說了，屬於喪家之樂；輓歌，是牽挽棺柩的人們所唱的協力之歌，內容主要表達對死者的哀婉之情。兩種本屬於喪葬中的儀式活動，竟然成了賓婚嘉會中的流行表演，這種風氣時尚也真是讓人瞠目結舌了。所以，後人認為，這就是漢代要滅亡的凶兆。

不管是不是凶兆，總之，傀儡戲至此乃由喪葬儀式轉而成為宴會歌舞戲，由宗教功能轉變為娛人功能了。一旦功能擴展，許多內容主題都可以加進來，傀儡戲才真正成了「戲」，甚至變得滑稽詼諧。比如有出傀儡戲叫「郭公」，也叫「郭禿」，模仿的就是一個郭姓因病而禿頭的，表演滑稽調笑，深受大家歡迎，一時成為經典節目，甚至傀儡戲一度被稱為「郭公戲」。

木偶技術上也不斷拓展，常見的有杖頭木偶，又稱托棍木偶，在木偶頭及雙手部位安裝操縱杆；

手套木偶，又稱掌中木偶、布袋戲，偶人很袖珍，手掌長短，演員手掌伸入布內袋作為偶人軀幹，五指分別撐起頭部及左右臂，操縱偶人動作，偶人雙腳可用另一手撥動，或任其自然擺動；提線木偶，又稱線偶或線戲，也叫懸絲木偶，古稱「懸絲傀儡」，提線一般為十六條，多可增加到三十餘條。提線長度也可控制，最長可達六尺。提線木偶難度大，但由於可操控的部位多，木偶的五官表情都可以很豐富地表現出來，所以表演就更加細膩傳神。除此之外，民間偶有「水傀儡」，在水箱中表演；「藥發傀儡」，用火藥帶動機關；甚至還有「肉傀儡」，用童子少年假扮木偶表演等。

不過，由於傀儡戲來源於帶有巫術性質的宗教儀式，即使後來不在喪葬活動中表演，它的驅邪功能也並沒有退化，多數情況下還是作為祭祀活動的有機組成部份，比如明清以後，台灣凡上演傀儡戲，定是在神廟落成，火災或吊死、溺死等所謂有妖氣的情形下排演，且又禁忌妊孕婦人觀看。閩西木偶戲中的安龍戲，則多用於新屋落成或舊宅不寧，至今一些地方還稱木偶戲為「嘉禮戲」或「神戲」，內容以驅邪邀福為主，搬演的也多為神魔仙鬼故事，比如目連救母、西遊記等。

說到底，方相、傀儡、魌頭都是「鬼」物，是極醜陋的，所以「丑」字繁體作「醜」。比如第一號丑角「大頭」造型，額頭比臉部下半大近三倍，額頭上半塗以朱紅，下半繪以對稱的飛揚皺紋，眼珠黑森森、圓滾滾，與眼白、眉毛形成強烈對比，再配上粗黑髫鬚，就是兇神惡煞。這等模樣的傀儡在眾人前展演，就是現醜，人畏懼，鬼更怕，如此才有驅邪效果。

因此，傀儡戲至今仍具有詭譎的神秘色彩，大概也是禁忌最多的民間劇種。

「浪」秧歌

秧歌很古老，從秧歌發展、演變而成的戲曲劇種，數量非常多，堪稱「百戲之源」。山東有民謠：周朝秧歌唐朝戲。意思是，唐宋以後興盛起來的大量民間戲曲，都可以追溯到周朝的老秧歌。因此，秧歌是戲曲的前輩，任何劇團都要敬上三分。據説老北京演戲時，假如台下有秧歌隊路過，戲必須馬上剎台，由班主請秧歌隊上台表演後，才能繼續開台。這些民間説法，以及梨園行內一些老規矩，都自有來歷，由此可見秧歌的古老。

秧歌有個基本步法，即要踏着鼓點，四拍「扭」出個十字步或橫八字步：第一拍左腳起步交叉向前；第二拍右腳交叉向前；第三拍左腳向側後交叉；第四拍右腳向後交叉後退。這樣的走法純粹是自己給自己「使絆子」，弄不好是要跌倒的，所以為了更好地平衡身體，上身兩臂也要架起來，伴着步法「扭動」，因此才叫扭秧歌。唐代趙璘的筆記小説《因話錄》談及此説：「舞名《扭綰》。」可見唐代便已有這「扭」的名稱。

北方人對這種大秧歌的扭法還有個更形象的説法：「好似兔子着了鳥槍。」這「着」大概是指兔子被鳥槍所驚。兔子身形靈巧柔軟，彈跳好，遇到危險逃跑（比如躲鷹）從不走直線，而是常常緊急轉彎，身體扭來扭去，可見秧歌舞是怎樣扭得緊了。熟練的秧歌舞者就是靈活老練的兔子，從

不擔心會閃了腰。他們揚着臂膀，踏着鼓點，有時用腳尖點地，有時用腳跟擦地，進三步，退半步，凝練利落。集體行進舞動時，還能步出各種「花子」，像梅花、方勝、盤長（腸）、葫蘆、連燈、飄帶、金牌、連環等，每種花子又各有一種鑼鼓點子相配，這就更要轉來扭去了。

大概是因為秧歌的名稱以及這個特定步法，人們追溯秧歌的起源，認為本是農人插秧、耘田時的一種歌舞，配了鼓點節奏，又結合插秧的動作，每到新年農閒時化妝表演，捎帶着祈年祝福。所以，清代吳錫麟《新年雜詠抄》載：「秧歌，南宋燈宵之村田樂也。」在水田裏行走插秧，腳步很難穩定，為了保持身體平衡，必揚起兩臂膀，用此進三步，退半步的扭法。尤其是，很多秧歌還有踩高蹺的表演，就更和水田有關了，比如陝南秧歌，在水田裏扭時才踩上兩支高蹺。

但也有很多人不同意這個說法，認為秧歌源於儺舞，這是廣泛流傳於各地的一種具有驅鬼逐疫、迎神祭神的民間舞，是儺儀中的舞蹈部份。儺舞源流更為久遠，殷墟甲骨文卜辭中已有儺祭的記載。周代稱儺舞為「國儺」「大儺」，鄉間也叫「鄉人儺」。據《論語．鄉黨》記載，當時孔夫子看見儺舞表演隊伍到來時，曾穿着禮服站在台階上畢恭畢敬地迎接（「鄉人儺，朝服而阼立於階」）。鄉人儺具體如何，史料記載不多，但近世仍活躍在東北的跳神儀式與之一脈相承，可以當活化石考察。人們注意到，跳神儀式確實和秧歌舞之間，有着極為密切的關聯，最大的關聯就是狂歡性。

跳神儀式早期由女巫擔綱。《說文解字》釋「巫」：「祝也，女能事無形，以舞降神者也。」

巫是神與人之間的仲介，他們與其他宗教神職人員最大的不同，是能夠以個人軀體作為人與鬼神間溝通的介質。通過舞蹈、擊鼓、歌唱，對神靈發出邀請或引誘，使神靈「附體」，再藉助此軀體與凡人交流。或者通過舞蹈、擊鼓、歌唱等「靈魂出殼」，以此上天入地，脫離現實世界去同神靈交往。在這個過程中，巫常常表現出昏迷、失語、神志恍惚、極度興奮等生理狀態，這就是「下神」或「通神」了。清姚元之《竹葉亭雜記》云：「薩嗎（滿）誦祝至緊處，則若顛若狂，若以為神之將來也。誦愈疾，跳愈甚，鈴鼓愈急，眾鼓轟然矣。」

古老的跳神儀式，舞姿粗獷，動作剛勁，節奏急驟，有立、坐、弓、彎等多種姿態，有進、退、移、轉等各種步法。舞者雙手舞動法器，以腰部為軸心，左右上下擺動，腰鈴發出嘩嘩啦啦的聲響，時緩時緊，渲染出神奇的氣氛。所以，研究者認為秧歌舞忘我的迷狂、癲狂狀態，正是來自儀式中神靈附體時所表現出來的極度的狂歡、自由乃至迷狂的狀態。

東北秧歌界有一句話：扭得浪不浪，看你有沒有相！相，就是看你是不是投入，全情投入。達到忘我的狀態，就是「相」好。舞者不僅動作要漂亮，而且強調腰胯擺幅大，節奏感要強，表情要有感染力，總之，要誇張不要平淡。至於動作是不是規範，是不是有「跑旱船」，是不是有「踩高蹺」，都不太重要。所以，民間稱秧歌扭得好叫「扭得浪」。

「浪」本義指的是沒有約束，自由放縱，比如放浪、流浪、浪跡天涯等，扭得浪，就是沒有約束。不過，在方言系統裏，「浪」還包含一種特殊的含義，即指女子對男子的挑逗調情。東北

秧歌俗稱「浪」秧歌，表演中最常見的就是男女組合對舞，俗稱「一副架」。女為「上裝」，男為「下裝」。表演時，「下裝」通過聳肩、擺胯、挑逗、拋媚眼傳情，「上裝」則做摸鬢相、害羞相、叼巾繞花相、單手撩相，以此呼應「下裝」的調情扭逗，這都是男歡女愛的戲擬。民國時北方灤州一帶流行一種新年社火遊行「驢子會」，扮演可以有很多組，每組至少四人，比如一男人扮俏婦人，騎着毛驢，一傻小子牽驢，他們算是一對夫婦，妻子風流，丈夫愚蠢。第三位，扮迷色老和尚，盯住婦人，時時想與她調情。末一位，扮風流秀才，和老和尚交互打岔，彼此互尋間隙，向婦人眉來眼去，這也是典型的秧歌。

那麼，秧歌這種頗具特色的形式又是怎麼形成的呢？研究者認為，這大概可以上溯到古老的社祭儀式。

古時封土為社，作為祭祀天地的場所，再栽種當地宜種植的樹木，稱社樹。在原始巫術的觀念裏，莊稼植物從土裏生長出來，社樹就和土地的生殖功能結合起來，而人的生殖繁衍也與此相通，因此，早期桑林社稷中舉行祭祀祈禱活動時，就伴隨着性愛樂舞，這就是交感巫術。所以，《墨子·明鬼》說宋之「桑林」、齊之「社」、楚之「雲夢」，皆為「男女之所屬而觀也」。屬，即相聚，這裏是說男女相約共往觀社，這觀社是有特殊意義的。

《左傳·昭公二十三年》記載，當年夏天，魯昭公到齊國觀社。《春秋》三傳都指其非禮，《穀梁傳》說得很明確，魯昭公何以巴巴地跑到鄰國觀社？就是因為有「尸女」。《說文·尸部》：「尸，陳也，象臥之形。」郭沫若據此判斷「尸女」即「通淫之意」。所以，「男女之所屬而觀」指的是男女在社稷之時集體親昵、性愛的活動。可見，在周代仍有這樣的儀式。另外根據《禮記．月令》《周禮．地官》的記載，社稷之時「天子親往」，「後妃帥九嬪御」，所謂「御」，即天子後宮房事的隱語。然後庶民效仿，「令會男女」，「奔者不禁」，「奔」就是非婚姻關係的性愛活動，此時官方是不禁止私「奔」的。

當然，此後禮法嚴格，文化進一步發展，這種儀式就少有了，但禮失求諸野，早期許多邊疆少數民族還保留一些與之相關的習俗。比如契丹、女真等少數民族，男女在月圓之夜就攜酒到一個固定的地點飲酒狂歡，互相調情，自由尋找配偶。東海女真更有「野人舞」，通過男女對舞中的搖臂、托乳、摸臉，以及顯示自身生殖特徵等動作，表現男歡女愛的情趣。民國時《海龍縣誌．祭神》載：「滿人除祀祖外，兼有祭索倫媽媽之舉。……是夕，跳鶯歌神。」索倫，即索倫杆（柳木或榆木所製），是祭天時的神位；媽媽，是滿族對祖母或老年婦女的尊稱。樹木和女神，都含有生殖崇拜的內容。祭祀之後，當晚還要跳「鶯歌」（秧歌），也是藉助古老的象徵儀式來祈禱風調雨順、草木豐茂、人丁興旺。

了解了這些，再轉過頭去看東北秧歌的「浪」，就別有會心了。秧歌中，「一副架」常常是老夫少妻、少夫老妻、醜男俊女、傻男俏女，這些都屬於人們眼裏的不對稱婚姻，以此戲謔、調侃、挑逗，都是一種性的遊戲。在民間的觀念裏，這些兩性關係反常規，少見，才令人好奇，覺得可以

開開玩笑，也就能帶來特殊的快樂。殊不知，這些狂歡的遊戲裏，還依稀保留着遠古的儀式基因，這正是：秧歌浪，浪秧歌，不浪不秧歌。浪，就是出離常規，這是獲得快樂的重要途徑。

如今，扭秧歌早已成為北方民間節慶的代表性舞蹈，人們用心裝扮，在村裏鄉間遊走狂歡，群舞競作，表達對美好生活的祈願。即便是秧歌舞高手，大概也少有人能說清，秧歌舞何以有這些獨特的內容。更何況，秧歌舞各地情形不同，也很難「萬眾歸一」。可不管怎樣，探究追溯一下秧歌舞的來歷，不管有無標準答案，都會覺得，正是這些撲朔迷離，才使得傳統遊戲變得有滋有味呢。

後記

本書原名《食色裏的傳統》，二〇一八年秋由中華書局（北京）出版，收到較好的讀者回饋。二〇一九年秋，香港天地圖書有限公司有意出版，更名為《歷史中的細節》，託書局轉達，我欣然同意，並遵囑選了三十餘文物圖片作為插圖。「圖文並茂」是非常古老的資訊傳播方式，也是當下新圖文時代的一種閱讀需求。當然，更是本書內容所需要的，這樣，無論是傳統中的「食色」，還是歷史中的「細節」，都變得更加可觸可感了。

小書再版，按例當寫一篇後記。而這段時間我正忙於科研專案「秦漢文體史」的收尾，一時不知如何下筆。學術論文和散文隨筆有不同的寫法，這些年，我雙槳交替划水，樂此不疲，但每每用到一隻槳，另一隻就自動停下來，我需要醞釀心力氣力。

我想起了最近研讀的兩封古老家書。書信寫在木牘上，一九七五年，考古學家在湖北雲夢睡虎地一座秦墓中發現了它們。寫信的是兩位秦國士兵，兄弟倆，一名黑夫，一名驚，倆人在戰事間歇給在家鄉安陸的大哥衷（中）寫信。第一封信寫於農曆二月辛巳日，以哥倆的口吻，大約由黑夫主筆。信中先是問大哥好，問母親是否大安，也自報平安：

二月辛巳，黑夫、驚敢再拜問中（衷），母毋恙也？黑夫、驚毋恙也。前日黑夫與驚別，今復會矣。黑夫寄益就書曰：遺黑夫錢，母操夏衣來。今書節（即）到，母視安陸絲布賤，可以為襌裙襦者，母必為之，令與錢偕來。其絲布貴，徒錢來，黑夫自以布此。黑夫等直佐淮陽，攻反城久，傷未可智（知）也，願母遺黑夫用勿少。書到，皆為報，報必言相家爵來未來，告黑夫其未來狀。聞王得苟得……毋恙也？辭相家爵不也？書衣之南軍毋……不也？為黑夫、驚多問姑姊、康樂孝嬃、故術長姑外內……為黑夫、驚多問東室季須苟得毋恙也？為黑夫、驚多問嬰記季事可（何）如？定不定？為黑夫、驚多問夕陽呂嬰、𨻶裏閻誤丈人得毋恙……矣。驚多問新負（婦）嬃得毋恙也？新負勉力視瞻丈人，毋與……勉力也。

黑夫說，前一段時間打仗，他和驚沒在一起，現在又見面了。這次寫信，主要是想請家裏寄點錢過來。天氣轉暖了，還請母親給我們做幾件夏衣。不過，要看絲布貴不貴，要是貴，就捎錢來，我們在這邊買布做。接下來要攻打淮陽，不知要打多久，也不知會不會發生甚麼意外，所以，捎來的錢也別太少。大哥、母親，收到信趕緊告訴我，我們兄弟給家裏爭的爵位大王分發到沒有？如果沒收到，也要說一聲，因為上面說，只要得了就應該到的。

黑夫大概是一位處事周到的人，他還提醒說，寄錢和衣物來千萬不要搞錯地方，還過問了其他一些家務事。信的最後，他問姑姊們好，向老鄰居問安。又說，驚很惦記他的新媳婦和嬰，希望新婦好好照顧老人，勉力為之。

另一封信是驚執筆的，略有殘缺，口氣有些急躁，大約驚還有點年輕莽撞，又或許是家裏的錢物遲遲未到，很着急。信中，驚也是先向大哥道辛苦，說家裏家外全靠大哥了，又問母親是否安好無恙，隨後就催促家裏，趕緊寄錢五六百，布也要挑品質好些的，至少要兩丈五尺。他說事情「急急急」，因為已經借了別人的錢，而且都用光了，再不寄來，就要出人命了（「用垣柏錢矣，室弗遺，即死矣，急急急」）。他還大大咧咧地說，自己最放心不下的就是自己的新媳婦兒，拜託大哥多多教導看護，外出打柴，千萬別讓她去太遠的地方。另外，為我們求神占卜若是抽到下下簽，也別擔心，那是因為我們哥倆兒在叛逆之城的緣故，別想多了。驚對家人安全的問題很有些擔心，他囑咐大哥，戰亂不寧，新地城中有盜賊，千萬別去，切切切。

這兩封家書大約寫於西元前二二三年，秦滅楚之前。當時，黑夫和驚在離家四百多里的淮陽，正跟着秦將王翦攻打楚國，一同作戰的還有六十萬秦國士兵。打過淮陽，接下來大概就是楚都城了。這是戰國時最大規模的國家級對拼，雙方都拿出了全部家底，持久作戰，不留後路。秦楚兩國無數百姓被裹挾進來，上演各種悲歡離合。對於這個歷史事件，《史記 • 秦始皇本紀》寫道：

二十三年，秦王複召王翦，強起之，使將擊荊（楚），取陳以南至平輿，虜荊王。秦王游至郢陳。荊將項燕立昌平君為荊王，反秦於淮南。二十四年，王翦、蒙武攻荊，破荊軍，昌平君死，項燕遂自殺。

這裏，沒有黑夫，也沒有驚，更沒有大哥衷和他們的母親、鄉鄰。歷史敍述，常常就是這樣，宏大的粗線條，改朝換代、治亂興衰、重大事件、重要人物，在這樣的敍述中，黑夫們的表情、欲求都是可以忽略不計的。可實際上，他們的生活和日常，他們的喜怒哀樂，才是歷史的基礎，若抽去這些細節，歷史敍述就失去了依託，變得虛無，難以抓摸了。

因此，所謂歷史，所謂傳統，都是由一個個細節構成的，有溫度，活色生香，當用眼耳鼻舌身感受體察。兩千多年前，黑夫和驚在戰爭間歇，惦念母親，想念媳婦，感念大哥家裏家外的照顧，催促家裏捎錢捎物。一面擔心戰事的混亂危險，一面卻又希望多得戰功，好給家裏掙些爵位榮耀，以改變家族命運。這些家長里短，含着最樸素的情感，古今哪有甚麼區別呢。

在這場艱難慘烈的戰爭中，黑夫兄弟倆最終是否活了下來，是否回到家鄉與親人團聚，我們無從得知。我們只看到，這兩片書信木牘被大哥「衷」一直妥善收藏着，最後小心翼翼地放置到棺槨裏，跟隨在他的身側。

我在想，這些年自己無論是做學術研究，還是撰寫傳統文化隨筆，其實都是對着歷史不斷地聚焦、放大，好讓其內在的肌理盡可能清晰地呈現出來。

感謝責編穎嫻女士。

是為序。

郗文倩

二〇二〇年十一月二十五日

於杭州

郗文倩

杭州師範大學教授，福建師範大學博士生導師。主要從事先秦兩漢文學與文體學研究，先後主持國家社科基金項目「漢代禮俗與漢代文體關係研究」、「秦漢文體史」等，同時致力於傳統文化和文學的普及教育工作。出版有學術專著《中國古代文體功能研究》、《古代禮俗中的文體與文學》，以及學術隨筆集《菜園筆記》。